중국

담보물권의
법적 이해

중국
담보물권의
법적 이해

유병조 지음

KSI 한국학술정보㈜

머리말

　中國은 1949年 中華人民共和國 成立 以後부터 1978年 改革·開放을 거치며 國家經濟와 社會는 부단히 發展하고 빠른 속도로 새로운 變化를 追求하고 있다. 改革의 흐름에서 經濟改革은 매우 중요하며, 또 이러한 經濟改革은 國有企業의 改革을 의미한다. 왜냐면 中國은 國有企業을 社會主義 公有制의 유일한 實現形式으로서 國有經濟의 微視組織이자 基本單位로 여겨오고 있기 때문이다.

　그러나 1990年代에 들어서 中國의 企業들은 企業間에 連鎖的인 債權回收의 停滯現象이라고 할 수 있는 三角債 問題가 發生하여 심각한 社會問題의 混亂를 가져왔다. 이에 中央政府는 行政手段을 사용할 수밖에 없어 많은 資金을 投資하여 三角債 問題를 解決하려고 努力했으나 成功하지 못하였다. 三角債의 發生原因는 計劃經濟體制에서 市場經濟體制로 履行되는 過程에서 擔保制度의 준비가 未備했던 것으로, 三角債 問題의 淸算과 더불어 債權의 實現確保, 資金의 融通, 市場秩序의 建立 등을 위하여 擔保制度와 관련된 法制定이 절실히 要求되자 1995年 中華人民共和國 擔保法을 公布하였다. 그러나 市場經濟의 급속한 發展과 대량의 擔保行爲의 出現에 따라 拙速으로 制定된 擔保法에 대하여 問題가 發生하자 學界와 實務界에서 강한 批判이 있었다. 이러한 批判을 背景으로 最高人民

法院은 2000年에 擔保法司法解釋(最高人民法院關于适用担保法若干問題的解釋)을 制定하여 현행 擔保法에 存在하는 問題點을 補完하려고 하였으나, 最高人民法院은 어디까지나 司法機關이기 때문에 問題의 根本的인 解決은 物權法으로 民法典의 立法에 의지할 수밖에 없었다. 이와 같이 法律體系가 統一되지 못하여 擔保制度와 관련된 問題들이 複雜하게 얽혀 있어 混亂을 惹起하였으나, 2007年 物權法 制定으로 擔保關聯 法律이 統一的으로 整備되었다.

따라서 이 책에서는 中國 擔保制度 現象에 대해 立法 및 學說을 檢討하여 擔保制度의 본연의 모습을 明確하게 摸索하기 위하여 研究하였다.

이제 中國은 物權法 制定으로 市場經濟의 運營을 위한 중요한 法律的 基礎를 가지게 되었다. 따라서 擔保權 設定을 통한 安定的인 融資와 不動産 去來의 安全保護라는 측면에서 큰 意味가 있으나, 法律的 適用에 一貫性이 未洽하고 豫測可能性이 떨어진다면 그에 철저한 對備가 필요할 것이다.

끝으로 보잘 것 없는 이 책을 遂行해 냄에 있어 研究者의 能力과 限界에 부딪쳐 研究의 어려움이란 것을 알게 되었습니다. 아직 이 책은 未洽하고 제대로 整理되지 못한 內容이 수없이 많아 부끄러운 책이지만 不足한 部分은 앞으로의 研究課題로 돌리고 이제 이 작은 책이 完成段階에 이른 지금 도움을 주신 많은 분들에게 感謝의 말씀을 드리고 싶다.

먼저 이 책의 研究計劃에서부터 完成되기까지 많은 關心과 激勵로 學問的 기틀을 잡아주시고 늘 변함없이 따뜻하게 指導해 주신 姜鉉中 교수님과 저의 未洽한 책을 仔詳하게 審査해 주시고 厖大한 여러 分野를 體系的으로 整理해 주신 연세대학교 법대 金相容

교수님, 그리고 이 책이 完成되기까지 體系的인 책이 되도록 硏究
方向과 方法을 가르쳐 주신 고려대학교 법대 申榮鎬 교수님, 散漫
한 實務知識을 細心히 다듬어 주신 모교의 李元鎬 교수님과 柳重
遠 교수님께 眞心으로 머리 숙여 感謝의 禮를 올린다.

아울러, 法學에 대한 또 다른 視覺을 아낌없이 가르쳐 주신 경희
대학교 법대 朴烜日 교수님과 이 책과 관련하여 中國에서 아낌없는
성원으로 부족한 資料와 理論知識을 가르쳐 주신 중국 청화대학교
법학원 王洪亮 교수님께 깊은 尊敬과 感謝드린다. 그리고 이 책을
쓸 때 個人的으로 아낌없는 격려와 도움을 아끼지 않으셨던 鄭然文
박사님, 崔恩碩 박사님, 국민대 법대 박사과정에서 공부하고 있는
申燦浩 조교님, 姜嬅元 조교님, 徐東佰 법대 후배와 민중회 회원
여러분에게 진심으로 感謝한다.

앞으로 나는 오늘의 작은 成就에 自慢하지 않고 계속 正眞하면서
더욱 誠實한 姿勢로 살며 맡은 바 所任을 다하고자 하오니, 변함없
는 愛情으로 指導鞭撻해 주시기 바란다.

끝으로 이 책이 출판될 수 있도록 도와주신 韓國學術情報(株)에
고마운 마음을 전한다.

2008. 02. 29.

著者   織

차 례

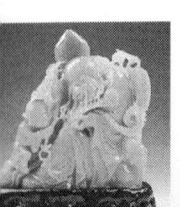

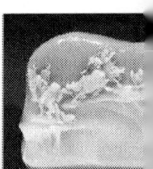

第1章 序 論

14

第1節 研究의 目的

中國은 1970年代 末 급격한 改革·開放 政治를 시작한 이후 國內 市場 規模가 擴大되면서 世界經濟 秩序의 중심축으로서의 役割을 맡게 되었다. 그리고 2001年에는 WTO 加入으로 國際 經濟秩序에 본격 編入하여 外資誘致와 自由市場經濟 國家와의 대대적인 貿易 등 초고속 經濟成長을 통해 市場經濟體制를 追求하였다. 그러나 計劃經濟에서 資本主義 市場經濟로의 轉換 過程에서 惹起된 다양한 去來危險 요소가 擴散되면서 이를 극복하기 위한 여러 安全裝置의 필요성이 대두되었다. 이러한 改革·開放 過程에서 각 金融機關은 資金의 단순 配分機能에서 事業審查, 信用分析, 投融資 回收 등 전반적인 銀行機能을 要求받게 되었다. 또한 外資誘致를 促進하기 위하여 外國 資本家 등에게 債權回收를 確保할 수 있는 手段을 明示할 필요가 있었다. 이와 같은 문제를 解決하기 위하여 1995年 6月 30日 第8期 全國人民代表大會(全人大) 第14次 常務委員會에서 中華人民共和國擔保法1)을 制定하고 같은 해 10月 1日부터 施行에 들

---

1) 擔保法 制定 以前에는 中和人民共和國 民法通則 第89條 등의 包括的

어갔다. 모두 7章 96條項에 이르는 中國 擔保法은 保證, 抵押, 質押, 留置, 定金(保證金) 등 5種類의 擔保制度에 대하여 規定하고 있다.

그러나 同法 施行 이후 여러 가지 問題點이 일어나게 되자 擔保法을 具體的으로 解釋하기 위한 擔保法 司法解釋(最高人民法院關于适用担保法若干問題的解釋)[2]을 制定하여 2000年 12月 8日 公布하고 같은 달 13日부터 施行하였다. 이 司法解釋은 擔保法의 規定을 明確하게 解釋하여 補充하는 지침으로서, 擔保法을 세부적으로 解釋하여 擔保去來에 適用함으로서 實務上 중요한 자리를 차지하였다.

그러나 公有制를 중심으로 한 中國은 改革·開放 이후 나타난 각종 私有制에 대해 法的 地位를 持續的으로 論議해 왔으며 특히, 宣傳 등 초기 改革·開放을 이끈 特區의 경우 土地使用權의 滿期日이 도래한 土地를 處理하는 問題가 대두되면서 物權法 導入 論議가 거세게 일어나기 시작하였다. 그동안 中國은 國家財産의 保護는 私有財産에 優先한다는 認識이 퍼져 있어 所有權은 主張할 수 없었던 게 현실이었다.

인 規定 및 각 擔保物件別로 個別的인 法律規定에 의하여 擔保去來가 規律되었다.

2) 中國最高人民法院의 司法解釋은 法院 構成과 裁判過程의 特殊性에서 나온 制度로서 다음과 같은 機能을 가진다. 첫째, 어떤 사항에 관하여 法律이 存在하지 않는 경우에 우리나라의 大法院에 해당하는 中國最高人民法院 判決의 지침을 정하여 준다. 둘째, 中國의 最高法院이 法律의 解釋을 미리 하여 그 指針을 마련하고 이를 下級審 法院에 통보한다. 中國法에는 宜粗不宜細(자세한 것보다 대강하는 것이 낫다)의 原則이 支配하여 抽象的인 法條文이 대단히 많다. 셋째, 下級審 法院의 判事가 裁判을 하다가 法律解釋에 疑問이 있으면 上級審 法院에 問議하고 그에 대하여 上級審이 解釋을 下達한다. 과거 中國에서는 正規의 司法試驗을 合格하지 않은 사람을 判事로 任命한 경우가 많아서 위 下達은 중요한 役割을 한다는 것이다. 이러한 司法解釋은 모두 下級審을 羈束하고 이의 違背는 破棄事由로 된다. <http://www.lawtimes.co.kr/LawPnnn/PnnynContent.aspx?serial=1720&m=pnnyn>

그럼에도 불구하고 中國은 조화로운 社會를 위한 필요를 充足시키기 위하여 住宅 등 一部 土地에 대한 永續的인 使用權 保障이라는 社會主義 基本理念과는 合致가 어려운 初有의 物權法을 2007年 3月 16日 第10期 全人大 5次 會議에서 制定하였다. 物權法은 社會主義 體制에서 資本主義로 轉換하는 指標가 되는 것으로 私有財産權을 法的으로 認定하고 住宅과 土地를 사실상 所有할 수 있는 길을 열어준 것이다.

특히 擔保物權 分野에서는 기존 所有物뿐 아니라 앞으로 所有하게 될 未來의 財産3)을 擔保로 設定할 수 있게 擴大 規定하였다. 이처럼 1995年 擔保法의 擔保設定의 대상 範圍가 보다 擴大된 것은 先進國 水準의 擔保制度를 構築한 것으로 향후 去來時 擔保設定 대상은 상당히 多樣化할 것으로 展望된다. 또한 國有企業4)의 경

---

3) 物權法 第181條 第1項.
4) 中國 國有企業은 수만 평 規模의 大團地에 從業員이 수천 명에 이른다. 企業內에는 工場과 事務所 이외에도, 職員 家族들이 함께 거주하는 아파트, 病院, 學校, 호텔 등이 갖춰 있어 이러한 國有企業을 小社會라고 한다. 특히 國有企業의 경우 1993年 改正된 中國 經濟法에서 잘 나타나 있는데 그 내용은 다음과 같다. 첫째, 國有企業의 財産(國家가 直接 投資하여 形成한 財産, 銀行貸出로 形成한 財産, 企業이 留保 使用한 財産으로 形成한 財産)은 全 人民의 所有에 속한다. 따라서 國家는 人民을 代表하여 統一的으로 所有權을 行使하며 所有權과 經營權의 分離 原則에 따라 國有企業으로 하여금 經營管理를 하게 한다. 둘째, 國有企業은 國家가 授與하여 經營, 管理하는 財産에 대하여 經營權을 가진다. 그 經營權은 占有權과 使用權 그리고 法에 의거한 處分權을 말한다. 國家는 經營管理權을 授與한 企業에 대하여 社會再分配資金 등을 위한 稅金과 利潤 이외에는 直接 干涉해서는 안 되며 任意로 無償調達을 할 수 없다. 셋째, 國有企業은 國家가 授與하여 經營, 管理하는 財産에 대하여 여러 가지 經營責任制 形式을 選擇할 수 있다. 國有企業은 政府의 主管部門의 決定에 根據하여 企業 스스로가 실제 狀況에 따라 資産增殖을 위한 權限을 가지며, 國家가 授與하여 經營, 管理하는 財産에 대하여 都給, 賃貸, 株式 등 여러 가지 形式을 選擇할 수

우 所有關係가 不分明한 상태에서 三角債5)의 問題가 되어 왔던 所有關係가 明確해지면서, 經營에 安定을 기할 수 있어 收益性이 높아지고 私的 所有權에 기한 差額이 상당히 發生할 것이다. 이처럼 發生한 收益과 差額 등으로 企業들은 貸出金을 辨濟할 수 있게 되어 보다 다양해진 擔保手段과 企業所有의 不動産價格의 상승으로 不實債權 減少에 寄與할 것으로 생각된다.

中國의 經濟는 構造的으로 轉換期에 있다. 그러나 資本主義로 간다기보다는 社會主義 市場經濟 내에서 한 단계 격상된 構造로 移行하고 있음에 유의해야 한다. 따라서 中國의 政策變化를 제대로 理解하기 위해 中國의 經濟的 현실뿐만 아니라 經濟政策에서 나오는 政治的 社會的 背景에 注目할 필요가 있다.

따라서 본 研究에서는 中國이 그동안 施行해 온 擔保法의 內容 및 擔保制度의 問題點을 檢討하여, 그것이 그동안 問題되어 왔던 三角債를 淸算하는 機能 및 債權實現을 위한 有效한 手段이 되었

도 있다. 넷째, 國有企業은 國家가 授與하여 經營, 管理하는 資産으로 民事責任을 지며, 國家가 授與하여 經營, 管理하는 財産에 대하여 法에 따라 獨立的인 財産權을 가진다. 民事責任은 獨立的으로 지는 것이며 國家가 國有企業을 대신하여 民事責任을 지지 아니한다. 다섯째, 國有企業은 法에 의거하여 法人 資格을 取得한다.

5) 三角債란 債務者가 第3者로부터 돈을 받지 못했다는 구실로 債權者에게 빚을 갚지 않는 것을 뜻한다. 그러나 三角債는 法律的 用語가 아니며, 中國法에서는 그 正當性을 認定받지 못하고 있다. 우리나라의 경우 재벌들이 母·子會社 相互間 負債로 엉기고 엉킨 것과 똑같이 도지히 손을 델 수노 없었고, 손을 대면 댈수록 일이 더욱 꼬이는 심각한 問題처럼 中國의 國營企業끼리 빚을 주고받음으로써 中央의 經濟當局을 곤혹스럽게 만들어 이 問題를 解決하는 方法으로 擔保法을 制定하게 되었다. 三角債의 發生原因은 擔保制度의 미비 외에 企業의 管理體制에 의한 것과 銀行 信用貸付 體制에 의한 것, 그리고 決算支拂制度에 의한 것 등이 있다 王家福, 加藤雅雅信 主編, 『現代中國法入聞』 (勁草書方, 1997), 115쪽.

는지를 考察하기로 한다.

특히 物權法이 社會主義式 公有財産制度와 資本主義式 私有財産制度를 동시에 認定했다는 점에서 社會主義體制라 할 수 없는 만큼, 中國의 國家體制가 模糊해지게 되었다.6) 이러한 狀況에서 본 論文은 擔保法과 物權法을 주 硏究對象으로 하고, 그 밖의 擔保와 관련된 法律을 補助로 하여 擔保法과 物權法의 沿革 및 그 內容에 대해 體系的으로 分析하고, 현재 中國이 안고 있는 問題인 市場經濟로의 轉換 이후 擔保去來의 安定性 確保에 어떻게 對應할 수 있는지에 관해서 살펴보기로 한다.

---

6) 生産手段에 대한 所有制度의 차이에 의하여 個人所有를 根本的으로 認定하는 資本主義 經濟體制와 國家와 集體的 所有形態(公有制)가 支配하는 社會主義 經濟體制로 分類해 볼 수 있다.(Abraham Bergson, Productivity and The Social System "The USSR and the Weat", Cambridge Mass, Harvard University Press, 1978, p.3.) 그러나 社會主義 經濟體制를 강조하던 中國이 社會主義와 憲法 第12條의 原則에 違背된다라는 左派들의 主張을 排斥하고 物權法을 制定하여 土地使用權에 대한 法的地位를 附與하는 등 私有財産을 制度的으로 保障하며, 또한 社會主義市場經濟의 制度化와 公權力의 私有財産에 대한 限界를 設定하고, 國有土地와 集體土地의 使用關係를 制度的으로 保障하여 所有制度를 確立하였다. 즉, 私有財産을 國有財産과 똑같이 平等하게 保護하고 私有財産의 權利와 義務를 明確하게 規定하였다.

第2節 研究의 範圍와 方法

본 研究에서는 中國의 擔保法의 特色, 形成背景과 原因 및 補助
附帶法規에 대한 規定과 實行效果를 分析하고자 한다. 그리고 擔保
制度의 全般的인 內容에 관하여는 中國民法上 物權法이 獨立되어
있지 않아 民法 全般에 散在해 있었으나, 物權法이 獨立的으로 制
定 公布되고 擔保와 관련해서도 明確하게 規定되어 장래 中國 擔
保制度의 發展에 絶對的인 影響을 미칠 것이기 때문에 이와 관련
된 內容도 考察하기로 한다.

이에 대하여 본 研究은 다음과 같이 研究範圍를 두고 記述하고
자 한다.

序論에 이이 第2章에시는 '擔保法 槪觀으로, 經濟體制의 改革에
맞추어 中國 擔保法의 沿革 및 擔保制度의 法源를 살펴보았나.

第3章에서는 '擔保法과 司法解釋'으로 擔保法의 制定背景과 一
般論, 總則의 內容에 대하여 민저 懷討하고, 登記制度, 擔保法 司
法解釋의 內容 및 機能을 살펴보고, 2007年에 公布된 物權法에 대
하여 制定의 意義의 擔保制度의 展望 등을 考察하였다.

第4章에서는 '中國 擔保制度의 內容'으로 가장 有力한 債權確保와 관련된 法律制度로써 抵當權과 質權, 留置權, 保證, 保證金制度의 特色 등을 考察하고, 유럽復興開發銀行 模範擔保法과 우리나라 및 中國의 擔保制度를 比較하였다.

第5章에서는 擔保制度의 問題點을 導出하여 그 改善方案을 提示하였다.

이 책의 研究過程은 우선 擔保法 관련 書籍과 論文 등의 資料를 蒐集하고 이들 資料를 耽讀한 다음 體系와 構造를 세워 책의 內容을 作成하기 시작했다. 이 책의 作成過程 중에도 수시로 새로운 資料를 蒐集할 필요가 있었으며 어떤 때는 책의 構造를 고쳐서 完成度를 추구할 필요도 있었다. 채택한 研究方法은 아래와 같이 나눌 수 있다.

첫째, 參考資料 및 文獻資料의 蒐集과 그것에 대한 耽讀 및 歸納分析을 통해 擔保法의 立法背景과 그 각각의 擔保制度의 內容을 理解하여 反映하는 데 努力하였다.

둘째, 歷史研究方法은 中國經濟體制의 改革變遷과 發展을 토대로 擔保制度의 沿革과 法源을 敍述하고 파악하였는데, 第2章에서 使用하였다.

끝으로, 分析比較方法으로 物權法과 擔保法의 特色 있는 條文에 대해 그 形成原因과 意味를 分析하는 외에도 관련 法規定의 相互比較를 第3章부터 第4章까지에서 分析하였다.

그러나 中國의 中央立法 방면의 法律, 行政法規 및 規則은 入手하기에 그다지 큰 어려움이 없으나, 地方省 法規는 蒐集하기가 쉽지 않았다는 점이 본 研究에서 비교적 缺如된 점이다. 다른 한편으로는 中國이 體制轉換期에 처해 있어서 現實的 需要에 對應하기 위한 새로운 立法의 속도가 매우 신속하여 蒐集에 있어서 놓치는 경우가 많아 舊法을 引用하게 되는 경우가 있어 어려움이 많았다.

다음으로, 이 책의 作成期間에 時間과 能力의 限界로 中國과 臺灣에 직접 가서 現地 文獻과 資料를 調査하여 최대한 蒐集했으나, 실제 蒐集된 資料로 擔保法 運用의 실제 狀況을 全面的으로 파악할 수 없었으며, 또한 擔保法 施行으로 얼마나 效果를 거두고 있는지를 提示할 수가 없었다. 그러므로 將來에 現地調査를 통해 관련 資料를 補完할 수 있다면 더 깊이 있는 硏究를 進行할 수 있을 것이다.

第2章　擔保法　概觀

第1節 擔保法의 沿革

1. 擔保法의 沿革

中國 擔保制度의 主要 目的은 債權의 償還을 確保하는 것이라할 수 있다. 다시 말해 擔保制度를 통해 債權을 償還받을 수 없게되는 危險性을 除去하거나 減少시키는 것으로, 이러한 危險이 存在하지 않는다면 擔保制度는 存在할 필요가 없을 것이다. 中國은1949年 政權을 樹立한 이래로 상당히 오랜 기간 동안 公有制를 基礎로 하여 計劃經濟를 實施하였다. 그리고 1979年에는 經濟體制를改革하기 시작하여 計劃商品經濟 時期를 거쳐 오늘날 社會主義 市場經濟로 넘어왔다.7) 이렇게 經濟體制가 漸進的으로 變化하는 過程에서 擔保制度가 經濟體制 改革에서 發生하는 市場의 危險性 增加에 따라 發展하여 왔음을 볼 수 있다.

---

7) Wing Chenguang, Zhanchu, Introduction to Chiness Law, Sweet & Maxweel Asia, 1997, pp.9~13.

2. 計劃經濟 時期(1949~1978年)

1949年 中華人民共和民國 建國 이후 地主勢力 打破를 위해 土
地制度의 改革을 序頭로 資本主義的 要素들을 除去하면서 社會主
義 體制를 形成해왔다. 그러나 土地改革의 무리한 斷行과 中國의
實情에 맞지 않는 重工業 위주의 經濟政策을 推進하여 不均衡한
發展을 招來하였다.8) 따라서 中國의 計劃經濟 時期의 發展過程을
區分지어 나누어 보면 다음과 같다.

첫째, 1949年 10月부터 1952年 末까지이다. 이 期間 中 中國은
經濟回復의 課題를 達成하였을 뿐만 아니라 社會主義 經濟體制를
形成하기 위한 基礎的인 作業을 完成하였다.

둘째, 1953年부터 1957年까지 進行된 第1次 5個年 計劃期間으로
서, 이 期間 동안 中國은 社會主義 經濟를 향한 첫걸음을 내딛었다.

셋째, 1958年부터 1965年까지로 볼 수 있는 大躍進運動의 開始부
터 文化革命의 發展까지의 期間으로, 經濟效率을 무시한 指導思想
이 絶頂을 이루게 된 가운데 전개된 大衆生産運動이 끝내 失敗하
였고 이로 야기된 國民 經濟의 破綻을 수습하기 위해 中國의 經濟
體制는 再調整해야만 했다.

넷째, 1966年부터 1976年까지 10年 동안 회복의 기미를 보이던 中
國經濟가 다시 文化革命의 發生으로 挫折과 混亂을 겪은 時期이다.

끝으로 1977年부터 國民經濟는 다시 效率的으로 運營되기 시작
하였던 時期로 이와 같은 段階를 거치면서 中國은 計劃經濟에서
市場經濟로 運用方式이 바뀌어 가는 데 큰 밑바탕이 되었다.9) 특히

---

8) 中國은 全 人民 大多數가 農民인데도 무리하게 重工業 政策를 실시하
　여 國家 經濟基盤에 어려움을 加重시켰다.

計劃經濟時期에는 완전한 公有制를 實施하여 企業 自體의 商品生産 및 商品去來를 否定하였는데 그 原因은 다음과 같은 特色을 가지고 있다.[10]

첫째, 國家는 企業에 대해 直接的인 計劃과 管理를 實施하여 指示를 下達하고 行政手段으로 企業을 管理하므로 企業은 政府의 附屬物이였다.

둘째, 經營의 決定權이 主管部門에 集中되어 있어 利益은 國家가 收取하고 損失은 國家가 補助하므로 企業은 自主權이 缺如되었다.

셋째, 實物統制와 物資配分을 採擇하였으며, 또한 目標의 達成率로 企業의 좋고 나쁨을 決定하였다.

넷째, 資金은 國家가 調達하고 銀行은 出納의 役割을 하였다.

이와 같이 中央과 地方政府는 企業에 대해 너무 많은 干涉과 統制로 自主權과 決定權이 缺如되어 企業은 損益을 스스로 責任질 필요가 없었다.

그러므로 企業은 자연히 運營過程에서 發生하는 危險性이 根本的으로 問題가 되지 않으므로, 計劃經濟體制下에서 危險의 統制手段으로서 擔保制度는 중시되지 않았다.

3. 計劃商品經濟 時期(1978~1992年)

中國은 傳統的인 計劃經濟下에서 公有制 獨占의 단일 所有構造

---

9) 呂佳璋, 『海峽兩岸擔保物權法法律制度之比較硏究』 (中國文化大學法律學硏究所碩士論文, 2000), 14~15쪽.
10) 張培珍, 『當代中國經濟槪論』 (天津: 天津社會科學院出版社, 1994), 20쪽, 高尙全, 『論計劃與市場』 (北京: 人民出版社, 1992), 35쪽.

를 갖고 있었으나, 經濟體制 改革의 일환으로 所有制 改革이 實施됨에 따라 所有構造에 커다란 變化가 나타났다. 즉 漸進的·實驗主義的 方法을 택하여 改革過程에서 社會經濟시스템의 連續性을 維持하고, 體制轉換의 費用을 줄임으로써 經濟體制 改革을 推進하였다. 改革過程이 철저한 漸進主義 方式을 채택한 점에서 선, 면, 벨트로 擴大하여 결국은 전면으로 先富論[11])에 立脚한 政策을 實施하였다. 이러한 漸進的인 改革過程에서 한편으로는 計劃經濟시스템과 市場經濟시스템을 竝存시키면서 점차 計劃經濟의 機能을 縮小하고 市場經濟의 機能을 擴大하였다.

그리고 다른 한편으로 私有化의 極端的 조치보다는 公有制를 維持하면서 個體企業, 私營企業 및 外資企業 등과 같은 非公有制 部門을 發展시켜 公有制 獨占의 單一構造에서 여러 가지 所有形態가 竝存하는 多重構造로 轉換하였다.[12])

이에 中國은 1978年 12月 第11期 3中全會[13])에서 改革·開放의 方針을 確定하였다. 그 후 計劃經濟를 위주로 하고 市場經濟를 補助로 하는 觀念을 提示하여 더 이상 計劃과 市場이 對立하는 槪念으로 여기지 않기 위하여, 1982年 12月 全人大에서 채택한 中華人民共和國 憲法 第15條[14])와 第16條[15])를 規定하였다. 1984年에는 社

---

11) 中國의 改革과 開放을 이끈 鄧小平은 1979年 美國을 訪問하고 놀아와 "資本主義든 共産主義는 상관없이 中國人民을 잘살게 하며 그것이 제일이니 富裕해질 수 있는 사람부터 민서 畠裕하라"고 하면서, 國家 基本 前提와 統制下에 經濟政策를 發展시켜 나아갔다.
12) 崔勳, "中國 所有構造의 變化와 勞動關係에 관한 硏究 — 分配시스템을 中心으로 —", (嶺南大 大學院 博十論文, 1999), 28~29쪽.
13) 中央委員會 3火 全體會議을 뜻한다.
14) 憲法 第15條 "國家는 社會主義 公有制 基礎 위에 計劃經濟를 實行한다. 國家는 經濟計劃의 綜合的인 安定과 市場調節의 補助作用을 통해 國民經濟가 비례에 맞추어 조화롭게 發展하도록 保障한다."

會主義 市場 公有制를 基礎로 計劃商品經濟 및 計劃과 市場은 內
在的으로 統一됨을 강조하면서 市場經濟를 향해 接近하기 시작하
였다. 즉 憲法 第15條에 기하여 經濟體制에 市場메커니즘을 導入하
였고, 憲法 第16條에 根據하여 國營企業은 法律上 經營管理의 自
主權을 享有할 수 있어 더 이상 國家의 命令을 받지 않게 되었다.

그러나 相對的으로 企業은 市場의 競爭體制에서 資金의 融通이
원활하지 못하여 經營危機에 매우 심각한 問題가 점차 부각되자 이
를 效率的으로 規範하기 위하여 다음과 같이 擔保制度에 관한 法
律를 規定하였다.

첫째, 1981年 全人大에서 採擇하고 이듬해부터 施行한 經濟合同法[16]
第14條와 第15條[17]는 각각 保證金과 保證에 대해 規定을 하였다.

---

15) 憲法 第16條 "國營企業은 國家의 統一된 指導에 服從하고 國家計劃
   을 全面的으로 完成한다는 전제하에서 法律이 規定하는 範圍 내에서
   經營管理의 自主權이 있다. 동시에 國營經濟는 憲法 第7條의 規定에
   의거하여 "社會主義 全民所有制 經濟이고 國民經濟의 主導的 力量이
   다. 國家가 國營經濟의 鞏固化와 發展을 保障한다."
16) 中國의 合同法을 우리나라에서는 契約法으로 표기하고 있다. 따라서
   이후 合同法을 契約法으로 表記하기로 한다.
17) 經濟契約法 第14條 "當事者 一方은 相對方에게 保證金을 支拂할 수
   있다. 保證金을 支拂한 一方이 債務를 履行하지 않을 경우 保證金 返
   還을 要求할 權利가 없으며, 保證金을 받은 一方이 債務를 履行하지
   않을 경우 保證金의 두 배를 償還해야 한다." 그리고 第15條는 1993
   年 修正된 이후 "經濟契約 一方의 當事者가 保證을 要求하면 保證人
   이 擔保를 提供할 수 있다. 被保證 當事者가 契約을 履行하지 않으면
   約定에 따라 保證人이 履行하거나 連帶責任을 진다." 그러나 1999年
   3月 15日 第9期 全人大에서 憲法 개정에 버금가는 重要案件으로 中
   華人民共和國契約法(이하 新統一契約法, 또는 新契約法이라 함)을 公
   布하였다. 이 法은 時代 狀況의 變化에 따라 그동안 施行되어 오던 3
   個法(中華人民共和國經濟契約法1981年, 中華人民共和國涉外經濟契約
   法1983年, 中華人民共和國技術契約法1987年) 중심의 기존 契約法 體
   系를 全面的으로 修正·統合하여 單一化된 統一法으로 새로이 制定
   한 것으로 1999年 10月 1日부터 施行되고 있으며, 新契統一約法이 施

둘째, 1985年 全人大에서 採擇하고 同年에 施行된 涉外經濟契約法 第15條는 "契約 當事者가 擔保條項을 約定해야 한다. 擔保人은 約定된 範圍內에서 責任을 진다"고 規定하였으며, 國務院이 公布한 融資契約條例 第6條에서 第8條까지도 保證에 관하여 規定하였다.

셋째, 1986年 全人大에서 採擇하고 이듬해부터 施行한 民法通則은 中國 法制建設의 일대 성과로, 同法 第89條의 第1項에서 第4項까지 각각 保證, 抵當, 保證金 및 留置權를 規定하고 있다.18) 그러나 이 規定은 너무 간략하여 實務 運用에서 需要를 充足시킬 수가 없었다.

넷째, 1987年 全人大에서 採擇하고 이듬해부터 施行한 技術契約法 第11條19)는 契約에 관한 保證 條項을 規定하였으며, 中國人民

行된 後 기존 3個法은 廢止되었다.

18) 民法通則 第89條에서는 法律의 規定 또는 當事者의 約定에 따라 다음과 같은 方式으로 債務履行을 擔保할 수 있다. 1. 保證人이 債權者에게 債務者의 義務履行을 保證하였을 경우 債務者가 債務를 履行하지 않으면 約定에 따라 保證人이 履行하거나 連帶責任을 지며, 保證人이 債務를 履行한 後 債務者에게 償還을 要求할 權利가 있다. 2. 債務者 또는 第3者가 일정한 財産을 抵當物로 提供하고, 契約의 約定에 따라 債務履行을 히지 않을 경우 債權者는 法律의 規定에 따라 抵當物을 現金으로 換算하거나 賣却한 代金으로 優先的으로 辨濟받을 수 있다. 3. 當事者 一方은 法律이 規定한 範圍 내에서 相對方에게 保證金을 支拂할 수 있다. 그러나 保證金을 支拂한 一方이 債務를 履行하지 않을 경우 保證金 返還을 要求할 權利가 있으며, 保證金을 받는 一方이 債務를 履行하지 않을 경우 保證金의 두 배를 償還해야 한다. 4. 契約의 約定에 따리 一方이 相對方의 財産을 占有하고 相對方이 契約에 約定한 期限 내에 支拂해야 할 現金을 支拂하지 않을 경우, 占有人은 그 財産을 留置할 權利가 있으며 法律의 規定에 따라 留置財産을 現金으로 換算하거나 賣却해 優先的으로 辨濟받을 수 있다."

19) 技術契約法 第11條 "當事者는 技術契約의 擔保를 約定할 수 있나. 第3者가 保證人이 되는 契約은 保證人과 被保證人이 契約書에 書名하고 捺印한 후에 成立된다."

銀行이 公布한 境內機構提供外換擔保的暫行管理辦法20)에서 주요 擔保方式으로 保證과 反擔保制度를 規定하였다.

다섯째, 1988年 最高人民法院은 司法解釋으로 關於貫徹執行民法通則若干問的意見 第106條에서 第117條까지는 民法通則 第89條에 대해 각각 保證, 抵當 및 留置에 대하여 비교적 詳細하게 規定하였다.

여섯째, 1990年 國務院이 公布한 城市國有土地使用權出讓和轉讓暫行條例21) 第5章은 土地使用權 抵當을 規定하였다.

끝으로 1987年의 境內機構提供外匯擔保的暫行管理辦法을 廢止하므로 인하여 反擔保制度에 대한 規定이 없었으나, 1991年 國家外匯管理局은 境內機構對外提供外匯擔保管理辦法을 公布하면서 反擔保制度에 대하여 다시 規定하였다.

4. 市場經濟 時期(1992年 以後)

1992年 鄧小平은 "計劃要素가 좀 더 많은지 아니면 市場要素가 좀 더 많은지는 社會主義와 資本主義의 本質的인 차이가 아니다. 計劃經濟가 곧 社會主義인 것은 아니어서 資本主義 아래에서도 計劃이 있으며, 市場經濟가 곧 資本主義인 것도 아니고 社會主義에도 市場이 있다. 計劃과 市場은 모두 經濟手段이다"22)라고 하였다. 또

---

20) 境內機構提供外換擔保的暫行管理辦法 第13條 "擔保의 실제 리스크에 根據하여 擔保人은 債務者에게 상당하는 抵當物을 要求할 수 있고 일정한 擔保費를 收取할 權利가 있다."

21) 中華人民共和國城鎮(小都市)國有土地使用權出讓讓渡暫定條例 1990年 5月19日 中華人民共和國國務院令 第55號 公布, 公布日부터 實行하였다.

22) 張培珍, 앞의 책, 23쪽: 呂佳璋, 앞의 논문, 18쪽.

한 14期 3中全會에서 "現代의 企業制度를 樹立하려면 生産의 極大化와 市場經濟의 發展이 必然的 要求이며 中國 國有企業의 改革 方向이다"라고 강조하여, 現代 企業制度는 企業 全體의 財産으로 自主的으로 運營하면서 스스로 損益과 獨立的으로 市場活動의 結果를 責任져야 했다.23)

그리고 1993年 中華人民共和國 憲法修正(2) 第5條에서 憲法 第7條 "國營經濟는 社會主義 全民所有制 經濟이고 國民經濟 중의 主導力量이다. 國家는 國有經濟의 鞏固와 發展을 保障한다."를 "國有經濟 즉 社會主義 全民所有制 經濟는 國民經濟 중의 導力量이다. 國家는 國有經濟의 鞏固와 發展을 保障한다."로 修正하여, 公有制 原則에 根據히여 國家는 企業을 최종 所有權을 所有하면서 市場에서는 競爭하게 하였다.24) 즉 經營權을 企業에게 넘겨주어 國有企業이 스스로 損益을 責任지는 經濟主體가 되도록 한 것이다.25) 그러나 당시 市場秩序의 混亂과 不景氣로 企業들은 많은 製品의 積滯現象과 더불어 資金을 回收하지 못함으로써, 企業 相互間 債務가 延滯되는 문제가 發生하게 되었을 뿐만 아니라 자신들의 債務도 償

---

23) 高尙全, 『中國市場經濟縱論』 (香灣: 三聯書店, 1998), 46쪽.
24) 이는 바로 中國의 所有制가 公有制를 견지하는 표현이다. 그러므로 소위 '社會主義 市場經濟'란 公有制 基礎 위의 市場經濟를 가리키며, 資本主義 市場經濟와의 本質的인 차이는 所有制에 基礎에 있나. 高尙全, 앞의 책, 28쪽.
25) 國務院이 1992年에 公布한 全民所有制工業企業轉換經營機制條例 第2條 "企業이 經營에 대한 運營을 轉換하는 目標는 企業으로 하여금 市場의 要求에 適應하여 1. 스스로 自主經營을 하고, 2. 損益을 責任지며, 3. 스스로 發展하고 4. 스스로 예속하는 商品生産 및 經營單位가 獨立的으로 民事權利를 享有하고 5. 民事義務를 지는 企業法人이 되게 하는데 있다"고 規定하고 있다. 그러나 第8條 第3項 "國家는 需要에 根據하여 企業에 대해 指令性 計劃을 下達할 權限이 있다"고 規定함으로써 第2條 規定의 機能과 서로 相沖되고 있다.

還하지 못하게 되어 심각한 不公正行爲가 생겨나게 되었다.[26)

이러한 惡循環으로 많은 企業이 流動資金 부족현상을 겪고 정상적인 經營常態를 維持하기 힘든 狀況을 招來했으며, 企業의 生産經營과 발전에 매우 심각한 影響을 끼치게 되었다. 이러한 현상이 곧 三角債인 것이다.

三角債를 형성하게 된 또 다른 原因은 市場經濟가 企業으로 하여금 自主經營을 하게 하면서 損益을 責任지며, 스스로 發展하고 隸屬하는 독립된 商業 生産者가 될 것을 要求하였기 때문이다. 國有企業은 國家가 責任을 지기 때문에 經營의 責任性과 危險性이 없으며, 비록 長期的인 赤字로 資本이 負債를 감당하지 못하더라도 企業은 積極的으로 빚을 回收할 생각을 하지 않았다.[27)

그리하여 1991年 8月 30日 中國 國務院에서는 三角債에 대한 解決方法을 議論하기 위하여 全國 三角債 淸算事業會議를 召集하였는데 그 主要內容은 다음과 같다.

첫째, 三角債는 國民經濟에 障碍가 되어 根本的으로 解決하는 것이 形勢의 절박한 要求이다. 國務院은 三角債 淸算을 위하여 國營企業을 活性化시키고, 經濟秩序를 바로 세우는 데 目標를 두어 각 地域에 政府 指導層이 직접 淸算事業을 指導하고 이를 議事日程에 반영하여 任務를 完成하여야 한다.

둘째, 三角債 淸算事業의 指導思想과 主要任務, 主要方法 및 淸算의 중점 對象을 具體化한다.

셋째, 東北地域 試驗單位의 淸算經驗을 토대로 각 地域의 실정

---

26) 徐長, 『如何淸理'三角債' – 淸理'三角債'中的法律問題』 (北京: 法律出版社, 1991), 4쪽.
27) 張連奎, 『跳出三角債的怪圈』 (北京: 海洋出版社, 1993), 68쪽.

을 파악하여, 淸算과 防止에 대하여 具體的이고 實際的인 方案을
講究하여 당면한 經濟 問題를 解決하여야 한다.

따라서 中國은 擔保法보다 먼저 制定된 商業銀行法 第4條 "商業
銀行은 安全性, 流動性, 收益性 經營原則에 의해 自主經營을 하며,
리스크와 缺損을 自負擔하여 스스로 監督를 받는다"고 規定하여,
市場經濟體制에서 銀行의 經營原則은 自主經營, 自體危險負擔, 損
益自負擔을 실시해야 함을 表明하였다. 또한 第7條에서 "商業銀行
은 借入者의 信用을 엄격하게 審査하고 擔保를 設定함으로써 貸出
이 期限 內에 回收될 수 있도록 하여야 한다"고 規定하여, 決算支
拂者의 役割에서 資金提供者의 役割로 轉換하여 리스크를 解決하
기 위하여 擔保制度를 實現하게 되었다.

그리고 1995年에는 어려움에 처해 있는 三角債 問題의 淸算하기 위
하여 分散된 여러 法規定을 綜合하여 擔保法을 制定하게 된 것이다.

1996年 中國人民銀行이 公布한 "貸款通則" 第9條 및 第10條[28]
는 貸出者가 擔保를 提供할 必要性을 더욱 明確하게 規定하고 있

---

28) 1. 貸出(原語는 貸款)通則 第9條 "擔保貸出은 保證貸出, 抵當貸出, 質
權抵當貸出로 나뉜다. 保證貸出은 中華人民共和國 擔保法이 規定한
保證方式에 의해 借入者가 貸出을 償還할 수 없을 경우, 第3者가 이
에 대한 一般保證의 責任을 지거나 連帶責任 保證을 責任지는 것을
約定한 貸出이다. 抵當貸出은 擔保法에 規定한 抵當方式으로 借入者
또는 第3者가 財産을 抵當物로 하여 供與한 貸出이다. 質權抵當貸出
은 擔保法에서 規定한 質權抵當方式으로 借入者 또는 第3者가 動産
權利를 質物로 하여 供與한 貸出"이라고 規定하고 있다. 2. 貸款通則
第10條 "委託貸出을 제외하고 貸出者가 貸出供與時 借入者는 擔保를
提供하여야 한다. 貸出者는 保證人의 償還能力과 관련하여 抵當物과
質物의 權利隷屬과 價値 그리고 抵當權과 質權의 實現 可能性에 대
해 성실한 調査를 進行해야 한다. 貸出 審査·評價를 거친 후 借入者
외 資産信用이 良好함을 確認하고 貸出償還能力이 있음을 確定한 경
우에는 擔保를 提供하지 않을 수도 있다"고 規定하였다.

다. 따라서 擔保制度의 主要한 法律들을 時代別로 살펴보면 다음과
같다.

첫째, 1992年 全人大 常務委에서 採擇한 海商法 第11條에서 第
20條까지는 船舶의 抵當權에 대해 規定하였으며, 國家土地管理局
은 "區劃土地使用管理暫定辨法"을 公布하여 土地使用權 抵當에 대
하여 規定하였다.

둘째, 1994年 全人大 常務委에서 採擇하고 이듬해부터 實施된 都
市不動産管理法 第4章 第3節29)에서 不動産의 抵當을 規定하였으
며, 最高人民法院 "經濟契約紛糾案件保證關聯若干問題"에서도 保
證制度에 대해 상세한 規定을 하였다.

셋째, 1995年 全人大에서 採擇한 어음법 第45條에서 第52條까지
는 어음보증을 規定하고 있다.30) 國家土地管理局이 公布한 "農村集

---

29) 都市不動産管理法 第4章 第3節 不動産의 抵當에 관하여 第46條에서
第51條의 規定은 다음과 같다. 第46條 "不動産의 抵當은 抵當權設定
者가 不動産을 移轉하지 않고 占有하는 方式을 통하여 抵當權者에게
債務履行擔保로 提供하는 行爲를 말한다. 債務者가 債務不履行할 경
우 抵當權者는 抵當한 不動産을 競賣하여 優先辨濟 받을 權利가 있
다." 第47條 "法에 의해 取得한 建物의 所有權은 동 建物이 占用하고
있는 土地使用權과 함께 抵當權을 設定할 수 있다. 賣却方式으로 取
得한 土地使用權은 抵當權을 設定할 수 있다." 第48條 "不動産의 抵
當은 土地使用權 證書와 建物所有權 證書를 지참하여 登錄해야 한
다." 第49條 "不動産의 抵當은 抵當者와 抵當權者가 書面으로 된 抵
當契約書를 締結해야 한다." 第50條 "不動産이 抵當權으로 設定된 土
地使用權을 割當方式으로 取得한 경우 法에 따라 不動産을 競賣한
후에 競賣로부터 얻는 金額에서 納付해야 하는 土地使用權 賣却金에
상당하는 金額을 納付한 이후에야 抵當權者가 優先辨濟받을 수 있
다." 第51條 "不動産의 抵當契約書를 締結한 후에 土地에 새로이 增
築한 建物은 抵當財産에 속하지 않는다. 抵當된 不動産을 競賣할 필
요가 있을 경우 土地에 새로이 增築한 建物을 抵當財産과 함께 法에
따라 같이 競賣할 수 있으며, 增築한 建物의 賣却代金에 대해서는 抵
當權者가 優先辨濟받을 權利가 없다"

體土地使用權抵押登記的若干規定"은 抵當登記의 節次와 그 內容을 規定하였고, 國家工商行政管理局이 公布한 "企業動産抵當物登記管理辦法"의 內容에는 企業動産抵當物의 範圍, 登記機關, 登記內容 및 事項 등이 포함되었다. "民用航空法" 第3章 民間航空機權利에서도 民間航空機 抵當權의 規定이 포함되었고, 國家土地管理局이 公布한 "土地登記規則" 第29條, 第40條 및 第43條는 土地使用權抵當登記의 관련사항을 規定하였다.

넷째, 1996年 中國人民銀行이 公布한 "貸出通則"은 貸出者가 擔保를 提供할 것을 要求하고 있고 "境內機構對外擔保管理辦法은 反擔保制度를 規定하였다.31) 專利局32)이 公布한 "專利權質押契約登

---

30) 어음법 第4章 第3節 保證에 관하여 第45條에서 第52條는 다음과 같다.第45條 "환어음의 債務는 保證人이 保證責任을 질 수 있다. 保證人은 환어음 債務가 아닌 기타 사람이 擔當한다." 第46條 "保證人은 환어음 또는 그 保證에 대하여 다음의 事項을 記載하여야 한다. 1. 保證이라는 뜻의 文字 2. 保證人의 名稱과 住所 3. 被保證人의 名稱 4. 保證日字 5. 保證人의 記名捺印" 第47條 "保證人이 환어음 또는 그 保全에 앞 條項 第3號를 記載하지 아니한 경우에는 引受한 환어음은 引受人이 被保證人이고 未 引渡 환어음은 發行人이 被保證人이다. 保證人이 환어음 또는 그 保全에 앞 條項 第4號를 記載하지 아니한 경우에는 發行日이 保證日이다." 第48條 "保證에 添附한 條件은 환어음保證責任에 影響을 미치지 아니한다." 第49條 "保證人은 환어음을 適法하게 取得한 所持人이 享有하는 환어음의 權利에 대한 保證責任을 負擔한다. 그러나 환어음 記載事項의 缺如로 인하여 被保證人의 債務가 無效로 된 경우는 除外한다." 第50條 "被保證 환어음은, 保證人은 被保證人과 함께 所持人에 대하여 連帶責任을 負擔한다. 환어음 所持人은 어음 滿期時 支給을 받지 못할 경우 保證人에게 支給을 請求할 權限이 있고 保證人은 全額을 支給하여야 한다. 第51條" 保證人이 2名 이상일 때는 保證人이 連帶責任을 진다. "第52條"保證人은 환어음의 債務를 辨濟한 후 被保證人 및 前所持人에 대한 所持人의 溯求權을 行使할 수 있다.

31) 境內機構對外擔保管理辦法 第13條 第5項 및 第6項 "擔保人은 被擔保人에게 反擔保를 實行하는 조치나 상당한 抵當物의 提供을 要求할 수

記管理暫定辨法"은 特許權質權契約의 內容 및 登記節次에 대해 規定하였으며, 國家版權局이 公布한 "著作權質押契約登記辨法"은 著作權登記契約의 內容 및 登記節次에 대해 規定하였다.

다섯째, 1997年 國務院이 公布한 "船舶登記條例" 第4章 및 "民用航空機權利登記 條例"에는 각각 船舶抵當權 및 民間航空機 抵當權에 관해 規定하였다. 中國人民銀行이 公布한 "個人住房擔保貸款管理試行辨法"은 個人住宅의 信用貸出管理를 規定하였으며, 建設部가 公布한 "城市房動産抵押管理辨法"과 "城市房屋權屬登記管理辨法"은 前者의 내용에 不動産 抵當權設定과 登記, 抵當契約締結 및 抵當不動産의 占有, 管理, 處分 등이 포함되고, 後者의 第19條는 建物抵當權의 登記를 規定하였다.

國家土地管理局이 公布한 "土地使用權抵押登記關聯問題關與通知"는 土地使用權 抵當登記의 申請要件 및 效力, 土地價格評價와 契約締結을 規定하였다. 最高人民法院의 "預金證書紛糾案件心理關與若干規定" 第8條는 預金證書抵當에 대한 認定과 處理節次를 規定하였다.

여섯째, 1998年 中國人民銀行이 公布한 "個人住房貸款管理辨法"은 個人住宅貸出의 債務者는 반드시 擔保, 抵當, 保證金 등의 擔保를 提供해야 함을 規定하고 있다.

일곱째, 1999年 中國人民銀行이 公布한 "庶民型아파트開發貸款管理暫定條例" 第5章은 貸出者가 반드시 擔保, 抵當, 保證金 등의 擔保를 提供해야 함을 規定하고 있다. 國務院이 公布한 "進一步深化城鎮住房制度改革加抉住房建設的通知" 第6條 住宅金融方面의 發

있고, 또한 約定된 擔保費를 받을 權利가 있다."
32) 우리나라의 경우 特許廳에 해당한다.

展에 관한 項目은 住宅財産權抵當登記制度를 完備하여 貸出 危險을 防止하고 貸出의 安全을 保障할 것을 內容으로 하고 있다.

따라서 中國이 現在까지 進行된 經濟 시스템을 比較해 圖表로 表示하면 다음과 같다.

(表 2-1) 計劃經濟, 計劃商品市場經濟, 市場經濟義 特徵 比較

特徵	計劃經濟時期	計劃商品市場經濟	市場經濟時期
發展目標	社會主義 政治·經濟 體制를 통한 重工業으로 經濟發展 推進	漸進的 方式을 통한 經濟發展으로 公有制를 基礎로 社會主義制度 鞏固化	經濟自由追求, 最高의 經濟效果 發揮를 통한 國民福利 達成
資源 및 配置	指令性 計劃과 行政命令으로 平均的 資源分配	市場이 資源分配에 대한 基礎作用과, 勞動에 따른 分配爲主 一部 先富論 認定	公開的 市場에서 經濟法則에 따른 資源을 配置 貧富差異를 福祉政策으로 克服
國家機能	國家가 모든 自主權과 決定權 등 統制	政策은 國家가 計劃, 監督 企業은 國家와 分離	國家는 法令制定 등 機能保有
計劃性質	指令性 原則	指導性 原則	經濟性 原則
市場體制	計劃的인 經濟體制下에서 市場經濟原理 自體를 認定하지 않음	市場經濟體系 育成에 중점	모든 經濟活動이 市場을 통해 進行
競爭體制	平等主義	制限的 適者生存	適者生存
市場價格	政府가 統制	市場價格 爲主의 價格體系	市場에서 決定
經濟基盤	全民所有制 企業	公有制를 主體로 各種 經濟 竝存	私營企業 및 一部國有 企業
所有制	公有制	公有制 主導, 私有制 認定	一部 國有財産를 除外한 私有制를 物權法에서 認定
職業選擇	國家에서 採用·配分	勤勞者의 自主的 職業選擇	自由職業選擇
企業 리스크	政府와 社會 共同負擔	一部 企業과 個人이 負擔	經營權 分離로 企業과 個人 自體負擔
法 律	引致와 勸力爲主	法制化 方向에 상당한 發展	具體的인 法律體制 確立

강준영, "中國 社會主義 市場經濟 시스템의 理解", 國際地域情報 制7卷7號(通卷 120號) 2003. 7. 1., 參照.

第2節 擔保制度의 法源

中國의 立法權은 單一機關이 統一的으로 行使하는 것이 아니라
서로 다른 機關들이 나누어 行使하고 있다. 그 결과 制定된 法律
및 行政·地方性 法規 등이 效力面에서 서로 다르기 때문에 그 立
法體制에 대하여 각각 特色을 지니고 있다.

1. 1986年 民法通則

中國은 50年代 이래 3次에 걸쳐 民法을 草案하였다. 1982年 中
國政府는 經濟體制 改革에 따른 經濟 및 財産關係의 急速한 變化
로 全面的인 民法制定을 당분간 保留하지 않을 수 없었다. 다만 契
約, 商業組織, 土地, 知的財産權, 婚姻 및 相續 등 民法領域의 單
行法을 制定하였다.

그러나 民法의 基本原則을 制定함으로써 民法의 總體的 基礎를
삼으려 한 것이 바로 1986年에 제정한 民法通則이며, 이 法은 中國

民法典史에 중요한 里程標가 되었다.[33]

이 民法通則의 名稱은 일반적인 中國法學에 의하면 總則과 分則으로 構成되는 것인데, 通則이라 命名한 것은 立法을 하다 보니 일반적인 總則의 範圍를 훨씬 超越한 것이었기에 常任委員會가 그 名稱을 通則으로 바꾸어 버린 것이다. 즉 通則이란 總則과 單行法規間의 一種의 安協이라 할 수 있다.[34] 결국 이러한 法 名稱의 變更은 民法의 量을 劇的으로 縮小하여 民法通則은 9章 156個 條文으로 規定하고 있다. 이 法은 內容上 순수한 民法通則이 아니며 또한 완전한 民法典이라 할 수 없다. 이와 같이 編成한 것은 단순한 民法通則이나, 各則을 制定하는 것에 비하여 더욱 좋은 것이며, 사실상 필요에 根據하여 規定한 內容이기 때문에 民法通則보다 풍부할 수 있다고 主張한다.[35]

民法通則은 中國의 社會主義 法律體系 가운데의 중요한 法律部門이며, 憲法 다음가는 基本法으로 여러 가지 財産權과 人格權을 망라한 個人利益, 集體利益, 및 國家利益과 관련된 法規範으로서 民事上 權利와 義務에 관한 平等의 原則을 구현하고 있다.[36]

---

33) 1980年代 後半期에 나온 民法通則에 관한 英文 論文들은 ① The Emerging Framework of Chiness Civil Law, Law and Contemporary Problems, Vol.52, No.2~3. 1989. ② Some Questions Regarding the Singficance of the General Proveions of Civil Law of the People's Republic of China, (Harvard International Law Journal), Vol.28, 1987. ③ Edward J. Epstein, The Evolution of China's Journal Principles of Civil Law, (American Journal of Comparative Law), Vol.34, 1986. ④ Henrry R. Zheng, China's New Civil Law, (The American Journal of Compartive Law), Vol.34, 1986. 등이 있다.

34) Henrry R. Zheng, op, cit, pp.672~673, Edward J. Epstein, op, cit, pp.708~709.

35) 李鴻旭, "轉換期 中國民事立法의 變化와 特色", 『比較私法』, 第8卷, 1号, (上), (通卷14号), 2000, 551쪽.

民法通則에는 臺灣과 獨逸民法과 달리 物權이라는 말이 없는데, 이 時期는 舊 蘇聯社會主義的 要素가 影響을 준 것이라 볼 수 있다.[37] 舊 蘇聯의 法學은 物權의 多元性을 認定하지 않았는데, 이는 그것이 資本主義的 法律의 特徵으로 보았기 때문이다. 生産財와 消費財를 없애고 두 개의 所有制, 즉 國家所有와 集體所有制를 採用한 것이므로[38] 그 당시 中國의 計劃經濟와 附合하였기 때문이다.

中國이 1970年代 後期부터 經濟改革으로 인하여 사실상의 財産權이 생기기 시작하였으며 이 사실을 民法通則을 基礎한 사람들이 認識하게 되었으나, 民法通則은 民法典이 아니므로 완전한 物權을 認定하는 데까지는 가지 못하였다.[39] 따라서 舊 蘇聯과 大陸法 사이의 折衷方式을 採擇하게 되었던 것이다. 이로 인하여 民法通則 第5章 第1節에 "財産所有權 및 財産所有權과 관련되는 財産權"이란 표제가 생기게 되었다. 이 부분은 經濟改革過程 중에 나타난 所有權이라고 볼 수 없는 財産權에 대하여 法律上 認定을 한 것이다. 이러한 權利는 承包合同[40]을 根據로 國家와 集體所有의 土地 및 資源을 使用하는 權利(民法通則 第80~81條), 全民所有企業의 國家로부터 經營管理를 받은 財産의 經營權(民法通則 第82條) 등은 大陸法의 民法 중의 物權概念에 해당하지만 同法에는 物權概念을 使用하지 않았다.

그런데 民法通則은 抵當權과 留置權에 대하여 간단한 規定을 두

---

36) 韓大元 外 13人, 『現代中國法入門』(博英社, 1995), 203쪽.
37) Xin Ren, Tradition of the Law and Law of the Tradition. Greenwood Press, 1997, p.5.
38) 楊立新, 『我國他物權制度的重新構造』(北京: 中國社會科學, 1995), 78쪽.
39) 위의 책, 210쪽.
40) 中國에서는 請負合同이라고도 하며, 우리나라에서는 이를 都給契約이라고 칭한다.

었지만 이를 第5章 第1節 財産所有權 및 財産所有權과 관련되는 財産權에 두지 않고 第5章 第2節의 債權과 관련된 第89條 第2項과 第4項에 두었는데, 이는 大陸法 體系에 어긋나는 것이다.[41]

中國物權法草案建議稿에 의하면 總則, 所有權, 基地使用權, 農地使用權, 領地使用權, 典權, 抵當權, 質權, 留置權, 讓渡擔保, 占有 등을 그 內容으로 하는바, 이는 全般的으로 大陸法 體制를 받아들이고 있다.[42]

따라서 民法通則은 1987年 1月 1日부터 施行된 이후 中國의 人民法院, 仲裁機關[43]이 수많은 民事紛爭과 經濟紛爭을 처리하는 중

---

41) 錢明星, 『物權法原理』 (北京: 北京大學出版社, 1994), 68쪽.
42) 梁彗星, 『中國物權法草案建議稿』 (北京: 社會科學文獻出版社, 2000), 89쪽.
43) 仲裁라 함은 仲裁機關이 紛爭 當事者의 合意 또는 관련 法規定에 의거하여, 紛爭에 대하여 中立的인 위치에서 當事者를 拘束하는 判定을 내리는 紛爭解決制度를 뜻하는 것으로 오늘날 세계 여러 나라에서 訴訟을 대체하는 民事紛爭解決制度(Alternative Dispute Resolution, ADR)의 하나로 注目을 받고 있다. 中國에서는 1994年 8月 31日 第8期 全國人民代表大會 常務委員會 第9次 會議에서 中華人民共和國仲裁法 (이하 仲裁法이라 한다)이 通過되어 1995年 9月 1日부터 施行되었다. 이 法은 中國의 改革·開放政策의 深化에 따라 급격히 늘어나는 對外貿易紛爭 및 外國企業과의 合資, 合作投資 관련 紛爭의 仲裁業務를 效果的으로 수행하도록 하기 위해 制定된 것으로서, 西歐의 여러 나라로부터 괄목할 만한 發展이라는 評價를 받고 있다. 中國의 仲裁制度는 1950年代부터 1960年代 前半期까지에 걸쳐서 形成되었다. 仲裁制度는 國內仲裁와 涉外仲裁로 나누어지는데, 國內仲裁는 1950年代부터 1960年代에 걸쳐서 주로 經濟契約仲裁를 중심으로 하였으나, 1980年代에 들어와 技術契約仲裁, 勞動爭議仲裁, 著作權契約仲裁, 商標權仲裁, 農業都給契約仲裁, 不動産仲裁 등으로 多樣化되었다. 1994年 仲裁法이 制定되기 전에는 仲裁制度에 관한 統一的인 法制化가 이루어지지 않아 總14個의 法律, 182個의 行政法規, 190個의 地方性 法規로 分散되어 있었다. 1956年에 制定된 仲裁暫行規則은 지금까지 모두 3차례(1988年, 1994年, 1995年) 改定되었고, 위에서 본 바와 같이 1994年 8月 31日 仲裁法이 制定되어 1995年 1月 1日부터 施行되고 있다.

요한 法律的 根據가 되었으나, 擔保制度에 대하여 民法通則 第89
條는 간략하게 規定하고 있다. 따라서 舊 蘇聯 民法通則을 模倣하
여 만든 民法通則 規定들 중 物權法의 擔保內容과 相衝되는 部分
의 修正이 不可避할 것으로 보인다.

2. 1995年 擔保法

1995年 擔保法은 同年 6月 30日에 公布하여 同年 10月 1日부터
施行한 것으로 總則(第1章), 保證(第2章), 抵押(第3章), 質押(第4章),
留置(第5章), 保證金(第6章), 附則(第7章) 등으로 規定되어 있는데,
抵當權, 質權, 留置權 등의 物的 擔保와 保證의 人的 擔保로 構成
되어 있다.

특히 現代 擔保物權 制度의 基本類型에 대하여 비교적 詳細하게
規定하였는바, 不動産抵當權과 動産抵當權 그리고 留置權制度에 대
한 規定뿐만 아니라 權利抵當權, 動産質權, 權利質權 및 最高額抵
當權制度 등을 規定하였다. 그러나 全體的으로는 民法通則의 1個의
條文44)을 擔保法의 96個의 條文으로 制定된 것으로 模糊한 規定들

---

44) 民法通則 第5章 第1節에서 "財産所有權 및 財産所有權과 관련된 財
産所有權"이라고 規定되었는데, 이는 經濟改革 과정 중에 나타난 所
有權이라고 볼 수는 없으며 財産權에 대하여 法律上 認定한 것이다.
이러한 權利는 承包合同(都給契約)을 根據로 國家와 集體 所有의 土
地 및 資源을 使用하는 權利(同法 第80-81條), 田民所有企業 國家로
부터 經營管理를 받은 財産의 經營權(同法 第82條) 등은 大陸法의 民
法 중의 物權槪念에 해당하지만, 同法에는 物權槪念은 使用하지 않았
다. 그런데 民法通則은 抵當權과 留置權에 대하여 第5章 第2節 第89
條에 간단한 規定을 두었지만 이를 第5章 第1節에 두지 않고 債權編
인 第5章 第2節에 規定해 놓은 것은 大陸法 體系에 어긋나는 것이다.

이 상당히 많다. 그러나 2007年 制定된 物權法과의 중요한 媒介作
用을 할 것으로 생각된다.

3. 2000年 擔保法 司法解釋

2000年 9月 29日 法解 44號로 中華人民共和國 擔保法適用若干
問題에 대한 最高人民法院의 擔保法 司法解釋은 總則部分에 대한
解釋(第1章), 保證部分에 대한 解釋(第2章), 抵當部分에 대한 解釋
(第3章), 質權部分에 대한 解釋(第4章 第1節 動産質權과 第2節 權
利質權), 留置部分에 대한 解釋(第5章), 保證金部分에 대한 解釋(第
6章), 기타 문제에 대한 解釋(第7章) 등 134個 條文으로 規定되어
있다.

司法解釋은 裁判過程에서 法令을 어떻게 解釋하고 適用하여야
하는가에 관하여 有權解釋을 내리는 것을 말한다.

中國은 法院에 法律解釋을 맡기는 우리나라 및 西歐의 法制와는
달리 기본적으로 全人大 常任委에서 法律解釋權을 附與하고 있으
나, 最高人民法院과 最高人民檢察院이 하는 司法解釋에도 일정한
法的 拘束力을 附與하고 있다.

이것은 裁判을 통한 具體的인 規範解釋이 아니라, 抽象的인 規範
解釋이라는 점에서 立法과 거의 같은 機能을 수행하고 있다. 그러
나 中國의 立法이 빠른 속도로 이루어지는 社會의 變化에 迅速하
게 副應하지 못하여 때로는 法의 欠缺을 招來하고 있는 상황에서,
最高法院의 司法解釋이 가지는 立法의 補完的인 意味의 役割은 매
우 그다 할 것이다. 예컨대 知的所有權의 侵害로 인한 損害賠償에

서 賠償額의 推定 등에 관한 事項을 擔保法 司法解釋에서 정하여
實質的으로 補完立法을 하고 있다.

4. 2007年 物權法

(1) 意 義

社會主義 國家인 中國에서 13年間 論難을 벌여 온 物權法이 2007年
3月 16日 全人代 5次會議를 通過하여 同年 10月 1日부터 施行하
며, 個人의 所有權 등 物權에 관한 重大한 內容을 담고 있는 劃期
的인 法律이라고 할 수 있다. 總 第5編, 第19章, 附則2條를 포함하
여 第247條로 構成된 物權法은 "國家는 社會主義 初期段階 狀況
에서 公有制를 爲主로 각종 所有制 經濟가 共同發展하는 基本制度
를 견지한다"고 規定함으로써 社會主義를 根幹으로 하는 基本原則
을 提示했다. 이어 "國家, 集體, 個人 및 기타 權利人의 物權은 法
律의 保護를 받으며 어떠한 組織 및 個人도 이를 侵害할 수 없다"
(物權法 第4條)고 規定함으로써 私有財産과 國·公有財産間의 동
등한 保護原則을 明確히 規定하였다. 中國의 憲法 規定은 "社會主
義 公共財産은 神聖不可侵"(憲法 第12條), "公民의 合法的 私有財
産은 侵害받지 않는다"(憲法 第13條)라고 規定하여, 社會主義 國家
로서 公共財産의 保護를 優先時하고 있었으나 이번 物權法 制定을
통해 個人의 私有財産을 公共財産과 同等하게 認定하였다.
中國은 초미의 관심사인 不動産 所有權과 관련하여, 土地使用權
의 使用期限 滿了時 住宅用土地는 自動延長하고 非住宅建設用地

는 期限 滿了後 별도規定에 따라 延長이 가능하도록 하였다.[45] 使
用權의 期限에 대해서는 住居用地 70年, 工業用地와 敎育, 科學,
文化, 衛生, 體育用地 50年, 商業, 觀光, 娛樂用地 40年이다. 耕作
地, 牧草地, 林野 등에 대한 農民들의 土地都給經營權은 使用期限
이 滿了될 경우 別途規定에 따라 계속 使用할 수 있도록 했으나,
物權法 第184條 第2項의 規定에 의하여 耕作地의 宅(住宅)基地, 自
留地, 自留山 등 集團이 所有한 土地使用權은 讓渡, 抵當은 認定
하지 않고 있다.[46]

國有資産의 경우 保護를 위해 國家所有의 自然資源, 기간시설
및 國家機關 所有財産 등 國有財産의 包括範圍와 國務院을 비롯한
地方人民政府 등 國有財産 管理者의 責任과 權利를 規定하고 있
다. 특히 國有企業은 構造調整 및 合倂引受 過程에서 職權濫用 또
는 職務疏忽 등에 따른 國有資産 遺失을 防止하기 위해 監督者에
대한 엄격한 法律的 責任을 附與하였다. 이 밖에도 國家가 公共의
利益을 위해 集體所有土地, 事業場 및 個人所有의 建物 또는 기타
不動産을 收用할 경우 土地補償費 支給과 移徙費用 補助, 동등한
수준의 生活與件 保障 등 補償 內容과 範圍를 具體的으로 規定[47]
한 것도 物權法이 이뤄낸 成果다. 法案을 처음 만든 지 14年 만에
通過한 物權法은 中國共産政權 樹立 이후 처음으로 國·公有財産
과 마찬가지로 私有財産을 동등히게 保護한다는 內容을 담고 있다.
이로써 中國은 經濟改革을 시작한 지 30年 만에 法的으로는 완전
한 資本主義 國家의 모습을 갖추게 되어 集散制와 私有制 사이의

---

45) 物權法 第149條.
46) "中, 住宅所有權 事實上 認定 '物權法' 通過", 韓國日報 2007年 3月
    16日字, www. plclawinfo.com.
47) 物權法 第42條.

적절한 調和를 追求하게 되었다.

(2) 審議過程

2002年 11月 中國共産黨 第16次 全國代表大會에서 個人의 私有 財産 保護를 위한 法律制度를 制定하기 위해 처음으로 言及되었다. 이로부터 한 달 후 第9會 全人大 常務委員會에서 物權法 草案에 대하여 審議하게 되었다.

2004年 3月에 열린 第10會 全人大의 두 번째 審議에서는 憲法 修正案을 通過시켜 人權保障 條項과 더불어 公民의 合法的인 私有 財産은 侵害받지 못하도록 한다는 條項을 追加하였다. 즉 憲法의 保護를 받을 수 있도록 規定한 私有財産權의 立法은 物權法을 制 定하는 過程에서 매우 중요한 의미를 가진다. 그러나 이에 대하여 中國은 社會主義 國家이기 때문에 公有를 母胎로 하는 基本憲法에 違背된다며 적지 않은 사람들이 異議를 提起하였다.

2005年 6月 세 번째 審議에서는 企業官僚들의 無償讓渡, 低價販 賣, 低價換算 등의 수단을 이용해 國有資産의 遺失을 防止하기 위 해 이런 企業官僚들의 民事, 行政 및 刑事責任 등의 문제를 規定 하였다.

그러나 여전히 法律的 내용이 부족하다고 느낀 全人大常務委員 會 委員長은 物權法 草案을 社會에 公開하고, 40日間에 걸쳐 全國 的으로 이에 관련된 意見을 收斂하여 2005年 10月 네 번째 審議를 열었다. 이 審議에서는 公有制 위주의 經濟共同發展과 國家經濟制 度를 基本原則으로 하는 동시에 國家, 團體 및 私有財産 등의 平 等保護의 原則을 强調하였다. 그리고 住宅建設用地使用權이 滿期

가 되면 自動延長 된다는 條項과 그 밖의 建設用地使用權이 滿期
가 되어 公共利益의 필요여부에 따라 回收해야 하는 狀況이 벌어진
다면 이 土地의 使用者에게는 적절한 補償을 해준다는 條項을 制
定하였다. 그러나 土地使用權 延長費用에 관한 내용은 네 번째 審
議를 거쳤음에도 불구하고 정해지지 않았다.

그 후 거의 1年 만에 열린 다섯 번째 審議에서 민감한 부분이었던
住宅建設用地의 使用權을 延長할 경우 延長費用에 관하여 결정짓지
못하였으나, 2007년 여섯 번째 審議過程에서 追加使用費用에 관한
條項을 삭제함으로써 住宅使用期間 70年 滿期가 되어도 自動으로
使用權이 延長되며 追加使用料도 支拂할 필요가 없다고 規定하였
다. 문제는 物權法 第4條에서 "國家, 公共, 個人의 利益을 平等하게
保護한다"고 規定한 條項에 관해서 疑問의 餘地가 있다. 왜냐하면
國家, 公共, 個人의 利益을 平等하게 保護하지만 만일 公共의 利益
과 個人의 利益이 衝突하는 狀況이 벌어진다면 公共의 利益을 우선
하고 이에 被害를 입은 個人에게는 적절한 補償을 하도록 物權法은
規定하고 있으나, 公共의 利益이라는 것은 領域과 狀況에 따라 판이
하게 다를 수 있기 때문에 公共의 利益을 定義하기란 쉽지 않기 때
문이다. 따라서 判斷基準이 明確하지 않은 狀況에서 個人의 利益이
平等하게 保障되기란 쉽지 않기 마련이다. 公共의 利益을 實現한다
는 명목 아래 權力을 濫用하여 個人의 利益을 侵害할 可能性이 있
고, 그에 따른 補償規定도 아직 명확히 制定되어 있지 않기 때문에
적절한 신에서 補償받기란 쉽지 않을 것으로 생각된다.

物權法은 國民의 財産權과 직접적인 관련이 있는 만큼 매우 중요
하고 예민한 法律로서 立法史上 가장 많은 일곱 번째 審議를 거쳐
通過되기는 했으나 많은 施行錯誤를 겪어야 할 것이다. 물론 1978年

市場經濟를 導入한 이후 發生한 여러 가지 私有財産의 문제점들을 物權法 制定으로 權利와 義務가 明確함으로 인하여 中國의 市場經濟를 制度的으로 完成하고 있다는 評價를 받을 만큼 意味는 있다.

(3) 立法原則

物權法은 財産關係를 規範하는 民事基本 法律로서 物件에 대한 歸屬과 利用으로 인하여 産生되는 民事關係를 調整함으로써 國家, 集體, 個人과 기타 權利人의 物權 및 物權에 대한 保護를 다음과 같이 明確히 立法原則을 提示하였다. 첫째, 社會主義 基本經濟制度를 堅持하고, 둘째, 社會主義 市場經濟秩序를 規範化하며, 셋째, 廣大한 人民群衆의 실제 利益을 守護하기 위한 것으로 2010年까지 中國 特色의 社會主義 法律體系의 形成目標를 實現하기 위한 것이다.[48]

그리고 公共의 私有財産을 平等保護하는 原則을 確立하려는 物權法에 대하여 私有財産保護를 主要로 해야 하는가 아니면 公共의 財産保護를 주요로 해야 하는가? 이는 物權法에 대한 全人大 審議, 修正過程에서 論爭이 많았던 重大核心 問題의 하나였으나, 物權法은 公共과 私有財産 平等保護原則을 具體的으로 規定하였다. 物權法 第5章에서 國家所有權, 集體所有權과 個人所有權에 대해 規定한 것은 社會主義 基本經濟制度를 鞏固히 하고 所有制의 共同發展을 具現할 수 있는 전제이다. 따라서 平等保護를 잃으면 共同發展을 잃기 때문에 平等保護原則은 憲法에서 規定한 모든 所有制의 性質에 附合될 뿐만 아니라 社會主義 特色을 진정으로 具現한 것으로 생각된다.

---

48) http://www.c‒gold.net/news/hotnews/index.jsp.

5. 其他 法律 및 行政規則

(1) 槪 觀

立法權限의 區分에 관한 중요한 根據는 1982年 全人大에서 채택한 憲法 및 2000年 全人大常務委에서 採擇하여 同年 7月 1日부터 施行된 立法法으로 아래와 같이 나누어져 있다.

1) 中央 立法權의 行使機關

① 全人大는 憲法 第58條, 第62條 및 立法法 第7條 第1項, 第2項의 規定에 의하면, 國家의 立法權을 行使하고 憲法修正 및 刑事, 民事, 國家機構의 法律 및 기타 基本 法律을 制定하고 改正하는 職權을 行使한다.

② 全人大 常務委는 憲法 第58條, 第67條 및 立法法 第7條 第1項, 第3項의 規定에 의하면, 國家의 立法權을 行使하고 全人大에서 制定해야 할 法律 이외의 기타 法律을 制定하고 改正하는 職權을 行使한다.

③ 國務院은 憲法 第89條 및 立法法 第56條 第1項의 規定에 의하면, 憲法과 法律에 根據하여 行政法規를 制定하는 職權을 行使한다.

④ 國務院 各 部, 委員會는 憲法 第90條 第2項 및 立法法 第71條 第1項의 規定에 의하면, 法律과 國務院의 行政法規, 決定, 命令에 根據하여 각 部門의 權限 範圍 내에서 規則을 制定한나. 그리고 立法法 第71條 第1項의 規定에 의하면 中國人民

銀行, 會計監査書와 行政管理 機能을 가진 直屬機構들도 規則을 制定한다.

2) 地方 立法權의 行使機關

① 省·自治區·直轄市의 人民代表大會 및 常務委員會는 憲法 第100條 및 立法法 第73條의 規定에 의하면, 憲法, 法律, 行政法規와 상호 저촉되지 않는다는 전제하에서 地方性 法規를 制定할 수 있고, 自治區도 立法法 第63條의 規定에 의하여 地方性 法規를 制定할 수 있다.

② 비교적 큰 市의 人民代表大會 및 그 常務委員會는 立法法 第63條 第4項의 規定에 의하면, 비교적 큰 市는 省·自治區의 人民政府 所在地의 市, 經濟特區 所在地의 市 및 國務院이 비준한 비교적 큰 市를 가리키며, 그 人民代表大會와 그 常務委員會는 立法法 第63條 第2項의 規定에 의하여 憲法, 法律, 行政法規 및 당해 省, 自治區의 地方性 法規와 상호 저촉되지 않는다는 전제하에서 地方省 法規를 制定할 수 있다.

③ 經濟特區 所在地의 省·市 人民代表大會 및 그 常務委員會는 立法法 第65條의 規定에 의하면, 經濟特區 所在地의 省·時 人民代表大會 및 그 常務委員會는 全人代의 授權決定에 根據하여 法規를 制定하고 經濟特區의 範圍 내에서 실시한다.

④ 民族自治地方(自治區, 自治州, 自治縣)의 人民代表大會에서는 憲法 第116條 및 立法法 第63條 第2項, 第66條의 規定에 의하면, 民族自治地方의 人民代表大會는 현지 民族의 政治, 經濟,

文化의 特徵에 따라 自治條例와 單一條例를 制定할 權限이 있다.
⑤ 特別行政區의 立法會는 憲法 第31條에 의하면, 國家는 필요시
에 特別行政區를 設置할 수 있다고 되어 있다. 特別行政區 內
에서 實行하는 制度는 具體的인 상황에 따라 全人大에서 法律
로 規定한다고 되어 있다. 全人大는 이에 根據하여 홍콩特別行
政區 基本法과 마카오特別行政區 基本法을 制定했는데, 이들 基
本法의 規定에 따르면 그 立法機關은 모두 立法會이다.49)

(2) 中央立法의 法律

1) ≪經濟契約法≫ (全人大, 1981年, 廢止)

2) ≪涉外經濟契約法≫ (全人大常務委, 1985年, 廢止)

3) ≪民法通則≫ (全人大 採擇, 1986年)

4) ≪技術契約法≫ (全人大常務委 採擇, 1987年, 廢止)

5) ≪海商法≫ (全人大常務委 採擇, 1992年)

6) ≪城市房地產管理法50)≫ (全人大常務委 採擇, 1994年)

7) ≪票據法≫ (全人大常務委 採擇, 1995年)

8) ≪擔保法≫ (全人大常務委 採擇, 1995年)

(3) 中央立法의 行政法規

1) <借款契約條例> (國務院 公布, 1985年)

---

49) 香港特別行政區基本法 第66條 "香港特別行政區의 立法會는 香港特別
行政區이 立法機關이다."
50) 都市를 中國에서는 城市로, 不動産을 房地產으로 表現하고 있다.

2) <城市國有土地使用權出讓和轉讓暫行條例> (國務院 公布, 1990年)

3) <船舶登記條例> (國務院 公布, 1997年)

4) <民間航空機權利登記條例> (國務院 公布, 1997年)

5) <土地管理法實施條例> (國務院 公布, 1998年)

6) <進一步深化城鎮住房制度改革加抉住房建設的通知> (國務院公布, 1999年)

(4) 中央立法의 規則

1) <境內機構提供外換擔保的暫定管理辦法> (中國人民銀行 公布, 1987年)

2) <境內機構對外提供外換擔保管理辦法> (國家外換管理局 公布, 1991年)

3) <農村集體土地使用權抵押登記的若干規定> (國家土地管理局公布, 1995年)

4) <企業動産抵押物登記管理辦法> (國家工商行政管理局 公布, 1995年)

5) <土地登記規則> (國家土地管理局 公布, 1995年)

6) <貸款總則> (中國人民銀行 公布, 1996年)

7) <境內機構對外擔保管理辦法> (中國人民銀行 公布, 1996年)

8) <專利權質押契約登記管理暫定辦法> (專利局 公布, 1996年)

9) <著作權質押契約登記辦法> (國家版權國 公布, 1996年)

10) <個人住房擔保貸款管理試行辦法> (中國人民銀行 公布, 1997年)

11) <城市房地産抵押管理辦法> (建設部 公布, 1997年)

12) <城市房屋權屬登記管理辦法> (建設部 公布, 1998年)

13) <個人住房貸款管理辦法> (中國人民銀行 公布, 1998年)

14) <經濟適用住房開發貸款管理暫行規定> (中國人民銀行 公布,1999年)

(5) 擔保法 司法解釋의 規則

이상의 法律, 行政法規 외에도 人民法院組織法 第33條의 規定에 의하면 最高人民法院은 審判過程에서 具體的으로 어떠한 法律과 法令을 適用하는가의 문제에 대하여 解釋할 權限이 있다. 最高人民法院의 擔保法 司法解釋은 비록 法規는 아니지만 準立法權의 性格으로써 各級 司法機關의 審判에 대해 일정한 拘束力을 가진다. 또한 司法機關인 각급 人民法院의 실제 運營에 대해서는 本位主義에 基礎하여, 最高人民法院의 司法解釋의 效力은 行政機關의 國務院이 制定한 行政法規보다 優先한다.51) 이와 같이 擔保制度도 最高人民法院의 司法解釋으로 다음과 같은 관련된 規定들이 있다.

1) 關於貫徹執行<民法通則>若干問題關的意見(1988年)

2) 關於人民法院借款案件的審理若干意見(1991年)

3) 關於審理經濟契約紛糾案件有關保證關的聯若干問題的規定(1994年)

4) 關於國有企業辦理抵押貸款若干問題批復(1994年)

5) 關於審理存單紛糾案件的若干規定(1997年)

6) 最高人民法院關于适用担保法若干問題的解釋(2000年)

---

51) 陳昶榮, 『大陸地區擔保法之研究』 (中國文化大學法律學研究所碩士論文, 2000), 20쪽.

第3節 小 結

中國의 經濟體制 改革은 일련의 漸進的인 過程으로 計劃經濟體制 아래에서 國營企業은 所有權과 經營權이 모두 國家에 集中되어 自主的으로 經營하고 損益을 負擔하는 主體가 될 수 없었다. 또한 실적에 관계없이 同等한 待遇를 받는다는 心理로 리스크 문제는 根本的으로 存在하지 않았다. 銀行의 경우는 國家의 計劃的인 政策에 따라 信用貸出을 提供하기에 역시 리스크 문제를 考慮할 필요가 없기 때문에 擔保制度는 發達할 수 없었다.

그러나 中國은 市場經濟를 향해 접근하기 시작한 이후 國營企業과 金融業의 改革이 時急한 實情이었다. 企業은 國營企業에서 國有企業으로 바뀌어 運營資金은 더 이상 國家의 提供에 依存하지 않고 市場에서 競爭하며 金融貸出을 통해 獲得해야 했다. 國營銀行은 만성 財政赤字로 非效率 企業의 代名詞로 불리는 國營企業에 放漫한 貸出의 남발로 全面的 挑戰에 直面하게 되었다.

먼저 이러한 問題를 克服하기 위하여 企業이 他人에게 貸出한 債權과 기타 經濟去來 行爲에서 發生한 債權이 償還될 수 있도록

保障하기 위한 方法으로 擔保制度의 活性化가 重要한 手段이라고
여겼다. 이에 1995年 擔保法을 비롯하여 商業銀行法은 銀行들이 貸
出할 경우 借入者의 資金用度, 償還能力, 辨濟方法 등 信用을 엄격
히 審査하여 貸出해 주고, 특별한 事情이 없는 한 擔保를 取得하여
貸出金 回收를 確保할 것을 要求하였다.[52]

이제 中國은 世界化로 인해 競爭이 深化되고 새로운 民營企業과
海外資本企業이 形成되었으며 金融과 資本市場도 擴張되었다. 그
결과 銀行은 市場中心의 效率的 金融分野로 거듭나 中國經濟의 改
革과 持續發展에 寄與할 課題를 떠안게 되었다. 따라서 持續的으로
改革해 나가기 위해서는

첫째, 國家開發銀行과 國有 大企業의 株式制, 非公有第 企業의
公共事業과 인프라 구축, 金融서비스, 公共事業 등 改革을 推進하
여야 한다.

둘째, 農村金融 改革의 加速化로 合理的인 分業시스템, 投資 多
元化, 完備된 機能, 效率的인 서비스시스템을 갖춘 農村의 擔保制
度體系를 活性化하여야 한다.

셋째, 資本市場 活性化. 多次元的인 資本市場體系 建設을 推進
해 直接融資 規模와 比重을 擴大하여 擔保制度의 效率性을 높여야
할 것이다.

이를 뒷받침할 수 있는 法律의 規定으로, 中國은 社會主義 公有
制 原則을 내걸고 있는 政治的 이유에서 遲延되어 왔던 物權法이
私有財産의 法的 保護를 明示하여 制定되었다. 物權法은 所有權과
擔保物權 등 個人財産에 관한 權利를 정하는 民法典 가운데서 가
장 重要한 法律이다. 하지만 이번 物權法의 公布에도 불구하고, 이

---

52) 朴炬口, 『中國의 金融改革과 擔保制度』(企業法研究, 2003), 第12集, 5쪽.

를 둘러싼 논란이 완전히 수그러들지는 않을 것으로 보인다. 왜냐하면 物權法이 認定한 私有財産이 憲法에 規定한 社會主義 基本原則에 어떻게 附合될지 反撥이 있을 것으로 보이기 때문이다. 또한 현재 中國이 당면한 貧富隔差가 이번 私有財産 認定으로 더욱 擴大될 수도 있으며 國有財産의 遺失 可能性도 憂慮된다. 다만 급속한 經濟發展과 所得向上, 權利意識이 높아지면서 現實的으로 物權法에 의한 私有財産의 法的 保護가 시급해졌기 때문에 立法節次에 박차를 가하는 것으로 分析되나 많은 施行錯誤가 있을 것으로 생각된다.

第3章 擔保法과 司法解釋

第1節 擔保法의 制定背景

1. 制定背景

擔保制度는 民法通則에서 基本的인 사항만을 規定하고 都市不動産管理法 등 일부 法律에서 不動産 抵當에 관한 規定을 두었을 뿐 擔保制度를 詳細히 規律하는 法律은 存在하지 않았다. 다만 일부 地域에서 擔保에 관한 地方 條例를 制定하였으나 그 地域마다 내용이 相異하였다.

그러나 中國의 對外經濟開放에 따라 資本主義的 市場經濟가 導入되고 國有企業의 獨立採算制度가 强化됨에 따라 銀行貸付債權이 不良化되거나, 상품외상대금의 回收가 어렵게 되는 경우가 빈발하자 金融機關과 企業은 擔保制度를 積極的으로 利用하려 하였다. 이에 中國은 擔保去來를 國家 次元에서 制度的으로 規律하기 위하여 1995年에 擔保法를 制定하였다.

擔保制度에는 貸與金 및 외상채권과 같은 金錢債權에 있어서 債權者가 債權을 완전히 回收하지 못할 危險性에 대비하여 土地를

目的物로 마련된 物的 擔保制度53)와, 債務者의 一般財産 이외에 第3者의 一般財産도 責任財産으로 追加하여 支拂能力의 危險을 그만큼 減少시켜 金錢債權의 實現을 보다 확실하게 擔保하는 人的 擔保制度54)로 規定되어 있다.

(1) 債權 實現保障과 三角債 問題

債權의 實現을 保障하는 것은 擔保法의 가장 基本的인 機能이다. 擔保法이 制定되기 전에는 단지 소수의 法律 및 行政法規아 司法解釋이 擔保制度에 대해 規律하였으나, 實用性이 높지 않고 關聯附帶措置도 缺如되어 擔保를 設定하는 데 매우 불편하였다. 특히 經濟活動에서 三角債는 債權實現에 대한 保障이 缺如되었을 뿐만 아니라 債權의 危險防止 메커니즘이 樹立되지 않아 企業의 赤字가 심각하게 되었으며, 企業自體의 資金과 銀行貸出을 이용하여 相互 滯納하는 狀況이 形成되었다.55) 그 외에도 商品의 去來秩序가 紊亂해지고 信用의 觀念이 희박해진 것도 三角債 문제를 惡化시킨 주요

---

53) 趙成國, 『北韓과 中國의 不動産 所有權 및 使用權에 관한 研究』(國民大學校 大學院 法學博士學位論文, 2001), 118쪽, 物上擔保는 契約義務人의 契約履行을 確保하기 위해 契約義務人의 有形財産 또는 無形財産上에 設定하는 擔保物權을 말한다, 擔保物權을 設定하는 目的은 契約義務人이 期限內에 義務를 履行하지 않을 경우, 契約權利人은 設定된 擔保를 處分하여 優先辨濟을 받을 수 있다. 一般的으로 擔保物로서 設定하는 財産은 大略的으로 不動産(土地, 建築物 등), 有形動産(貨物, 機械設備 등), 無形動産(契約權利, 商標權, 特許權 등)을 포함 한다.

54) 姜台星, 『擔保物權法』(慶北大學校出版部, 1995), 6쪽, 人的 擔保는 保證人(自然人 또는 法人)이 그 자신의 信任과 資産으로서 他人의 契約履行을 保證하기 위하여 提供하는 一種의 履行保證이다.

55) 趙許明, 杜文聰 主編, 『擔保法通論』(北京: 中國檢察出版社, 1996), 31쪽.

原因이었으나, 擔保法 制定으로 債權이 實現될 수 없는 危險을 낮출 수 있어 三角債 問題를 解決하는 데 큰 도움이 되었다.

(2) 市場經濟 發展에 따른 法的 根據

企業을 經營함에 있어서 原料購買, 固定資産의 減價償却, 生産規模의 擴大 등 어느 하나도 資金을 必要로 하지 않는 것이 없지만 資金을 融通하기에는 상당히 어려웠다. 擔保의 意義는 단순히 擔保의 問題가 아니라 擔保를 利用하여 안전한 貸出關係의 實現를 통해 擔保關係의 發展을 推進하고 資金의 融通을 促進하는 것이라 할 수 있다.[56)

특히 企業間의 自由競爭에 있어서 리스크 問題는 항상 存在하기 때문에, 市場에서 어떻게 必要한 資金을 獲得할 것인가와 他人에게 貸付한 資金을 어떻게 回收할 것인가가 중요한 課題였다. 中國의 企業은 生産經營에 필요한 資金이 심각하게 부족하여 資金을 融通하는 것이 중요한 조치임에는 疑心의 여지가 없다.[57) 만일 貸與者가 他人에게 貸與한 資金을 回收하지 못하게 된다면, 그 역시 第3者에 대한 債務를 淸算할 수 없는 상황을 造成할 수 있어 三角債를 형성하게 되므로 經濟發展에 큰 影響을 미치게 된다.

따라서 擔保法은 開放經濟의 비즈니스 측면의 要求에 따라 實體的·節次的인 法的 安全性을 確保하고, 企業의 經濟活動 및 外資導入의 不確實性을 탈피함으로써 中國으로의 外資流入을 促進하는 토

---

56) 董開軍 主編, 『中華人民共和國擔保法原理與條文釋義』(北京: 中國計劃出版社, 1995), 10쪽.
57) 趙許明, 杜文聰 主編, 앞의 책, 29쪽.

대를 構築하였다.58) 또한 債權을 安全하게 確保하고 資金融通을 促進할 수 있을 뿐 아니라, 擔保의 設定으로 인해 債務者에게 心理的 壓迫을 誘發하여 自發的인 債務履行으로 去來의 安全을 維持할 수 있기 때문에 擔保法 制定은 肯定的 意義가 강하다.59)

58) 朴烜日, 『南北經協 擴大에 對備한 北韓 擔保制度의 整備方案』(集文堂, 2004), 70쪽
59) 童開軍 主編, 앞의 책, 9쪽.

第2節 擔保法의 原則

擔保法의 原則은 立法精神과 擔保法 司法解釋의 根據로 擔保活動에 필요한 基本原則으로서 民商法의 構成部分인 私法에 속한다. 民商法의 內容은 매우 尨大하기 때문에 그 基本原則이 각 부분에 일부 適用되어 있는 정도로 民商法의 基本原則이 擔保法의 基本原則을 전부 構成하지는 않는다. 擔保法 第3條 "擔保活動은 반드시 平等, 自願, 公平, 誠實信用의 原則에 따른다"고 規定하고 있다.

1. 平等原則

當事者의 法律的 地位는 平等하기 때문에 一方은 자기의 의지를 다른 一方에게 强制하여서는 안 되는 原則이며, 이는 中國法 體制의 基本原則으로 다음과 같은 意味를 가지고 있다.

첫째, 法律上 民事主體는 獨立한 人格을 가지고 있기 때문에 民事主體의 표현과 人格獨立의 表現은 法律上 모든 主體資格을 享有

하므로 他人을 支配할 수 없다.

둘째, 權利나 義務를 履行하는 데 있어서 雙方의 經濟狀況 등의 차이와 상관없이 같은 權利에 있기 때문에 一方은 자기의 의지를 다른 一方에게 强制하여서는 안 된다.[60] 따라서 이 原則은 憲法 및 民法通則의 平等原則과 함께 擔保法에서도 具體的으로 表現된 것으로 實體法에서 具現할 뿐만 아니라 訴訟法上에도 具現되고 있다.[61]

2. 自願原則

擔保活動에 있어서 當事者는 자신의 意思에 따라 스스로 擔保를 선택할 수 있다는 原則이다. 中國은 絶對的인 自由를 反對하고 相對的인 自由를 격려한다. 왜냐하면 建國 이래 오랫동안 計劃經濟를 實行하여 過多한 干涉과 指令性 計劃權利를 施行하였기 때문에 擔保制度에 대하여 計劃原則을 强調하고 自願[62]原則은 認定하지 않았다.

그러나 최근에는 社會主義 市場經濟의 發展에 따라 自願原則을 점점 重視하여 擔保法에서 이 原則을 明確하게 規定하고 있다. 具體的으로 自願原則은 擔保를 締結하는 自願, 當事者를 선택하는 自願, 擔保方式을 결정하는 自願 등이 있으며, 國家가 이 原則을 行使될 경우 法律上 强制規定을 違反하면 안 된다.[63] 또한 自願原

---

60) 楊立新, 『中華人民共和國合同法解釋與適用(上)』 (吉林人民出版社, 1999), 25쪽.

61) 王勝明, 『合同法的基本原則』 (中國法學, 1999), 13쪽.

62) 우리나라에서 自願을 中國에서는 "自愿"으로 表現하기도 한다. 郭明瑞, 『擔保法 第2版』 (北京: 法律出版社, 2004), 6쪽.

63) 楊立新, 앞의 책, 25쪽.

自은 當事者의 意志와 自由를 반영하는 것이 擔保法의 구체적인 具現이므로 當事者가 自主的으로 擔保를 決定하는 것은 自由이다. 그러나 어떠한 自由도 모두 絶對的이지 않기 때문에 法律規定의 範圍內에서 自主的으로 設定한 擔保이어야 有效하다.[64]

그리고 自願原則과 平等原則은 밀접한 관계로 서로 조화를 이루고 있어, 平等이 없으면 진정한 自願을 해낼 수 없고, 自願이 없으면 平等은 말할 수 없다. 當事者의 法律的 地位 平等을 保障해야만 當事者는 비로소 平等의 基礎 위에 自願이 있을 수 있다. 따라서 當事者가 진정한 自主的 自願으로 擔保를 決定할 경우 當事者의 法律地位는 平等할 것으로 생각된다.

3. 公平原則

公平原則은 自願原則과 대응하는 擔保法의 基本原則으로 擔保活動에 있어서 當事者의 社會的 平等은 公平하다고 할 수 있다.

公平은 社會 道德的 觀念으로서 主觀的인 評價이며, 社會價値觀의 一種으로 政治, 經濟, 社會의 道德을 결정한다. 公平原則은 民事主體의 地位平等, 機會均等, 公平한 競爭, 公平한 去來, 反對, 어떠한 主體의 輕視 등의 特權撤廢를 要求하는 것이지 去來 및 結果와 均等을 要求하는 것은 아니다. 따라서 擔保法의 公平原則은 擔保設定과 擔保權을 行使할 경우 社會의 각 部分에 利益을 고루 나누어야 하고, 合理的인 原則에 따라 當事者 사이의 擔保紛爭을 處理해야 한다.

---

64) 郭明瑞, 앞의 책, 7쪽.

公平原則은 自由原則을 濫用하는 것에 대한 制限으로 擔保法은 形式的인 公平과 實質的인 公平 두 가지 뜻을 包含하고 있다. 形式的인 公平은 當事者間의 法律的 地位에 있어서 平等하고, 實質的인 公平은 雙方 當事者의 權利나 義務가 對等하여야 한다. 이는 形式上 公平하지만 實質的으로 公平하지 않은 경우가 많기 때문이다. 그러므로 特別한 制度를 통하여 問題를 解決하여야 하는데 形式的으로 雙方 當事者가 自由意思에 따라 契約을 締結하였다면 公平하다고 할 수 있다. 그러나 契約時에 대가가 充分하지 않거나 意思表示에 瑕疵가 있는 경우 實質的으로 公平하지 않다고 할 수 있다.

4. 信義誠實原則

信義誠實의 原則은 民事主體가 民事活動을 진행함에 있어 信義와 誠實로 權利를 行使하고 義務를 履行하여야 하며, 詐欺行爲가 있어서는 안 된다는 原則이다. 이 原則을 標準으로 當事者間 利益은 물론 社會利益에 있어 衡平을 維持하여야 한다. 現代 各國의 民法 가운데 거의 信義誠實의 原則을 規定하지 않은 것이 없으며, 民法通則과 擔保法 등 法律도 信義誠實의 原則을 모두 規定하고 있다. 擔保法은 주로 當事者의 擔保活動 중에서 權利와 履行義務를 기리긴다. 만일 債權者와 債務者 양측이 惡意的으로 結託하거나, 第3者가 提供하는 擔保를 喝取하는 것과 當事者가 자신이 擔保能力이 없는 것을 알면서 他人을 위해 擔保提供과 保證하는 것은 信義誠實原則의 要求에 違背되는 行爲로서 모두 無效가 된다.

第3節 擔保法 總則의 内容

1. 擔保契約의 適用範圍

擔保法의 適用範圍는 契約 當事者가 擔保法이 規定한 擔保方式으로 契約하고, 이에 대하여 履行率을 提高하여 擔保債權을 實現하려는 것이다.

中國의 民法通則 第84條의 規定에 의하면 債務의 發生根據에 따라 契約債務와 非契約債務로 나누는데, 前者는 契約法의 規定에 의거하여 賣買, 贈與, 借用, 賃貸, 都給, 技術, 委託 등의 15種類의 契約을 包含하며,65) 後者는 不當利益, 事務管理 및 權利侵害 行爲를 가리킨다. 그런데 擔保法 第2條 第1項 "貸借, 賣買, 貨物運輸, 都給加工 등 經濟活動 중에 債權者가 擔保方式으로 債權을 保障해야 할 必要가 있을 경우 이 法의 規定에 따라 擔保를 設定할 수 있다"고 規定하여, 擔保의 適用은 契約으로 인하여 發生하는 債務에

---

65) 그 외에도 열에너지(電氣, 水道, 가스)契約, 融資賃貸契約, 建設工程契約, 運輸契約, 保管契約, 倉庫契約, 브로커契約 및 居間契約 등이 있다.

한하고 國家行政機關의 行政管理活動에서 發生한 經濟關係는 排除
됨을 알 수 있다.[66] 非契約債務는 擔保法에 의해서 擔保를 設定하
거나 사전에 擔保契約을 約定하여 非契約債務의 履行을 擔保하는
것은 상상할 수 없고, 최소한 非契約債務가 發生한 後 債務의 履行
에 대한 約定을 하여 非契約債務의 履行을 擔保할 수밖에 없다. 따
라서 擔保法 第2條 第1項에서 열거한 契約은 例外規定이며, 이 條
項이 열거한 네 가지 契約 이외는 擔保를 設定할 수 있다는 것은
아니고 解釋上 契約에 속하는 債務는 모두 擔保를 設定할 수 있는
것으로 보아야 할 것이다.[67]

2. 擔保의 種類

(1) 物的 擔保와 人的 擔保

物的 擔保는 債務者나 第3者의 一般財産이 아니라 特定財産으로
써 金錢債權의 實現을 確保하는 擔保方式[68]으로서, 抵當物을 移轉
하지 않는 物的 擔保와 移轉하는 物的 擔保로 區分할 수 있다. 前
者는 債務者가 債權者에게 특정된 權利를 設定하고 辨濟期에 債務
者가 債務不履行할 경우 債權者는 法에 따라서 擔保權을 行使하여

66) 梁書文, 單長宗 主編, 『中外合同法擔保法問題研究』 (北京: 人民法院出版社, 1999), 69쪽.
67) 孔祥俊 主編, 『擔保法例解與適用』 (北京: 人民法院出版社, 1996), 6쪽, 汪貽祥 主編, 『中華人民共和國擔保法理論與實務』 (北京: 中國政法大學出版社, 1995), 170쪽.
68) 姜台星, 앞의 책, 3쪽.

68

擔保財産에서 優先的으로 負債를 辨濟받을 수 있으며, 留置權, 質權, 抵當權과 같은 典型擔保物權[69]이 포함한다. 後者는 일정한 財産의 所有權 및 기타 權利로 擔保債權를 移轉하는 擔保方式이다. 이러한 擔保方式은 特定人을 위하여 占有한 目的物을 문제삼지 않고, 債務者는 債務不履行할 경우 擔保物은 直接 債權者에게 移轉되며, 讓渡擔保,[70] 賣渡擔保, 代物辨濟의 豫約 등이 포함된다. 物的 擔保는 債務者의 責任財産으로 실현한 擔保가 아니라 特定한 財産의 價値를 直接的으로 債權을 保障한다.

人的 擔保는 債務者의 一般財産 이외에 第3者의 一般財産도 責任財産으로 追加하여 金錢債權의 實現을 確保하는 擔保制度이다. 人的 擔保는 責任財産의 範圍를 擴大함으로써 支給不能의 危險을 그만큼 減少시켜, 金錢債權의 實現을 보다 확실하게 한다.[71] 따라서 人的 擔保는 第3者의 信用으로 擔保를 표시하기 때문에 第3者의 流動的인 信用狀況을 調査하여 債權者는 自己 利益의 實現을 確保하여야 한다.

(2) 法定擔保와 約定擔保

法定擔保는 當事者의 意思와 상관없이 法律上 당연히 成立하는

---

69) 擔保法 第2條 第2項 "擔保方式에는 保證, 抵押, 質押, 留置와 保證金" 이라고 規定하여, 物的 擔保에는 抵押, 質押, 留置가 있으며, 人的 擔保에는 保證, 契約金가 있어 이 모두가 典型的인 擔保方式이라 할 수 있다.
70) 讓渡擔保는 非典型擔保이며, 이 외에도 違約金의 경우 契約當事者가 合意한 內容으로 擔保契約履行의 중요한 方式이다. 그러나 違約金의 根本 目的은 債權擔保가 아니며 法律도 明確하게 擔保方式으로 規定하지 않아 民事責任을 지는 方式으로 하고 있어 非典型擔保에 속한다고 할 수 있다.
71) 姜台星, 앞의 책, 6쪽.

데 반해, 約定擔保은 當事者 사이의 契約에 의해 成立하여 債權을
擔保하는 것이다.

前者는 法律이 直接的으로 規定한 것으로 優先特權이 있다. 典
型的인 法定擔保의 優先特權은 擔保의 當事者, 擔保債權의 種類,
擔保의 範圍 등 모두 法律이 規定한 것으로, 優先特權의 成立에는
當事者의 約定을 필요로 하지 않으며 當事者가 그 適用을 排除할
수 없다.

특히 留置權의 成立條件에 관하여 法律이 直接的으로 規定한 法
定擔保物權이지만 留置權의 法定性은 優先特權의 法定性과는 달리
當事者가 事前에 適用하지 않는다는 約定은 할 수 있다.

後者는 擔保方式, 擔保條件, 擔保範圍, 擔保權 行使 등을 當事者
스스로 約定할 수 있다. 즉 當事者 사이의 契約에 의해 成立하고
財貨의 資金化를 目的으로 하는 것이다.

(3) 典型擔保와 非典型擔保

典型擔保는 法律上 明確한 規定을 가리키며 그 主要한 機能은
擔保를 위한 擔保方式으로 保證, 抵當權, 質權, 留置權과 保證金이
있다. 이 밖에 擔保法 第95條에서 規定한 海商法은 그 適用範圍가
비록 限界가 있너니도 典型擔保에 속한다.

非典型擔保로시 違約金의 경우 契約當事者가 合意한 내용으로
擔保契約履行의 중요한 方式이다. 그러나 違約金의 근본 目的은 債
權擔保가 아니며, 法律도 明確하세 擔保方式으로 規定하지 않고 民
事責任을 지는 方式으로 하고 있어 非典型擔保에 속힌다고 할 수
있다.

3. 反擔保制度

(1) 反擔保制度의 沿革

擔保法이 制定되기 전에 1987年 2月 20日 中國人民銀行이 公布한 境內機構提供外匯擔保的暫定管理辦法에서 反擔保[72]에 대하여 規定하였다. 그러나 1996年 9月 25日 中國人民銀行은 이 法을 廢止하고, 境內機構對外擔保管理辦法[73]을 다시 公布하여 反擔保 制度에 대하여 進一步化하였다. 이번에 制定된 物權法 第171條 第2項[74]에서도 "第3者가 債務者를 위하여 債權者에게 擔保를 提供하는 경우 債務者에 대하여 反擔保를 要求할 수 있다. 反擔保는 이 法과 其他 法律規定을 適用한다"고 하여 反擔保 制度에 대하여 規定하고 있다.

(2) 反擔保制度의 機能

反擔保는 擔保法 第4條에서 "第3者가 債務者을 위하여 債權者에게 擔保를 提供할 때는 債務者에 대하여 反擔保를 要求할 수 있다"고 規定하여 다음과 같은 意義를 가지고 있다.

첫째, 債務者가 債務를 償還할 能力이 없을 경우, 債務者를 위해 擔保를 提供한 擔保人은 반드시 擔保責任을 져야 한다. 이때 反擔

---

72) 逆擔保 또는 求償擔保라고도 한다.
73) 境內機構對外擔保管理辦法 第13條 "擔保人은 被擔保人에게 反擔保 措置를 實踐하거나 이에 상응하는 抵當物을 提供할 것을 要求할 수 있고, 또한 約定한 擔保費用을 收取할 수 있다."
74) 中國 法令에는 題目이나 項의 區分이 없으나 便宜上 項을 區分하였다.

保는 擔保人의 求償權을 保障할 수 있어 擔保契約의 成立에 큰 도
움이 될 수 있다.

둘째, 복잡한 經濟現實에서 債權者가 債務者의 擔保를 받아들이
지 않으려는 傾向이 있다. 왜냐하면 債權者는 抵當物을 登記하고
質物을 保管해야 하는 어려움이 있어 債務者의 擔保物과 抵當物을
받아들이지 않으려고 한다.[75]

(3) 反擔保 提供에 대한 問題

反擔保는 擔保를 提供하는 사람에 따라 첫째, 債務者가 反擔保를
提供하여 主債務者가 反擔保人이 되는 것과 둘째, 債務者와 擔保
人 이외의 第3者가 反擔保를 提供하여 第3者가 反擔保人이 되는
것으로 나눌 수 있다.

1) 債務者가 反擔保를 提供하는 狀況

債務者가 抵當物이나 質物를 反擔保하여 장래 債務不履行으로
債權者가 그 債權을 實現하려면 擔保物을 賣却하거나 競賣를 實行
해야 하는데 節次가 매우 까다롭다. 또한 債權者가 擔保物을 保管
할 義務가 있기 때문에 抵當權이나 質權의 擔保方式을 받아들이려
고 하지 않을 可能性이 매우 높다. 또한 反擔保人이 主債務者가 되
는 경우 擔保方式은 抵當權과 質權에 限定되며 債務者는 자신을
위하여 保證을 提供할 수 없다. 留置權의 경우 當事者의 約定에 의
해 成立되는 것이 아니고 반드시 法이 정한 條件에 附合해야만 效
力이 發生할 수 있다.

---

75) 郭明瑞,『擔保法』(北京: 中國政法大學出版社, 1999), 19쪽.

2) 第3者가 反擔保를 提供하는 狀況

第3者가 反擔保 提供에 관해 주로 問題가 되는 것은 다음과 같다.

첫째, 債務者가 反擔保를 提供할 수 있다는 것은 擔保法 第4條 第1項 "第3者가 債務者를 위해 債權者에게 擔保를 提供할 경우 債務者에 대하여 反擔保를 提供할 것을 要求할 수 있다." 따라서 債務者에게 反擔保를 要求할 수 있는 權限이 있다.76)

둘째, 反擔保人은 債務者에 대하여 어떠한 制限을 두고 있지 않다. 따라서 전자는 理論的 根據에 불과하다며 否定的인 主張을 하고 있다.77)

그러나 第3者가 反擔保人이 될 경우 留置와 保證金은 反擔保의 方式이 될 수 없지만, 保證은 第3者가 提供하면 反擔保人이 될 수 있어 反擔保制度의 機能을 發揮하기 위해서는 後者의 說이 妥當할 것이다. 그리고 擔保方式으로 反擔保人이 債務者와 擔保人 이외의 第3者가 提供할 수 있는 것은 保證 및 抵當權과 質權이 있으나,78) 保證의 경우 中國은 保證亂 현상이 普遍的으로 存在하고 있다. 保

---

76) 董開軍 主編, 앞의 책, 14쪽, 劉俊海, 『最新擔保法實用問答』(北京: 人民法院出版社, 1995), 7쪽, 周新榮, 駱冠新 主編, 『擔保法實用敎程』(北京: 中國法制出版社, 1995), 24쪽, 程政擧, 『反擔保制度初探』(北京: 法學, 1997), 第6號, 34쪽.

77) 郭明瑞, 앞의 책, 26쪽, 174쪽, 毛亞敏, 『擔保法論』(北京: 中國法制出版社, 1997), 266쪽, 孔祥俊 主編, 『擔保法例解與適用』(北京: 人民法院出版社, 1996), 50쪽, 黃赤東, 梁書文 主編, 『擔保法及配套規定新釋新解』(北京: 中國民主法制出版社, 1999), 63쪽, 劉保玉, 『反擔保初探』(北京: 法律科學 第1號, 1997), 42쪽.

78) 中國 建設銀行이 擔保方式에 대한 調査에 의하면, 第3者가 保證하는 경우 82%, 財産으로 抵當하는 경우는 3.1%, 質權 또는 保證金 方式으로 擔保하는 경우 14.9%를 차지한다. 鄧艾兵, 『1998年 中國金融年鑑 "對建設銀行擔保業務情況調査狀況"』 (北京: 中國金融年鑑編輯部, 1998), 285쪽.

證行爲에 있어서 無保證性과 保證負擔의 危險性間에 衝突이 形成되고 있는데 이는 必然的인 結果로 資金融通과 商品流通에 많은 어려움을 겪을 수가 있다.[79] 이 경우 擔保費를 收取하면 保證難의 문제는 解決할 수 있어, 物權法이나 擔保法에서는 擔保費 收取에 대하여 具體的으로 規定할 필요가 있다고 본다.

4. 擔保契約 制度

(1) 擔保契約과 主契約 關係

"擔保契約은 主契約의 從屬契約으로 主契約이 無效로 되면 擔保契約도 無效로 된다"(擔保法 第5條 第1項). 主契約에서 發生하는 債權·債務關係가 없다면 擔保契約도 擔保의 客體를 喪失하게 되는 것으로 主契約이 無效이면 從屬契約도 따라서 無效가 되는 法理에 根據하여 規定한 것으로 볼 수 있다.

中國學者들 사이에 擔保契約은 主契約의 變更에 따라 變更될 수 있다[80]는 見解가 있으나, 擔保契約과 主契約은 각자 서로 다른 내용을 內包하고 있어 主契約이 變更된다고 하더라도 擔保契約의 내용은 變更하지는 않는다. 主契約이 擔保債權을 위해 保證契約을 設定할 경우 擔保法 第15條 第1項에 의하면 "保證契約은 保證받은 主債權의 種類와 金額"을 記載하여야 한다. 貸出金額이 증가할 경우 保證契約을 擔保하는 主債權 金額은 이에 따라 증가되는 것이

---

79) 徐德敏, 『有償經濟保證合同初探』(北京: 中國法學, 1992), 第4號, 73쪽.
80) 孔祥俊 主編, 앞의 책, 53쪽; 董開軍 主編, 앞의 책, 14쪽.

아니고, 當事者가 保證契約의 내용을 變更하거나 증가된 債權에 대해 새로운 保證契約을 締結할 경우 債權의 擔保가 實現될 수 있다.

그러므로 擔保法 第5條 後段에 規定한 "擔保契約에 다른 約定을 했을 경우"에만 擔保契約은 主契約의 變更에 따라 變更되는 것으로서 擔保契約은 從屬性을 갖는 동시에 相對的인 獨立性도 갖는다고 볼 수 있다.

(2) 擔保契約의 契約締結上의 過失

"擔保契約이 無效로 確定된 후에 債務者·擔保人·債權者 중에서 過失이 있는 者는 각각 그 過失에 相應한 民事責任을 져야 한다"(擔保法 第5條 第2項). 즉 擔保契約의 無效로서 主契約이 無效가 되는 경우와 主契約 自體는 有效하나 擔保契約 자체에 無效原因이 있어 無效가 되는 경우에 法律責任은 어떻게 되는지 살펴보고자 한다.

첫째, 擔保契約의 無效로 主契約이 無效가 되는 경우 "民事行爲가 無效로 확정된 후 當事者가 그 行爲로 인해 取得한 財産은 損失을 입은 一方에게 返還해야 한다. 過失이 있는 一方은 이로 인한 相對方의 損失을 賠償해야 하며, 雙方 모두가 過失이 있을 때에는 각자 相應하는 責任을 負擔해야 한다"(民法通則 第61條 第1項). 즉 債權者와 債務者는 각자 財産返還의 責任을 지고 過失이 있는 一方은 過失이 없는 相對方에 대하여 損害賠償責任을 져야 하며, 雙方이 모두 過失이 있을 경우에는 解釋上 過失相計의 法理를 適用한다. 그러나 當事者間에 특별한 約定이 없으면 擔保契約은 無效로서 擔保人은 擔保責任이 없다. 다만 當事者는 主契約의 無效로 發

生한 法律的 效力에 대하여 擔保設定을 約定해야 하나, 擔保契約
에 따로 約定한 契約은 그 約定에 따른다.

둘째, 主契約 自體는 有效하나 擔保契約 自體에 無效原因이 있
어 無效가 되는 경우, 主體의 不適格, 目的物의 不適格으로 인하여
主契約의 效力에는 영향을 미치지 않는다. 이 경우는 民法通則 第
61條 第1項의 規定에 의해 처리하며, 擔保人은 擔保責任이 없어 擔
保行爲로 인해 交付한 財産을 回收할 수 있다. 그러나 無效인 擔保
契約의 締結에 있어서 過失이 있는 경우, 擔保法 第5條 第2項의
規定에 따라 처리해야 하며, 債務者, 擔保人, 債權者 중에서 過失이
있는 者는 그 過失에 따라 각자가 民事責任을 겨야 한다.

76

第4節 登記制度

1. 登記의 意義

中國의 不動産 登記는 우리나라와 같이 統一된 機關과 法律에
의하여 權利關係가 公示되는 게 아니라, 각각이 別個의 機關과 法
律에 의하여 規律되고 있었다. 또한 中央政府와 地方政府間에도 土
地와 建物의 登記를 擔當하는 부서 사이에서도 不動産 登記는 차이를
보이고 있었으며, 登記의 單行法規가 存在하지 않아 不動産에 관한
각종의 法律과 行政法規, 地方法規 등에 관련 規定이 散在해 있었
다.81)

그러나 物權法은 住宅財産權의 登記를 비롯해 土地 및 建築物
등 土地定着物과 관련하여 不動産 登記는 不動産 所在地 登記機關

---

81) 土地의 경우 私的 所有를 許容하지 않으므로 登記制度가 存在할 必
要性은 없으나 國土管理의 측면에서 登記制度가 필요하다. 따라서 中
國 土地管理法에서 土地登記에 관하여, 建物에 관해서는 1983年 12月
17日 公布된 都市私有房屋管理條例에서 都市私有住宅登記 事項을 각
각 規定하고 있었다.

이 責任지며(物權法 第10條 第1項), 國家는 不動産에 대해 단일한 登記制度를 實施하며, 단일한 登記範圍와 登記機關, 登記法則 등은 法律, 行政法規 方式으로 規定한다"(同法 第10條 第2項)라고 명시하여 統一된 不動産 登記制度를 確立하였다. 따라서 物權法은 土地使用權을 登記하면 物權으로 認定하기에 擔保制度가 더욱 活性化 될 것으로 期待된다.

2. 登記의 管理體制

土地管理法에서 登記관련 規定을 살펴보면, 集團所有土地에 대하여 縣級 이상 人民政府 土地管理部門에 登記를 申請하면 確認을 거쳐 所有權 證書를 交付한다. 農民集團所有의 土地가 法에 따라 非農業建設用地에 사용되는 경우, 縣級 人民政府는 登記簿를 作成하고 建設用地에 대한 使用權證書를 交附한다. 單位 및 個人이 사용하는 國家所有 土地는 縣級 이상의 地方人民政府가 登記簿를 作成하고 使用權證書를 交付하며, 林地와 草原의 所有權 또는 使用權의 確認은 森林法과 草原法[82]에 따라 處理한다. 그리고 土地의 權利歸屬 또는 用途를 變更하는 경우에는 土地變更登記 節次를 밟아야 하다. 國家所有 土地에 대하여는 所有權登記 또는 所有權證書가 發給되는

---

82) 草原法 第11條 "法律로 全民所有制 機關이나 集體經濟組織에 草原을 使用하게 할 경우, 縣級 이상 政府는 登錄하여 使用權證明을 發給, 草原使用權을 確定한다. 使用權을 確定하지 않은 國家所有 草原은 縣級 이상 人民政府에서 登錄하고 保護 管理한다. 集體所有인 草原은 縣級 人民政府가 登錄하여 使用權證明을 發給, 草原所有權을 確定한다. 法律로 草原所有權을 變更할 경우 草原所有權 變更登記을 하여야 한다."

78

것이 아니고 使用權登記 또는 使用權證書로 發給되며, 集團所有 土地에 대하여는 所有權登記와 所有權證書의 發給이 이루어진다.

한편 都市私有建物管理條例에 의하면 直轄市, 市, 鎭 및 鎭이 設置되지 아니한 縣의 邑과 工業·鑛業地區 내의 모든 私有房屋의 所有者는 반드시 建物所在地 不動産管理機關에 出席하여 所有權登記節次를 경료하고 실제조사를 거쳐 建物所有權證書를 交付받아야 하며, 賣買·贈與·交換·相續 등의 原因으로 所有權이 移轉되거나 建物의 현 상태를 變更하는 경우에는 소정의 書類를 提出하고 所有權移轉登記 또는 變更登記節次를 경료하여야 한다.

3. 登記의 種類

不動産 登記는 總登記, 初始登記, 變更登記, 抹消登記, 他項權利登記 등 5가지 大分類로 나뉜다.

(1) 總登記

넓은 의미로 볼 때, 總登記는 일정 期間內 비교적 넓은 範圍를 상대로 全面的인 登記를 進行하는 行爲를 말한다. 總登記는 原房地産證[83]의 有無에 관계없이, 所有權 變更 등 모든 내용에 대한 登記를 進行한다. 즉 住宅의 所有權 讓渡, 變動에 대한 登記를 總登記라고 하며, 事實의 登記와 權利의 登記라고도 한다.

---

83) 우리나라의 登記權利證을 中國에서는 原房地産證라고 表現한다.

(2) 初始登記

初始登記[84]는 新築建物의 所有權에 관해서 登記하는 것으로 國有土地使用權者와 集團土地使用權者는 人民政府의 通告에 따라 登記申請 關聯書類[85]를 添附하여 土地管理部門에 登記를 申請한다. 土地管理部門은 土地의 權原, 面積, 用途, 價額 등에 대하여 形式的인 審査를 통하여 申請書類가 適法하게 갖춰진 경우 公告한다. 만일 公告期間 滿了時까지 異議가 없으면 土地에 대한 最初의 登記를 행하지 않고, 權利者에 대하여 土地使用權歸屬證書 또는 土地所有權歸屬證書를 附與한다. 權利歸屬證은 登記簿 內容의 一部副本이며 權利를 證明하는 유일한 證據이다.

(3) 他項權利登記

住宅所有權과 土地使用權 및 土地所有權 이외의 建物이나 土地上의 權利로서 抵當權·賃借權 및 法律·行政法規에 規定되어 있는 그 밖의 登記해야 할 權利를 말한다. 만일 建物에 抵當權을 設定하는 경우에는 權利者는 당해 사실이 發生한 날로부터 30日 이내에 建物所有權利證, 建物抵當權 등을 設定하게 된 原因을 證明하는 契約書나 關聯書類를 提出하고 他項權利登記[86]를 하여야 한다.

---

84) 初始登記는 우리나라의 所有權 保存登記와 같은 뜻이다.
85) 初始登記 申請書類에는, 法人의 경우 代表理事의 身分證, 個人의 경우 戶籍證明書, 土地의 權原證明書, 定着物의 權原證明書가 포함된다.
86) 他項權利란 우리나라의 用益物權이나 擔保物權에 해당하는 것으로 土地使用權을 賃貸하는 경우이 賃借權, 抵當權, 地役權 등을 他項權利라고 할 수 있다.

(4) 變更登記

出讓,[87) 劃拔,[88) 讓渡 등의 方法으로 取得한 土地使用權을 回復하는 경우와 土地他項權利를 讓渡하는 경우 賣買, 交換, 贈與, 相續과 人民法院의 判決에 의하여 移轉하는 경우, 仲裁機構에서 移轉또는 기타 原因으로 不動産權利 發生에 變更이 있는 경우의 登記를 말한다. 따라서 不動産 用途變更, 權利者 姓名, 또는 名稱 變更, 建物 面積의 增減이 된 경우 變更登記를 하여야 한다.[89)

(5) 抹消登記

縣級[90) 이상의 人民政府가 國有土地使用權을 回復하는 경우, 國有土地使用權의 抹消를 하거나, 土地使用權의 期間 滿了에도 계속 使用申請을 하지 않은 경우, 期間의 更新을 許可하지 않는 경우, 土地他項權利가 消滅된 경우에 하는 登記를 말한다. 이 登記는 事由가 發生한 날로부터 15日 이내에 關聯書類를 添附하여 申請한다.[91) 한편 他項權利登記 중에서 建物의 消滅, 土地使用期間의 滿了, 他項權利의 終了 등이 있는 경우에 權利者는 그 사실이 發生한

---

87) 韓國에서는 拂下라고 表現한다.
88) 韓國에서는 割當라고 表現한다.
89) 趙成國, 앞의 論文, 104쪽.
90) 中國 憲法 第30條는 中華人民共和國의 行政區域을 다음과 같이 區劃하고 있다. 全國을 크게 省·自治區는 自治州·縣·自治縣·市로 나눈다. 縣·自治縣은 鄕·民族鄕·鎭으로 나눈다. 直轄市와 비교적 큰 市는 區·縣으로 나누고, 自治州는 縣·自治縣·市로 나눈다. 自治區·自治州·自治縣은 모두 民族自治地方이다. 그리고 國家는 필요시 特別行政區를 設置할 수 있다.
91) 長谷川俊明, 陳天華, 위의 論文. 55~56쪽.

날로부터 30日 이내에 建物所有權利證 및 關聯 契約書, 協議書, 證明書 등의 書類를 添附하여 抹消登記를 하여야 한다.[92)

(6) 豫告登記

豫告登記는 住宅 또는 기타 不動産 賣買契約 締結時 買受人은 향후 物權에 대한 實現保障을 위해 登記機關에 豫告登記를 申請할 수 있다(物權法 第20條 第1項). 豫告登記를 한 후 豫告登記 權利者의 同意 없이 당해 不動産을 處分한 경우에는 物權의 效力은 發生하지 않으며(同法 第2項), 豫告登記 後 債權이 消滅되었거나 不動産登記를 할 수 있는 날로부터 3個月 이내에 登記를 申請하지 않은 경우 豫告登記는 效力을 喪失한다(同法 第3項).

4. 登記制度의 缺陷

登記制度는 現代 物權法에서 극히 중요한 위치를 차지하므로 物權法의 第2章 第1節은 登記規定에 관한 缺陷 내용을 修正하였다. 物權變動에서 登記要件主義, 異議登記, 更正登記, 豫告登記, 登記의 公信力이 權利歸屬證書에 優先하는 등 예전에 없었던 登記制度를 明確히 規定하였다. 그러나 현재 登記制度에 대한 物權法 規定은 登記制度에 여전히 瑕疵가 있으므로 法 規定을 다시 分析해볼 필요가 있다.

---

92) 長谷川俊明, 陳天華, 『中國の登記制度2(不動産登記制度)』(登記情報500號−民事法情報センター, 2003), 54~55쪽.

(1) 國家所有權 登記

物權法 第9條 第2項의 規定에 의하면 "法律上 國家의 所有로 되어 있는 自然資源은 所有權을 登記하지 않아도 된다."고 規定되어 있는데 이 條項은 不合理하다고 생각된다. 우선 이 規定은 歸屬이 明確하고 權利와 責任이 宣明하며, 保護가 엄격하고 移轉이 용이한 現代 財産權制度의 要求에 附合되지 않는다. 그 이유는 中國의 自然資源의 所有權 主體는 國家뿐만 아니라 集體도 포함되기 때문에, 集體의 自然資源 所有權과 國家의 自然資源 所有權을 모두 登記하여야만 財産歸屬을 明確히 할 수 있고 紛爭을 防止할 수 있다. 만일 國家의 自然資源 所有權에 대하여 登記를 하지 않는다면 國家所有의 自然資源 所有權에서 派生되어 나온 기타 物權 즉, 國有土地使用權, 採掘權, 林地使用權 등에 대하여 登記를 할 수가 없게 될 것이다.

(2) 登記機關의 審查義務 및 責任

中國은 物權의 變動을 가져 오는 登記의 要件으로서 形式的 審查를 주로 하되 實質審查를 補完하는 方案을 취하였다. 物權法 第12條에서 登記機關의 職責을 規定함에 있어서 "申請人이 提供하는 所有權 證明과 기타 필요한 資料를 檢査할 뿐만 아니라 登記事項과 관련하여 申請人에게 質問할 수 있고, 또한 구체적인 狀況에서 追加的인 證明이 필요할 경우에는 申請人에게 補充資料를 要求하거나 필요시에는 現場調査를 할 수 있다."

中國의 登記에는 그동안 公證機關으로부터 事前에 實質檢査를 施行한 先行節次가 없으므로, 形式的 審査를 취할 경우 登記上의

錯誤를 豫防하는 데 어려움이 있을 수 있다. 만일 實質的 審査를
취하여 그 審査義務를 최대한 履行하지 못했을 경우, 모든 責任은
登記機關이 負擔해야 하나 이러한 負擔을 지기에는 어려움이 많아
완전한 形式的 審査主義도 완전한 實質的 審査主義도 아닌 折衷主
義를 채택한 것으로 볼 수 있다.

(3) 登記簿 公開保障

登記簿가 實現하려고 하는 것은 物權法 중의 公示原則과 公信原
則이다. 만일 登記簿를 秘密文書로 취급한다면 登記와 實體法 관계
를 일치시키려는 努力은 무의미할 것이다.93) 物權法 第18條에서는
"權利者와 利害關係者는 登記資料의 照會, 複寫를 申請할 수 있으
며 登記機關은 이를 提供하여야 한다"고 規定하여, 制限的으로 公
開하는 立場을 취하였으나 科學的이지 못하다고 판단한다. 이 規定
은 權利者와 利害關係者만이 閱覽, 複寫를 할 수 있는데 누가 利害
關係者가 되는지 그 해당 기준에 대하여 規定하고 있지 않다. 이러
한 경우 登記簿의 公開는 그 의미가 없을 것이다. 따라서 利害關係
者의 기준에 대하여 반드시 糾明하여야 할 것이다.

(4) 異議登記 申請

異議登記 申請에 대하여 "權利者와 利害關係者가 不動産登記簿
의 登載事項에 誤謬가 있다고 認定하는 경우 登記更新申請을 할

---

93) 王利明, 『物權法論(修訂本)』 (北京: 中國人民大學出版社, 2003), 91쪽.

수 있다. 不動産登記簿에 登載된 權利者가 登記更新을 書面으로 同意하거나 또는 登記에 확실히 誤謬가 있음을 證明하는 證據가 있는 경우 登記機關은 登記를 更新해주어야 한다.

不動産登記簿에 登載된 權利者가 登記更新에 同意하지 않는 경우 利害關係者는 異議登記를 申請할 수 있다. 申請者가 異議登記를 한 날로부터 15日 내에 訴를 提起하지 않을 경우 異議登記는 效力을 喪失한다. 異議登記가 不當하여 權利者에게 損失을 造成시킨 경우 權利者는 申請者에게 損害賠償을 請求할 수 있다"(物權法 第19條).94) 이 規定은 實務上으로 문제가 發生할 수 있다고 생각한다.

만일 登記簿에 記載되어 있는 權利者가 진정한 權利者가 아닐 경우 書面으로 異議登記를 許諾할 理由가 없으며, 法院은 어떤 方法으로 決定하는지에 대하여 아무런 規定이 없기 때문이다. 물론 法院은 民事訴訟法 第93條95)의 規定에 의하여 決定을 하겠으나 이는 異議登記 申請者에게 너무 엄격하여 實務에서는 異議登記 申請를 하기 힘들다.96)

---

94) 例를 들어 建物를 甲과 乙이 共同名義으로 買受하기 위하여 共同으로 投資하였으나, 甲이 單獨名義로 登記한 경우 乙은 更正登記를 要求할 수 있다. 만일 甲이 更正登記에 同意하지 않을 경우 乙은 異議登記를 申請할 수 있으며, 異議登記 申請을 提出하였을 경우 반드시 15日內로 起訴하지 않으면 異議申請은 效力을 喪失한다. 마찬가지로 甲은 乙의 異議登記 申請이 옳지 않아 損失을 發生했을 경우 乙로부터 賠償을 要求할 수 있다.

95) 民事訴訟法 第93條의 規定에 의하여 "利害關係人이 緊急狀況으로 인하여 財産保全의 申請을 즉시하지 않아 그 合法的 權益에 대한 損害를 補完하는 데 어려움을 받은 경우 起訴 前 人民法院에 財産保全의 조치를 採擇하도록 申請할 수 있다. 申請人은 반드시 擔保를 提出해야 하고, 擔保를 提出하지 않은 경우는 申請을 棄却한다. 人民法院은 申請을 받은 후 반드시 48時間內에 決定해야 한다. 決定에 財産保全의 조치를 採擇한 경우, 즉시 執行을 한다. 人民法院이 保全措置를 취한 후 15日內에 申請人이 起訴하지 않은 경우, 人民法院은 財産保全을 解除해야 한다.

第5節 擔保法 司法 解釋의 內容 및 機能

1. 擔保法 規定의 明確性

擔保法은 一部規定 內容이 模糊하여 그 實質을 알 수 없어 관련 法適用 시 어려운 問題點들이 있으나, 擔保法 司法解釋은 이러한 問題點들을 補完하여 擔保法 規定의 內容을 明確히 하였다.

(1) 保證과 物的 擔保의 竝存的 效力

동일한 債權에 保證과 物的 擔保가 竝存하고 있는 경우, 學說은 混合共同擔保라고 하는데 양자가 어떤 效力을 가시는가에 대하여 中國은 立法을 통해 規定하고 있다[97] "同一 債權에 保證과 物的 擔保가 있는 경우 保證人은 物的 擔保 외의 債權에 대하여 保證責任을 진다. 債權者가 物的 擔保를 抛棄하였을 경우 保證人은 債權者가 抛

---

96) 王利明, 앞의 책, 159쪽.
97) 房紹坤, 『民商法問題研究沽用』(北京大學出版社, 2002), 138쪽.

86

棄한 權利의 範圍 내에서 保證責任을 면한다"(擔保法 第28條) 이 規定은 우선 保證人과 物的 擔保人이 責任을 負擔할 경우 서로 履行拒否함을 막을 수 있고 保證人의 負擔을 輕減시키려는 데 있다.[98]

만일 "同一한 債權에 保證을 設定한 동시에 第3者가 物的 擔保를 提供한 경우, 債權者는 保證人 또는 物的 擔保人에게 擔保責任을 지도록 要求할 수 있다. 當事者가 保證擔保나 物的 擔保 範圍를 約定하지 아니하였거나 約定이 분명하지 아니할 경우 擔保責任을 履行한 擔保人은 債務者에게 賠償을 請求할 수도 있고, 기타 擔保人에게 그 分擔持分을 辨濟하도록 要求할 수도 있다"(擔保法 司法解釋 第38條 第1項). 이 規定은 保證人과 物上保證人은 동등한 地位에 있으므로 債權者는 兩 當事者를 상대로 擔保責任을 要求할 수 있으며 求償權도 認定하고 있다.

債權者가 主契約履行 만료 후 擔保物權의 행사를 懈怠하여 擔保物의 價値가 減少・毁損・滅失하는 경우, 保證人은 이와 같은 範圍內에서 保證責任을 免除받을 수 있는지 문제이다.[99] "債權者가 主契約 履行期間 滿了 後에도 擔保物權의 行使를 게을리 하여 擔保物의 價値가 減少・毁損・滅失되었을 경우 債權者는 一部 또는 全部 物的 擔保를 抛棄한 것으로 看做하며, 保證人은 債權者의 權利 抛棄 範圍 內에서 保證責任을 輕減 또는 免除할 수 있다"(擔保法 司 法解釋 第38條 第3項). 이는 債權者가 비록 擔保物의 抛棄를 明示 또는 默示하지는 않았지만 主契約 滿了 後 擔保物權의 行使를 懈怠하여 擔保物의 價値가 減少하면, 債權者에게도 過失이 있기 때문에 權利의 一部나 全部를 抛棄한 것으로 보아야 할 것이다.

---

98) 毛亞民, 앞의 책, 115쪽.
99) 唐德華 主編, 『最新擔保法條文釋義』(北京: 人民法院出版社, 1995), 75쪽.

(2) 價値超過된 抵當效力

價値가 超過된 抵當은 擔保된 債權額이 抵當物의 價値를 超過하는 抵當으로서 抵當物과 擔保債權額의 價値關係에서 立法은 부동한 規定을 가지고 있어 그 內容을 살펴보면 다음과 같다.

첫째, 價値가 超過되는 抵當權의 被擔保債權額은 抵當物의 價値에 影響을 받지 않으므로 抵當權의 擔保債權額은 抵當物의 價値를 超過할 수 있다.

둘째, 債權額은 抵當物의 價値를 超過하지 못한다. 이러한 立法은 重複抵當을 禁止하는 것으로 基本特徵으로 삼고 있다. 中國의 擔保法도 後者의 立法例를 취하고 있으나 重複抵當에 있어서는 前·後者가 서로 相反된 立場을 취하고 있다.100)

最高人民法院의 中華人民共和國 民法通則觀徹與施行若干問題意見 第115條의 規定에 의하면 "抵當期間 중 債權者의 同意없이 抵當者가 同一한 抵當物을 他人에게 讓渡하였을 경우, 또는 抵當物의 價値에 대하여 이미 抵當을 設定하였지만 다시 抵當을 하였을 경우 그 行爲는 無效이다"라고 規定하여, 條件附로 重複抵當을 認定한 것으로 볼 수 있어 債權者가 同意하면 重複抵當은 有效하다. 그러나 "抵當者가 擔保하고 있는 債權은 그 抵當物의 價値를 超過하여서는 안 되나 擔保하고 있는 債權의 價値를 超過할 경우 超過한 部分에 대하여 抵當을 設定할 수 있다"(擔保法 第35條).

그리고 "同一한 財産이 둘 이상 債權者에게 抵當權을 設定하였을

---

100) 郭明瑞, 『擔保法 第2版』앞의 책, 155쪽, 王利明, 審定, 程嘯, 『物權法·擔保物權法』(中國法制出 版社, 2005), 400-401쪽, 房紹坤, 앞의 책, 141쪽.

경우 抵當物을 競賣·賣却하여 얻은 收入은 일정한 順序에 의하여 辨濟되어야 한다"(擔保法 第54條)고 規定하여 重複抵當을 認定하였다. 그러나 擔保債權額이 抵當物의 價値를 超過하지 않으면 抵當權은 모두 實現될 수 있기 때문에 順位에 影響을 미치지 않으나, 重複抵當이 存在할 경우 順位의 문제가 發生할 수 있어 擔保法의 規定은 그 자체가 矛盾된다 할 것이다. 通說에서는 擔保法 第35條의 規定과 抵當權의 性質은 附合되지 않으며 合理的이지 않다고 보고 있다.[101]

특히 擔保法 第35條의 規定은 서로 다른 見解가 存在한다. 첫째, 價値가 超過될 경우 抵當契約이 全部가 無效라는 說과 둘째, 價値가 超過될 경우 超過되는 價値部分만 無效라는 說이 있는데 이에 대하여 擔保法 司法解釋에서는 後者를 認定하고 있다.[102] 즉 "抵當者가 擔保하는 債權이 抵當物의 價値를 超過할 경우 超過되는 部分은 優先辨濟의 效力을 具備하지 아니한다"(擔保法 司法解釋 第51條). 따라서 價値超過抵當의 경우 超過되는 부분에 대해서는 抵當權의 效力이 미치지 않으며 超過되지 않은 抵當은 有效하다.

(3) 動産質權의 交付占有方式

動産質權은 "債務者 또는 第3者가 動産을 債權者에게 交付하여 占有하게 하고 그 動産을 債權의 擔保로 삼는 것을 말한다"(擔保法 第63條). 그리고 "質權契約과 質物이 質權者가 占有할 때 效力이 發生한다"(擔保法 第64條). 따라서 動産質權은 動産이 交付되고 占

---

101) 孔祥俊, 『擔保法及其司法解釋的理解爲活用』(北京: 法律出版社 2001), 226쪽.
102) 房紹坤, 앞의 책, 141쪽.

有가 이루어진 시점부터 效力이 發生한다. 物權法에서 動産의 交付 占有는 現實交付 외에 簡易交付, 占有改定, 提示交付 등이 있으므로 動産의 現實交付와 簡易交付에 動産質權을 設定할 수 있음은 더 疑問할 필요가 없다. 簡易交付의 경우 質權者가 이미 質物을 占有하였기 때문에 質權設定者는 現實交付를 할 필요가 없으며, 質權契約은 이 契約이 設定될 때 簡易交付가 成立된다. 그러나 占有改定이나 提示交付에서 質權 設定에 대하여 擔保法은 規定하지 않아 理論上에서 여러 가지의 問題點이 存在하고 있다.103)

占有改定의 交付方式에서 動産質權을 設定할 수 있느냐에 대하여 通說은 否定的인 態度를 취하고 있다. 그 理由로 어떠한 財産에 質權이 設定되면 반드시 일정한 公示方法에 의하여 第3者가 알 수 있게 하여야 하기 때문이다. 만약 質權者와 質權設定者 사이에 특별한 約定을 하여 質權設定者가 占有改定의 方式으로 交付를 代替하였을 경우, 質權設定者는 直接占有하고 質權者가 間接占有를 하면 質物은 사실상 質權設定者가 繼續占有하게 된다. 이때 質權은 公示할 수 없는 狀況에 이르게 되고, 第3者는 質權의 存在를 알지 못하기 때문에 第3者의 利益을 侵害할 우려가 있다. 따라서 去來의 安全을 위하여 占有改定의 方式으로 質權을 設定하는 것은 타당하지 않으며, 또한 質權者가 質物을 占有하지 못하기 때문에 質權의 留置的 性格도 없다고 할 수 있나.104) 各國의 立法도 占有改定의 方式으로 動産質權을 設定하는 것을 禁止하고 있다.105) 擔保法 司

---

103) 柳經緯 主編, 『物權法』 (厦門大學出版社, 2001), 271쪽, 房紹坤, 앞의 책, 142쪽.
104) 王利明, 『物權法論』 (北京: 中國政法大學出版社, 1998), 150쪽.
105) 우리民法 第332條 "質權者는 質權設定者로 하여금 質物의 占有를 하게 하지 못한다." 日本民法典 第345條 "質權者는 質權設定者가 자

法解釋 第87條에서도 "質權設定者가 質權者를 대신하여 質物을 占
有할 경우 質權契約은 그 效力이 發生하지 않는다"고 規定하여 占
有改定의 交付方式으로 이루어진 動産質權은 成立되지 않는다는
점을 明示하고 있다.

그러나 提示交付의 方式은 動産을 第3者가 占有하였을 경우 讓
渡人이 返還請求權을 讓受人에게 讓渡하여 現實交付를 代替하는
것으로서, "質權設定者가 間接的으로 占有한 財産에 대하여 質權을
設定할 경우 質權 契約은 書面通知가 占有者에 送達이 된 때로부
터 引渡한 것으로 看做한다"(擔保法 司法解釋 第88條)고 規定하여
動産質權의 設定이 可能하다는 것을 알 수 있다.

2. 擔保法 內容의 補完

(1) 擔保物權의 存續期間

擔保物權의 存續期間 問題에 대하여 擔保法에서는 明確히 規定
을 하지 않았다. 그러나 "當事者가 約定하였거나 또는 登錄部門에
서 登錄하도록 要求한 擔保期間에 擔保物權의 存續은 法的 拘束力
을 가지지 아니한다"(擔保法司 法解釋 第12條)고 規定하여, 論爭이
심했던 存續期間 問題에 대하여 解決하였지만 司法解釋은 當事者

신을 대신하여 質物을 占有하게 할 수 없다." 스위스民法典 第884條
"質權은 質權設定者가 質物에 대하여 獨占性을 支配할 경우 成立하
지 않는다." 臺灣民法 第885條 "質權者는 質權設定者가 자신을 대신
하여 質物을 占有하게 하여서는 안 된다."

의 擔保期間에 대한 約定權을 否定하였으며 當事者의 契約自由도 侵害하였다.106)

　비록 司法解釋은 擔保物權이 存續期間에 대하여 制限을 받지 않는다고 規定하였으나, 擔保物權의 行使는 일정한 期間의 存在가 필요하기 때문에 改善의 餘地가 있다고 본다.

(2) 抵當權의 不可分性

　抵當物과 被擔保債權의 關係에서 抵當物의 全部는 債權의 全部를 擔保하고 抵當權과 抵當物의 關係에서 抵當權의 全部는 抵當物의 全部에 存在하며, 抵當權과 主債權關係에서는 被擔保債權의 分割이 可能해도 抵當權은 分割을 할 수 없다.107)

　그러나 擔保法은 抵當權의 不可分性에 대하여 規定하지 않고 있으나, 抵當權의 不可分性은 直接的으로 抵當權의 效力에 影響을 미치기 때문에 擔保法 司法解釋에서는 抵當權의 不可分性에 대하여 다음과 같이 規定하고 있다. 따라서 주요 內容을 살펴보면 다음과 같다.

　첫째, 主債權 全體를 辨濟받지 못하였을 경우, 抵當權者는 抵當物 全體에 대하여 抵當權을 行使할 수 있다(擔保法司 法解釋 第71條 第1項). 이는 主債權이 部分的인 辨濟는 抵當權의 行使에 아무런 影響을 미치지 않으며, 主債權이 전체를 辨濟를 받지 못하면 抵當權者는 抵當物 全體에 대하여 權利를 行使할 수 있기에 一部分

---

106) 孔祥俊, 앞의 책, 57쪽, 梁慧星, 『中國物權法草案建議稿』(北京: 社會科學文獻出版社, 2000), 658쪽.
107) 郭明瑞, 『擔保法』앞의 책, 94쪽.

의 抵當權 效力喪失은 發生하지 않는다.

둘째, 抵當物이 分割되거나 一部 讓渡되었을 경우, 抵當權者는 分割 또는 讓渡 후의 抵當物에 대하여 抵當權을 行使할 수 있다 (擔保法司 法解釋 第71條 第2項).

셋째, 主債權이 分割 또는 一部 讓渡되었을 경우, 抵當權設定者 는 여전히 그 抵當物로 여러 債務者의 債務履行을 擔保할 수 있다 (擔保法司 法解釋 第72條 第1項). 단 第3者가 抵當物을 提供한 경 우에는 債權者가 抵當權者의 書面同意 없이 債務者의 債務讓渡를 許諾하였다면 讓渡한 債務에 대하여 擔保責任을 지지 아니한다(擔 保法司 法解釋 第72條 第2項).

3. 擔保法 司法解釋의 問題點

(1) 擔保法 司法解釋의 一部 法律規定 違反

1) 抵當權의 成立要件

擔保法 第43條에서 "當事者가 기타 財産을 抵當權을 設定하였을 때에는 自律的으로 抵當物을 登記할 수 있으며 抵當權設定契約은 締結日부터 效力을 發生한다. 當事者가 아직 抵當物을 登錄하지 않았을 때에는 第3者에게 對抗하지 못한다"고 規定하여 設定登記를 하여야 함에도 이를 履行하지 않을 경우 抵當權은 成立되지 않으 며, 當事者 스스로 登記를 하여야 하는 경우 抵當權은 成立되나 善 意의 第3者에 對抗하지 못한다.

이와 같이 擔保法은 抵當權에 대하여 登記를 效力發生主義와 對

抗要件主義를 選擇하고 있다. 물론 이러한 規定이 適合한지 與否에 대하여는 서로 다른 理論이 있다.108)

"當事者가 抵當物을 등록수속 할 경우, 등록부서의 原因으로 抵當物 登記을 하기 어려워 抵當權設定者가 債權者에게 權利證을 引渡하였을 경우에는 당해 財産에 대한 債權者의 優先辨濟權을 認定할 수 있다. 단 抵當物을 登記하지 아니하였을 경우에는 第3者에게 對抗하지 못한다"(擔保法 司法解釋 第59條)고 規定하여 擔保法에서 規定한 抵當權의 成立條項을 변화시켰다. 비록 擔保法 司法解釋에서 "登記部門의 原因으로 當事者가 抵當物의 登記를 하지 못하였을 경우 抵當權 設定者가 債權者에게 權利證書를 交付히었으면"이라고 規定하고 있으나, 이는 사실상 未登記抵當權의 成立을 認定한 것이라 할 수 있다.109) 그 理由는 抵當權이 成立해야 優先辨濟權을 實現할 수 있기에 擔保法 司法解釋 第59條는 擔保法의 規定에 附合되지 않는 것이라고 할 수 있다.

우선 當事者가 設定한 抵當權은 法에 의하여 반드시 登記를 하여야 하며, 抵當契約은 登記日로부터 效力이 發生하며 抵當權은 成立한다. 만일 抵當登記를 하지 않았을 경우, 어떠한 原因으로든 抵當權은 成立되지 않기 때문에 擔保法 司法解釋의 形式으로 현행 法律의 規定을 改變시키는 것은 올바르지 않을 것이다.

특히 이번에 公布된 物權法의 경우 物權變動의 形式主義,110) 土

---

108) 第3者의 範圍에 대하여 서로 다른 理論이 있는데 일부 學者는 登記를 하지 않은 抵當權은 善意의 第3者에게 對抗할 수는 없지만 惡意의 第3者에게 對抗할 수 있다고 하는 說과 抵當權은 登記를 하지 않으면 모든 第3者에게 對抗하지 못한다는 說이 있다 郭明瑞, 『擔保法原理爲實務』(北京: 中國力止出版社, 1995). 151쪽.

109) 위의 책, 110쪽.

110) 物權法 第9條, 第14條, 第139條, 第187條.

地承包經營權(物權法 第127條), 地役權의 對抗要件主義(物權法 第158條), 建設用地使用權 出讓(物權法 第138條), 轉讓(物權法 第144條), 地役權設定(物權法 第157條), 抵當權設定契約의 書面契約(物權法 第185條) 등 物權契約에 있어 形式的인 要件을 강조한 것이 特徵的이나, 物權法 第12條의 規定함에 있어서 形式的 審査를 주로 하되 實質的 審査를 補完하는 折衷的 方案을 規定하고 있다.

2) 抵當權의 追及性

中國에서 抵當權設定者가 抵當物을 讓渡할 수 있는지에 대하여 立法은 制限的인 態度를 보이고 있었다. 擔保法 第49條에서 "抵當設定者가 抵當權 存續期間 내에 이미 登記한 抵當物을 讓渡하는 경우에는 抵當權者에게 이를 通知하고 讓受人에게 讓渡物에 이미 抵當權이 設定되어 있는 사실을 通知하여야 한다. 그렇지 않을 경우에는 讓渡行爲는 無效이다"라고 規定하였으며, 또한 最高人民法院 中華人民共和國民法通則貫徹施行關與若干問題意見 第115條에서도 "抵當期間 내에 債權者의 同意를 거치지 않고 抵當權設定者가 抵當物을 他人에게 讓渡하였을 경우 그 行爲는 無效이다"라고 規定하여 抵當權의 追及效力은 여전히 否定하고 있다.[111] 物權法 第191條 第2項에서도 "抵當期間에 抵當權設定者는 抵當權者의 同意 없이는 抵當財産을 讓渡하지 못한다"고 規定하여 抵當權의 追及的 效力을 否定하고 있으나, 合法的인 權益을 守護하기 위하여 抵當財産의 讓渡에 대해 制限的으로 許容되어야 할 것으로 생각한다. 그러나 擔保法 司法解釋 第67條[112]의 規定은 抵當權의 追及的

---

111) 郭明瑞, 앞의 책, 171쪽; 劉保玉 呂文江 主編, 『債權擔保制度硏究』 (中國民主法制出版社, 2000), 370쪽.

效力을 肯定하고 있다.

3) 未登記 動産抵當權의 辨濟順位

擔保法은 重複抵當을 否定하고 餘額抵當을 認定하고 있기 때문에 同一한 財産에 여러 개의 抵當權이 並存하는 경우가 있을 수 있다. 만일 "同一한 財産을 둘 이상의 債權者에게 抵當權을 設定하였을 경우 抵當物을 競賣나 賣却으로 인하여 얻은 收入은 다음과 같은 規定에 따라 辨濟한다. 첫째, 이미 登錄하여 效力을 發生한 抵當權設定契約은 抵當物 登記의 先後 順位에 따라 辨濟한다. 순서가 같을 때는 債權額의 比率에 따라 辨濟한다. 둘째, 締結日로부터 效力이 發生한 抵當權設定契約에서 抵當物을 이미 登記된 경우 本條 第1號의 規定에 따라 辨濟한다. 그리고 登錄하지 않은 경우에는 契約의 效力發生日 先後에 따라 辨濟하고 順序가 같은 경우에는 債權額의 比率에 따라 辨濟한다. 登記한 抵當物은 登記하지 않은 抵當物보다 優先辨濟받을 수 있다"(擔保法 第54條). 따라서 여러 개의 登記를 하지 않은 抵當權이 並存하는 경우 契約은 效力發生의 順序에 따라 辨濟한다.113)

---

112) 擔保法 司法解釋 第67條 "抵當權 存續期間에 抵當設定者가 抵當物을 讓受人에게 讓渡한 후 抵當權者에게 通知하시 아니하였거나, 또는 讓受人에게 이미 抵當權이 設定되었다는 사실을 告知하지 아니하고 抵當物을 登記하였을 경우에 抵當權者의 抵當權 行使에는 影響을 미치지 않으며, 抵當物 所有權을 取得한 讓受人은 債務者를 代位하여 債務 全部를 抵當權者에게 辨濟함으로써 抵當權을 消滅할 수 있다. 讓受人이 債務를 辨濟한 경우에는 抵當權設定者에게 賠償을 請求할 수 있다, 抵當物을 登記하지 아니하였을 경우 抵當權者기 讓受人에게 抗辯하지 못하기 때문에 抵當權者에게 造成한 損失은 抵當權設定者가 賠償責任을 진다."

113) 이러한 경우를 設定在先原則이라고도 칭한다.

이러한 規定에 대하여 많은 學者들은 合理的이지 않다고 主張하며, 順次同等의 原則에 의하여 辨濟하여야 한다는 것이다.[114] 이에 대하여 擔保法 司法解釋 第76條에서 "同一한 動産에 둘 이상의 債權者가 抵當을 하였을 경우 當事者가 抵當物을 登記하지 않았으면 抵當權을 辨濟할 때 각 抵當權은 債權比例에 의하여 辨濟한다"고 規定하고 있다. 그러나 物權法 第199條에서 "同一 財産을 2人 이상의 債權者에게 抵當權을 設定하였을 경우 抵當財産을 競賣, 賣却하여 取得한 價額으로 우선 抵當登記의 先後順位에 따라 辨濟하고 順位가 같은 경우에는 債權比率에 따라 辨濟한다. 抵當權을 登記한 抵當權者는 未登記者에 優先하여 辨濟를 받으나, 抵當權을 登記하지 않은 경우에는 債權比率에 따라 辨濟한다"고 하여 重複抵當의 效力을 明確히 規定하고 있다.

(2) 抵當物의 從物에 대한 效力

抵當物의 從物에 대한 效力으로써 "抵當權이 設定되기 전에 이미 抵當物의 從物인 것에 대하여 抵當權의 效力은 從物에도 미친다. 그러나 抵當物과 그 從物을 두 사람 이상이 所有할 경우 抵當權의 效力은 抵當物의 從物에 미치지 않는다"(擔保法 司法解釋 第63條). 그러나 이 規定 但書의 경우는 타당하지 않은 原因을 살펴보면 主物과 從物의 구분은 모두 同一人의 所有[115]일 경우를 의미하며, 두 사람 이상이 서로 所有할 경우 그 자체가 主物과 從物에 대한 구분은 아무런 의미가 없다.[116] 왜냐하면 抵當物의 主物과 從

---

114) 王闓, 梁慧星 主編,『民商法論叢 第3券』(法律出版社, 1995), 459~462쪽.
115) 李銀榮,『民法學講義』(朴英社, 1995), 256쪽; 房紹坤, 위의 책, 155쪽.

物을 두 사람 이상이 所有하였다 하더라도 公示原則에 의하여 同一
人이 所有하였다고 보아야 하기 때문이다.

---

116) 郭明瑞, 『擔保法 第2版』앞의 책, 113쪽; 房紹坤, 위의 책, 155쪽.

第6節 物權法의 制定 意義와 擔保 制度 展望

1. 物權法의 制定 意義

中國은 1993年 所有制에 대한 理念的 갈등 속에서 憲法上의 計劃經濟를 社會主義 市場經濟로 代替함에 따라 私有財産權 保護를 위한 物權法 草案을 最初로 作成하였다. 그러나 物權法 草案에서 私有制의 認定은 生産手段의 公有라는 社會主義 根本思想과 背馳된다며 理念的 論難이 이어져 왔다.

그 후 2004年에 憲法을 改正하면서 私有財産權에 대하여 "國家는 國民의 私有財産權과 相續權, 그리고 私營經濟의 合法的 權利와 利益을 保護한다"고 明文化함으로써, 所有制 관련 論難은 一段落되면서 이때부터 物權法 관련 論議가 빠르게 進展되어 2007年 物權關聯 法律117)이 統一的으로 規定한 物權法을 制定하게 되었다. 主要內容

---

117) 그동안 中國은 物權과 관련된 法規定으로 民法通則, 土地管理法, 都市不動産管理法, 農村土地承包(中國語로 승포(承包)를 청바오라고 부르는데 "司法研修院, 中國法, 2005", 211쪽에서는 "都給"으로 飜譯하고 있다)法, 擔保法 등 法律體系가 統一되지 못하고 散在해 있어 執

으로는 經濟主體의 所有權 明示 및 異議保障, 土地使用權의 延長, 擔保物 種類의 規定, 土地收用時 國家의 補償責任 및 國有財産 保護 및 責任 등을 規定하였으나, 物權法 施行으로 外國人 投資의 增加, 國有企業 不實債權 減少, 不動産 價格의 上昇 등이 예상되며 地方政府의 성장우선 政策에도 制動이 걸릴 것으로 생각된다.

이제 中國은 物權法 制定으로 實質的인 私有制를 認定하였다. 그러나 "公有制를 基本으로 하되 각종 所有制 經濟의 共同發展을 摸索한다"(物權法 第3條 第1項)고 規定하고 있어, 여전히 公有制가 基本임을 明示하였기에 施行 이후 각종 變化에 대하여 注目할 필요가 있다.

2. 物權法의 主要 內容

(1) 基本編制

物權法의 編制는 基本的으로 大陸法 體系를 採擇한 것으로 보인나. 전체적인 編制 構成은 우리 民法上의 物權法과 크게 다를 바 없으나 總則과 所有權, 用益物權, 擔保物權, 占有 등 모두 5編으로 構成되어, 우리 民法上의 9章(總則, 占有權, 所有權, 地上權, 地役權, 傳貰權, 留置權, 質權, 抵當權)으로 編制된 第2編 物權編에 비하면 상당히 간략하게 構成되어 있다는 점이 돋보인다. 따라서 物權法의 基本原則을 살펴보면 다음과 같다.

첫째, 同法 第1條에서 "國家의 基本經濟制度와 社會主義 市場經

行機關 이 法을 適用하는 데 있어서 많은 混亂을 惹起하였다.

濟秩序를 守護하고 物件의 歸屬을 明確히 하며, 物件의 利用價值를 發揮시키고 權利者의 物權을 保護하기 위하여 憲法에 根據하여 이 法을 制定한다"고 立法目的을 밝히고 있다. 中國이 1978年 改革·開放을 宣言한 후 많은 法制 變遷을 겪었으나 이번 物權法 制定은 民事關係에 관한 法制度를 資本主義的인 요소에 접근하게 정립한 것으로, 社會主義 市場經濟라는 大原則을 實踐하는 것임을 천명함으로써 社會主義와 自由民主主義의 法制 수렴현상을 克明하게 보여주고 있다.

둘째, 同法 第2條에서는 物權法의 機能에 대한 內容으로서 "物件의 歸屬과 利用으로 인하여 發生하는 民事關係에 이 法을 適用한다. 또한 이 法이 지칭하는 物件이란 不動産과 動産이 포함하는 槪念을 지칭하는 것이지만 法律 規定上 權利를 物權의 客體로 한 경우 그 規定에 따르며, 物權이라 함은 權利者가 法에 따라 特定의 物件에 대해 享有하는 排他的인 直接支配의 權利로서 所有權, 用益物權, 擔保物權이 포함된다." 이처럼 物件의 槪念으로서는 動産과 不動産을 포함한다는 간략한 內容의 規定만 두고, 다른 法律의 規定에 의하여 物權의 客體가 될 수 있다는 留保條項을 두고 있으므로 과연 어떠한 法律이 해당되는지의 與否가 問題된다. 따라서 향후 學界나 法院의 解釋論도 注目하여야 할 것이다.

셋째, 同法 第5條는 "物權의 種類와 內容은 法律로 規定한다"라고 規定하여 物權法定主義를 천명하고 있다. 이처럼 中國의 物權法은 法律에 의한 物權의 種類와 內容만 認定하고 있다는 점에서, 慣習法에 의한 物權을 認定하고 있는 우리 物權法과는 차이가 있다.

넷째, 同法 第7條에서는 "物權의 取得과 行使는 반드시 法律을 遵守하여야 하고, 社會道德을 尊重하며 公共利益에 損害를 가하거나 他人의 合法的인 權利를 侵害해서는 안 된다"는 義務條項을 規

定하고 있다. 이 規定은 社會主義의 特性을 反映한 것으로 보이지
만 同法 第4條에서 "國家, 集體, 個人의 物權과 기타 權利者의 物
權은 法律의 保護를 받으며, 그 어떠한 單位와 個人도 侵犯해서는
안 된다"는 점을 明文으로 規定하고 있다.

　다섯째, 同法 第9條는 "物權은 반드시 公示하여야 한다"는 이른
바 公示의 原則을 明文으로 宣言하고 있다.

(2) 物權의 種類

　中國의 物權法은 物權法定主義를 採擇하였으므로 物權法에 規定
된 物權의 種類를 살펴보면, 所有權과 占有權이 있고, 用益物權으로
서 土地承包(都給)經營權, 建設用地使用權, 宅基地使用權, 地役權
등이 있으며, 擔保物權으로서는 抵當權과 質權, 留置權 등이 있다.

　따라서 우리民法의 物權法 體系와 中國 物權法 및 擔保法 體系
를 圖表로 標示하면 다음과 같다.

(表 3-1) 韓國 物權法과 中國物權法 및 擔保法 體系比較

韓國 物權法	中國 物權法	中國 擔保法
第1章 總則	第1編 總則	
第2章 占有權	第5編 占有	
第3章 所有權	第2編 所有權	
	第3編 用益物權	
第4章 地上權	第11章 土地承包經營權	
	第12章 建設用地使用權	
	第13章 宅基地使用權	
第5章 地役權	第14章 地役權	
第6章 傳貰權		

韓國 物權法	中國 物權法	中國 擔保法
	第4編 擔保物權	
第7章 留置權	第18章 留置權	第5章 留置
第8章 質權	第17章 質權	第4章 質押
第9章 抵當權	第16章 抵當權	第3章 低押

(3) 不動産 物權變動

不動産 物權變動으로서 "設定, 變更, 讓渡 및 消滅은 法에 의해
登記하여야 效力을 發生하며 登記하지 않으면 效力을 發生하지 않
는다. 단, 法律에 別途의 規定이 있는 경우 例外118)로 한다"(物權法
第9條). 動産 所有權의 設定과 讓渡는 "法律에 別途의 規定이 있
는 경우를 除外하고 引渡한 때에 그 效力이 發生한다"(物權法 第23
條)고 規定함으로써, 우리나라 物權法이나 獨逸民法처럼 物權變動
의 成立要件主義(形式主義)를 採擇하고 있다. 다만 "法律에 의거하
여 國家의 所有에 속하는 自然資源은 登記 없이도 所有權이 可能
하다"(物權法 第9條 第2項)는 例外規定을 두고 있어, 모든 不動産
物權變動이 그 效力을 發生하기 위하여 登記를 要求하는 것은 아
님을 알 수 있다.

(4) 所有權 制度

1) 3分法의 所有權 制度
中國은 社會主義國家를 標榜하고 있다는 점에서 所有權制度도

---

118) 이에 대한 物權法에 規定된 例外 條項은 同法 第28條, 第29條, 第30條.

多樣하게 構成되어 있다. 사실 과거 改革·開放 以前에는 社會主義 國家의 特徵으로서 公共財産의 신성한 지위를 강조함과 동시에 個人의 私有財産權은 그 範圍가 억제되고 差別的인 法律의 保護를 받았었다. 이와 같은 이데올로기의 産物로서 改革·開放 前의 政策은 심지어 農民이 자신의 집에서 家畜 등을 기르는 것도 批判의 대상으로 된 적이 있었으나, 改革·開放 以後 특히 市場經濟制度가 導入된 후 中國人이 所有하는 個人의 財産 狀況은 急變하고 있다.

私權의 가장 중요한 내용이라고 할 수 있는 所有權을 物權法에서 制定함에 있어 政治的 基礎의 가장 큰 문제는 個人財産을 增大하고자 하는 希望에 대한 立法態度라고 할 수 있다.

그러나 物權法의 所有權에 관한 基本 體制는 여전히 社會主義 國家의 所有權 制度를 그대로 답습한 듯하다. 1923年 舊 蘇聯 民法典에서부터 由來하는 3分法의 所有權 制度를 採擇하여 國家所有權과 集團(集體)所有權, 個人(私人)所有權으로 區分하여 規定하고 있다. 다만 그 내용은 進一步하여 個人의 所有權 保護 條項에도 상당한 比重을 두고 있다.

2) 一般條項

먼저 一般 規定으로서 "所有權者는 자신의 不動産이나 動産에 대하여 法律의 規定에 따라 占有, 使用, 收益 및 處分할 權利를 享有한다"(物權法 第39條)고 規定하여, 所有權의 權能으로서 占有, 使用, 收益, 處分權을 認定하고 있다. 뿐만 아니라 "所有權者는 자신의 不動産이나 動産에 대하여 用益物權이나 擔保物權을 設定할 權利가 있다"(物權法 第40條)는 섬도 밝히고 있다. 나아가 "法律의 規定에 외히여 오직 國家의 所有에 속하는 不動産이나 動産에 대하여는 어떠한 單位組織이나 個人도 所有權을 取得할 수 없다"(物權法 第41條)는 限界를 設定하고 있다.

3) 國家所有權

"法律 規定上 國家가 所有하는 財産은 國家所有 즉 全人民的所有에 속한다. 國有財産은 國務院이 國家를 代表하여 所有權을 行使하며 法律에 別途의 規定이 있는 경우 그 規定에 따른다"(物權法 第45條)는 전제하에, 鑛物, 水流, 海域 등은 國家의 所有에 속한다(物權法 第46條). 그 밖에 都市의 土地, 農村과 都市의 郊區[119]의 土地(物權法 第47條)와 森林, 山嶺, 草原, 荒地, 灘塗[120] 등의 自然資源(物權法 第48條), 그리고 野生動物이나 植物資源 등은 法律 規定에 의하여 國家所有에 속한다(物權法 第40條). 그러나 우리나라의 경우 野生動物은 無主物로써(民法 第252條 3項) 先占의 對象이 되지만(民法 第252條 第1項), 中國에서는 野生動物이 國家의 所有에 歸屬한다는 점에서 特異하다. 뿐만 아니라 鐵路와 電力施設, 電信施設, 石油送油管 등의 基礎施設도 法律의 規定에 의하여 國家의 所有가 된다.

이와 같이 中國은 우리나라와 같은 土地所有權의 槪念이 없다. 즉 中國과 우리나라 土地制度와 다른 점은 土地所有權을 賣買하거나 贈與, 相續할 수 없으며, 일반적으로 土地使用權을 國歌로부터 代價를 주거나 無償分配받아 取得하며 國歌로부터 代價를 주고 取得한 土地使用權에 한하여 이를 他人에게 賣買하는 것이 可能하고 擔保로 使用할 수도 있다는 것이다. 그러므로 우리나라의 所有權

---

119) 郊外地域을 뜻한다.
120) 干潟地을 뜻한다.

概念이 아니라 土地使用權을 누가 가지고 있느냐, 어떻게 土地使用權을 取得하여 工場設立用地나 建築敷地로 使用할 수 있느냐의 觀點에서 中國의 土地制度를 利害하여야 할 것이다.

4) 集團所有權

集團(集體)所有의 대상은 法律의 規定에 의하여 "集團所有에 속하는 森林과 草原, 荒蕪地, 干潟地 등을 비롯하여 集團이 所有하는 建築物과 生産施設 및 農地水利施設은 물론, 教育, 科學, 文化, 衛生, 體育 등의 각종 施設과 集團이 所有하는 動産과 不動産이 된다"(物權法 第58條). "農民集團이 所有하는 動産과 不動産은 集團構成員의 集團所有에 속하며, 土地 都給 方法과 都給 土地의 調整, 土地 補償費의 使用과 分配 方法이나 集團所有權의 變動 등에 관한 事項은 반드시 法律에 의거하여 集團의 村民會議에서 討論하여 決定"(物權法 第58條)하도록 하고 있다.

5) 個人所有權

個人은 "자기의 合法的인 收入, 住宅, 生活用品, 生産道具, 原資材 등 不動産과 動産에 대하여 所有權을 享有한다"(物權法 第64條). 그리고 "國家는 個人의 合法的인 貯蓄과 投資 및 其他 收益을 保護하며, 個人의 承繼權 및 기타 合法的인 權益을 保護해야 한다"(物權法 第64條).

(5) 用益物權 制度의 特徵

1) 一般規定

用益物權에 관한 一般規定을 設定하여 基本的인 槪念과 法理를 자세하게 明文으로 規定하고 있다는 점은 啓蒙的인 차원에서의 配慮라고 理解된다.

用益物權者는 法律이 規定하는 範圍內에서 "他人이 所有하고 있는 不動産 또는 動産에 대하여 法에 따라 占有, 使用 및 收益의 權利가 있다"(物權法 第117條). 이처럼 不動産과 動産에 대하여 用益物權을 認定하고 있다는 점은 우리 民法과 다르다.

또한 "國家所有에 속하거나 集團所有에 속하는 自然資源도 單位別이나 個人이 法에 따라 占有하고 使用 및 收益할 수 있다"(物權法 第118條)고 하여 用益物權의 대상을 확대하고 있다. 國家도 法律에 특별한 規定이 있는 경우를 제외하고는 "自然資源의 有償 使用制度를 實行할 수 있다"(物權法 第119條)고 하여 用益物權을 設定할 수 있는 主體가 될 수 있다.

用益物權者는 法律의 規定을 遵守하여 權利를 行使하고 利用資源을 合理的으로 開發하고 利用할 것이며, 所有權者의 權益에 損害를 주어서는 안 되는 반면, "所有權者도 用益物權者의 權利行使를 干涉할 수 없다"(物權法 第120條)는 基本法理를 자세하게 規定하고 있다.

그러나 "不動産이나 動産이 徵收되거나 收用됨으로써 用益物權이 消滅되거나 權利行使에 영향을 미치게 된 때에는 반드시 物權法 第42條, 第44條 規定에 의하여 補償을 받을 권리가 있다"(物權法 第121條)고 하였으나 補償基準에 대해서는 明確히 規定하고 있지 않다.

이번 制定된 物權法에서 用益物權 중 法的 根據가 불충분했던

土地使用權 制度에 대하여 所有主體에 따라 크게 土地承包經營權, 建設用地使用權, 宅基地使用權, 地役權 등 4개의 種類로 區分하여 반영함으로써 中國 不動産開發과 去來의 法的 根據가 강화되었다. 그러나 物權法 草案에 規定되어 있던 居住權과 中國에 特有한 制度로서의 典權에 관한 規定은 두지 않고 있다. 區分所有權의 경우 住宅이나 商業用 建物 등의 "業主121)는 專有部分의 所有權을 享有하며, 專有部分 이외의 共用部分에 대해서는 共同으로 管理할 權利가 있다"(物權法 第70條). "建物의 所有者는 專有部分에 대하여 占有하고 使用하며 收益 및 處分할 權利가 있으며, 다만 建物의 安全을 害하거나 다른 所有者의 合法的 權益을 侵害할 우려가 있는 경우에는 그 權利기 制限된다"(物權法 第71條).

"建築區劃內의 綠地나 道路는 建物所有者의 共同所有에 속한다. 단, 都市와 鎭의 公共道路 및 公共綠地에 속하는 것과 個人에게 속하는 것으로 明示되어 있는 경우를 제외하며, 建築區劃內의 기타 公共場所와 公共施設 및 建物管理 利用家屋은 建物所有者의 共同所有에 속한다"(物權法 第73條). 그 밖에도 建物 所有權者 委員會 構成을 認定하는 등 共同所有에 따른 여러 가지 문제에 대한 자세한 規定을 두고 있다.

2) 土地承包經營權

土地承包(都給)經營權者는 法律에 의하여 "承包經營하는 耕作地, 林地, 草地 등을 占有하고 使用하며 收益할 權利를 享有"(物權法 第125條)하는 것으로 "契約의 效力이 發生한 내부터 取得할 수 있다"(物權法 第127條 第1項). 이때 "縣級 이싱의 地方人民政府는 取

---

121) 不動産所有者를 밀한다.

得하는 土地承包經營權者에게 일정한 證書[122]를 發給하도록 하고 있다"(物權法 第127條 第2項).

　中國에서의 土地承包에 관한 문제는 農地使用과 관련하여 상당히 중요한 比重을 차지하는 것으로서, 우리나라에는 存在하지 않는 社會主義 中國에 독특한 制度라고 볼 수 있다. 中國에서 農村土地 使用에 관한 研究가 많이 推進되고 있지만 物權法 草案上의 土地 承包經營權에 관한 내용은 2003年 3月 1日부터 施行되고 있는 農 村土地承包法의 범주를 넘어서지 못하고 있는 듯하였다. 그러나 物 權法에서 承包 期間을 農耕地는 30年, 草地는 30年 내지 50年, 林 地는 30年 내지 70年이며, 特殊林木의 林地는 國務院 林業行政主 管部門의 批准을 받고 延長할 수 있다. 承包期間이 滿了되면 土地 의 承包經營者는 國家의 관련 規定에 따라 계속 承包할 수 있다" (物權法 第126條). 그러나 土地承包權의 讓渡 및 抵當權의 規制 解 消에 대한 여건은 아직 成熟되지 않았다. 土地承包 農家에 대한 配 慮로 "土地承包經營權 所有者는 土地承包 期限 滿了時 國家 關聯 規定에 따라 承包를 持續할 수 있다"(物權法 第126條 第2項). 현재 中國 農村社會保障體系는 絶對的으로 미흡해 土地承包經營權과 住 宅敷地使用權은 農民이 生計를 維持하는 根本이다. 그런데 全國的 範圍의 土地承包經營權, 住宅敷地使用權의 讓渡와 抵當에 관한 여 건이 아직 마련되지 않았다. 이에 현행 法律과 더불어 현 단계에서 國家의 農村土地 관련 政策을 維持하고, 向後 관련 法規를 修正하 거나 관련 政策을 調整할 수 있는 여지를 남겨두기 위해 物權法는 土地承包經營權 所有者는 "農村土地承包法 등 法律과 國務院의

---

122) 中國에서 이에 대하여 發給해 주는 證書는 주로 土地承包經營權證, 林權證, 草原使用權證 등이다.

關聯 規定에 따라 土地承包經營權을 讓渡 持分參與, 抵當 또는 기타 方式으로 權利를 流通시킬 수 있도록 하였다"(物權法 第133條).

3) 建設用地使用權

中國의 土地는 國家所有이기 때문에 期限附 土地使用權을 有償拂下를 받아 사용하며, 期限 滿了後 住宅과 建物에 대한 財産權 行使問題는 불분명한 상태로 남아 있었다. 그러나 物權法은 住宅建設用地에 대해 期限 滿了後 自動延長된다고 規定함으로써 住宅은 사실상 永久的인 私有財産으로 認定받게 되어, 建物을 新築하기 위해 土地를 이용할 경우에 야기되는 問題點을 解消하기 위하여 規定한 制度라고 볼 수 있나. 따라서 "建設用地使用權(建設敷地使用權)者는 法律에 의하여 國家가 所有하는 土地를 占有하고 使用하며 收益할 權利가 있으며, 그 土地上에 建物이나 構築物 및 기타 附屬施設을 建築할 수 있는 權利가 있다"(物權法 第135條). "建設用地使用權者의 權利行使 範圍는 土地의 地表는 물론 地上 및 地下까지 認定된다"(物權法 第136條 第1項). 또한 "住宅建設用地使用權은 期間이 滿了되면 期間이 自動 延期되며, 非住宅建設用地使用權 期間 滿了後의 期間延長은 法律規定에 따라 處理한다. 당해 土地上의 家屋과 기타 不動産의 所有權은 約定이 있는 경우 그 約定에 따르고 約定이 없거나 約定이 不明確한 경우에는 法律, 行政法規의 規定에 따라 處理하도록 規定하고 있다"(物權法 第149條).

그러나 工業用地 및 商業用地 등 非住宅建設用地使用權 延長은 期限 滿了時 관련 法規定[123]에 따라 處理되기 때문에 住宅과는 달리 工場 등 地上建物의 경우 期限滿了後 財産權이 保障되지 않는다.

---

123) 都市不動産管理法 規定에 의한다.

따라서 土地使用의 滿了時 소정의 土地 拂下金을 支拂하고 認可
節次를 다시 밟아야 하며, 이때 公共의 利益을 理由로 延長이 不許
되고 土地가 國家로 回收될 수 있다.

4) 宅基地使用權

"宅基地使用權(宅地使用權)者는 法에 의하여 集團所有하는 土地
를 占有하고 使用할 權利가 있으며, 그 土地上에 住宅이나 기타 附
屬施設을 建築할 權利가 있다"(物權法 第152條). 따라서 建物 등을
建築하는 대상 土地가 國家가 所有하는 土地인 경우에는 앞에서
언급한 建設敷地使用權에 관한 規定이 適用되고, 集團所有에 속하
는 土地上에 住宅 등을 築造할 경우에는 본 規定의 宅基地使用權
에 관한 法理가 適用되는 것으로 解釋된다. 즉 대상 土地를 所有하
는 主體(國家인지 集團인지)와 그 土地上에 築造되는 建物(一般建
物 및 商業用 建物인지 住宅인지)의 類型에 따라 法律이 다르게
適用되는 것으로 理解된다.

5) 地役權

地役權은 "地役權者가 契約約定에 따라 자기 不動産의 效用을
높이기 위하여 他人의 不動産을 利用할 수 있는 權利가 있으며, 이
경우 他人의 不動産을 供役地라고 하고 자기의 不動産을 需役地라
고 한다"(物權法 第156條). 또한 地役權 契約이 發效하는 날로부터
成立되며(物權法 第158條 第1項), 當事者가 登記를 要求할 경우 登
記機關에 地役權 登記를 申請할 수 있고 登記하지 않으면 善意의
第3者에게 對抗할 수 없고(物權法 第158條 第2項) 單獨으로 讓渡
나 抵當이 不可能하다(物權法 第164條). 특히 우리 民法은 地役權

을 他人의 土地를 이용하는 權利라고 規定하고 있지만(民法 第291
條), 中國 物權法은 그 대상을 不動産이라고 擴大하고 있다.

(6) 擔保物權 制度의 特徵

一般的인 類型의 擔保物權으로 物權法 第4編에서는 抵當權, 質
權, 留置權을 規定하고 있다. 다만 抵當權의 한 類型으로서 最高額
抵當權을 明文으로 規定하고 있다.[124] 이는 獨逸民法 第1190條[125]
를 繼受한 것으로 보인다. 質權도 動産質權과 權利質權으로 구분하
고 있으나, 留置權은 "債務者가 占有하고 있는 動産에 設定할 수
있다"(物權法 第230條)고 하여 그 客體를 動産으로 限定하고 있다
는 점은 他人의 物件 또는 有價證券을 그 대상으로 하고 있는 우리
民法上의 留置權과 구별된다.[126]

그런데 學說上 論議되고 있는 非典型擔保로서 讓渡擔保나 假登
記擔保, 所有權留保 등에 관한 規定이 없으므로 이 內容은 앞으로
學界의 解釋論을 注目하여야 할 것으로 생각된다.

(7) 土地使用權 取得方式

中國에서는 土地에 대하여 社會主義的 公有制, 즉 國家所有와
集體所有를 실시하며 土地에 대한 私的 所有權을 認定하지 않고

---

124) 物權法 第203條~第207條.
125) 獨逸民法 第1190條 第1項 "土地가 負擔해야 할 最高額만을 정하고
그 밖에 債權의 擴張을 留保하는 方式으로 抵當權이 設定될 수 있
다. 最高額은 土地登記簿에 登載되어야 한다."
126) 우리나라 民法 第320條.

土地所有權은 流通할 수 없다. 다만 個人과 企業은 法律規定에 따라 土地를 使用할 수 있으며 土地使用權도 流通이 可能하다. 土地使用權은 일반적으로 劃拔[127]이나 出讓[128] 등으로 賃借해서 取得할 수 있는데 그 內容을 다음과 같이 나누어 살펴보고자 한다.

1) 劃拔方式

劃拔은 國有土地의 특수한 供給方式으로 "縣級 이상의 人民政府가 法律의 規定에 따라 批准하여 土地使用者가 補償金과 定着 등의 費用을 支拂한 後에 土地使用者에게 동 土地를 사용토록 하거나, 土地使用權을 土地使用者에게 無償으로 交付하여 사용토록 하는 行爲를 말한다"(都市不動産管理法 第22條 第1項). 그리고 "劃拔方式으로 土地使用權을 取得한 경우에는 法律, 行政法規가 별도로 規定한 경우를 除外하고는 使用期限에 대한 制限이 없다"(都市不動産管理法 第2條 第2項). 특히 都市不動産管理法 第23條에서 建設用地의 경우 土地使用權이 필요하면 縣級 이상의 人民政府가 法에 따라 劃拔을 批准할 수 있는데 그 내용은 다음과 같다.

첫째. 國家機關 用地와 軍事用地
둘째. 都市基礎施設 用地와 公益事業用地
셋째. 國家가 重點 支援하는 에너지, 交通, 水利 등 建設用地
넷째. 法律, 行政法規가 規定한 기타 用地이다.

따라서 劃拔은 使用期限이 정해져 있지 않고 無償分配해준 土地이므로 政府가 公共의 利益을 위하여 土地를 回收하는 데 있어서

---

127) 土地代金을 받지 않고 使用權을 주는 方式으로 無償土地使用權, 割當, 無償讓渡라고 飜譯하기도 한다.
128) 土地代金을 받고 使用權을 주는 方式으로 拂下, 有償讓渡라고 飜譯하기도 한다.

出讓받은 土地보다 훨씬 쉬우나, 劃拔로 取得한 土地使用權은 讓
渡, 賃貸, 抵當할 수 없다.

2) 出讓方式

國家나 農村集團이 자기 所有의 土地를 工場敷地, 學校敷地, 病
院敷地, 農土 등 원래 정해진 土地의 使用用途 대로 사용하는 데
있어서 일정한 代價를 支給할 필요가 없다.

그러나 個人과 企業의 경우 새로운 建築敷地, 工場敷地 등으로 土
地를 使用하기 위하여 市, 縣級 人民政府의 土地管理部門으로부터
일정한 代價를 支給하고 일정 기간 동안 土地使用權을 부여받는 것
으로 雙方協議, 競賣, 入札을 통하여 有償契約으로 이루어진다.129) 따
라서 이렇게 取得한 土地使用權을 擔保의 目的物로 하여 貸出을 받
을 수 있으며, 第3者에게 土地使用權을 讓渡하거나 賃貸할 수 있다.
出讓으로 取得하는 경우 "取得金額은 國家가 정한 最低價 이상이어
야 하며"130) 이에 "未達하는 契約書의 價格條項은 法的인 效力이

---

129) 이러한 節次를 國有土地使用權 出讓이라고 法的으로 表現하는데 國
有土地出讓 過程에서 非理나 잡음이 많이 일어나 2002. 7. 1. 國土資
源部에서는 國土資源部令 第11號로 商業, 娛樂, 旅行, 尖端施設 建
物, 商品住宅(일반적으로 高價의 아파트, 빌라 등) 用地의 出讓에 대
해서는 入札, 競賣, 公開方式으로 賣買하도록 하는 制定하였다.
130) 都市不動産管理法 第12條 第3項에서 出讓과 관련한 土地使用權 價
格에 대하여 出讓金의 限度를 정하고 그 이하의 價格으로는 出讓할
수 없도록 規定하고 있다. 그러함에도 불구하고 地方政府에서는 外資
誘致를 위하여 國家에서 정한 下限價보다 낮은 價格으로 土地使用
權을 외상투자기업에 提供하는 경우가 많다. 외상투자기업이 國家에
서 정한 金額보다 낮은 價格으로 土地使用權을 받는 경우는 첫째,
地方政府로부터 직접 出讓을 받는 경우 둘째, 地方政府가 開發區의
開發公社에게 土地使用權을 出讓하면 외상투자기업은 開發公社로부
디 土地使用權을 合意된 價格(낮은 價格)으로 轉讓받는 경우이다. 前
者는 1회의 出讓節次만 일어나게 되어 契稅(우리나라의 登錄稅에 유

114

없다"(國有土地使用權契約紛爭關聯適用法律問題解釋 第3條). "國有土地가 아닌 集體土地는 國有土地로 전용한 다음에 비로소 土地使用權을 出讓할 수 있다"(都市不動産管理法 第8條). 따라서 集體土地 상태에서 土地使用權 取得은 法的으로 保護를 받지 못한다.

3) 轉讓方式

轉讓方式[131]은 土地使用權 讓渡契約을 통하여 土地使用權者로부터 讓受하고 讓渡代金을 支給하는 形式을 말한다. 讓渡取得한 土地使用期間은 당 土地使用權의 出讓期間에서 이미 경과한 土地使用期間을 控除하고 남은 期間이다.[132] 土地使用期限內에 讓渡取得한 土地使用權을 再讓渡, 贈與, 抵當, 賃貸가 可能하다.

4) 賃借方式

土地使用權者와 建物 및 敷地에 대한 賃貸借契約을 締結하고,

사함)나 關聯 費用 등은 한 번만 負擔하면 되고, 節次가 간단하여 전체 去來過程에서 소요되는 費用을 節約할 수 있는 長點이 있다. 이에 비하여 後者는 出讓과 轉讓 2번의 節次를 거치게 됨에 따라 契稅와 測量費用 등을 이중으로 負擔하게 되어 費用이 增加하고 소요기간이 길다는 短點이 있다. 그러나 前者의 경우 다음과 같은 問題點도 있다. 첫째, 政府가 公式的으로 保管하는 契約書에는 出讓金이 政府에서 정한 價格으로 되어 있으나 雙方間의 실제 契約書에는 그보다 낮은 價格으로 記載되어 있는 경우가 있다. 둘째, 中國의 關聯法規上 中國 政府의 承認받은 契約 이외에는 效力이 없으나 承認받지 못한 契約書가 많다는 것이다. 셋째, 公式的인 契約書에 明示한 出讓金을 未納한 상태로 되어 있는 경우와 公式的으로 申告된 出讓金과 실제 支給한 出讓金의 차액에 대한 會計處理方法이 不透明한 경우가 많다는 問題點을 안고 있다.
131) 韓國에서는 讓渡이라고 表現한다.
132) 都市國有土地使用權讓渡臨時條例 第22條.

賃貸料를 支給하여 土地使用權을 取得하는 것으로 最長賃貸期限은 20年을 超過하지 못한다. 다만 賃貸取得의 方式은 實驗的으로 施行되고 있으며 地域에 따라 賃貸料·賃貸期間·再賃貸·抵當에 관한 規定과 實務的인 處理方法이 다르다.

따라서 이와 같은 中國의 土地使用權의 取得方式이 우리 民法上 地上權의 內容과 견주어 分類하는 데는 多少의 無理가 있으나, 이에 따라 分類해 본다면 다음과 같다.

(表 3-2) 中國 土地使用權(劃拔 및 出讓)과 우리 民法上 地上權 比較

區分	中國 土地使用權	우리 民法上 地上權
定義	○ 使用權은 土地, 森林 등의 自然資源을 占有·使用·收益하는 權利(民法通則 第80條) ○ 土地의 使用權은 法律이 정함에 의하여 讓渡 可能(憲法 第10條)	○ 他人의 土地에서 建物 其他의 工作物이나 樹木을 所有하기 위하여 그 土地를 使用할 수 있는 物權이다(民法 第279條)
種類	○ 無償使用(劃拔) ○ 有償使用(出讓)	○ 地上權 ○ 特殊地上權(區分,墳墓基地,法定)
取得	○ 劃拔: 認可 또는 使用契約 ○ 出讓: 合意·入札·競賣+設定金(出讓金)	○ 當事者 合意 ○ 相續·判決·競賣·公用徵收·取得時效
登記	○ 土地管理機關 登記	○ 法院 登記
期限	○ 最長期間 制限: 70年, 50年, 40年	○ 最短期間 制限: 30年, 15年, 5年
契約更新	○ 契約 更新 可能 ○ 해당 地上建築物 및 其他定着物의 所有權은 國家가 無償으로 取得	○ 契約 更新 可能 ○ 設定者가 地上物 收去해야 하며 地上物買受請求權 의 使 可能
效力	○ 土地 占有·使用·收益 ○ 劃拔은 處分權(讓渡·賃貸·抵當)制限 ○ 出讓은 일정 處分權 認定 ○ 地上物-使用權 同時 移轉	○ 設定行爲 範圍내 土地 使用 ○ 讓渡·賃貸·抵當權 行使 ○ 地上物 讓渡시 地上權도 移轉(多數說)
地料	○ 有償 또는 無償 ○ 出讓은 設定金(出讓金) 義務化	○ 有償 또는 無償 ○ 地料는 地上權 要素가 아님
消滅	○ 期限 滿了 ○ 設定金 未納시 契約解除	○ 一般消滅 原因(土地滅失,期限滿了 등) ○ 設定權者 消滅請求(地料 未納 등)

3. 物權法의 主要 特徵

(1) 土地使用權의 自動延長

物權法은 民法에 속하는 單一法으로 다음과 같은 주요 내용을 담고 있다.

첫째, 國家, 團體, 個人이 保有한 모든 財産은 法的으로 平等[133] 하게 保護되며, 어떤 단위나 個人도 이를 侵犯할 수 없다는 財産權 平等에 대한 내용을 規定하였다.

둘째, 個人이 合法的으로 取得한 각종 收入, 不動産, 生活用品, 物件, 材料 등 不動産 및 動産에 대해서는 모든 權利를 行使할 수 있으며, 個人이 合法的으로 貯蓄, 投資하거나 기타 방법으로 얻은 收益에 대해서 法的으로 保護받을 수 있다. 즉 國家는 法律規定에 따라 個人의 繼承權 및 기타 合法的 인 財産 등의 權益을 保護해야 하며, 어떤 다른 單位나 個人이 侵犯, 强奪 또는 損失을 입히는 것이 禁止된다. 이는 私有財産 保護를 明文化하여 個人的 富를 쌓을 수 있는 法的 根據를 마련한 것으로 볼 수 있다.

셋째, 使用權이 滿了된 후 住宅所有者는 土地使用權을 自動으로 延長[134]할 수 있고, 非住宅所有者는 延長申請을 할 수 있으며, 國

---

133) 物權法이 標榜하는 平等에는 첫째, 각종 市場主體는 同一한 物權에 대하여 對等한 權利를 갖는다. 둘째, 同一한 市場去來法則이 適用된다. 셋째, 物權이 侵害를 받았을 경우에 侵害者는 똑같이 民事責任을 겨야 한다는 세 가지 意味가 內包되어 있다.

134) 使用期限은 住宅用地는 70年. 非住宅 중 工業, 教育, 科學, 文化, 衛生, 體育用地 등은 50年. 商業, 觀光, 娛樂用地 등은 40年으로 이는 사실상 土地의 所有權이 認定되는 것으로 評價되고 있다.

家가 土地를 收用해야 될 경우에는 所有者에게 철저히 補償해야
한다는 權利에 대해 具體的으로 規定하였다.

넷째, 기존 所有物뿐 아니라 앞으로 所有하게 될 미래 財産을 擔
保로 設定할 수 있게 擔保物權을 擴大 適用하여 規定하였다.

끝으로 用水, 排水, 通行, 通風, 採光 등 相隣關係 權利에 대해
規定하였으며, 侵害財産에 대한 民事責任, 行政責任, 刑事責任 등
總體的인 財産 保護에 대한 內容을 規定하였다.

따라서 物權法 改正으로 中國 住宅賣買市場의 活性化가 期待되
는데 그 理由는 다음과 같다.

첫째, 土地使用權의 自動延長으로 인하여 永續的 使用權이 保障
됨에 따라 需要가 新規 分讓市場 중심에서 中古 住宅賣買市場으로
移動하여 活性化될 것이다.135)

둘째, 住宅團地 내 駐車場을 別途로 販賣하는 慣行이 사라질 것
이다. 中國에서는 일반적으로 住宅團地 내 駐車場을 住宅價格과는
別途로 販賣하는 것이 慣行처럼 여겨져 왔다. 建築原價에 포함된
駐車場와 車庫를 住宅과는 別途로 販賣하는 것은 문제가 있어 物
權法 第74條은 이를 禁止하는 規定을 두어 中國 住宅去來의 패턴
변화를 예상해 볼 수 있다.

셋째, 土地承包經營權 讓渡와 再承包을 許容하였다. 현재 中國政
府는 農民間 土地承包經營權 讓渡만을 許容하고 農民과 都市民間
土地承包經營權 讓渡는 不許해 農民의 土地承包經營權을 保護하

---

135) 全人大 6次 審議案에서는 滿期日이 到來한 住宅의 土地使用權을 延
長하기 위해서는 國家로부터 土地使用權을 取得時 納付하는 貸金 土
地出讓金을 納付해야만 可能하다고 規定했으나, 7次 審議案은 이를
별노 使用費를 納付하지 않고 使用期限이 無期限 自動延長이 可能
하다는 內容으로 規定하였다.

고 있다. 土地承包經營權은 農民이 일정기간 國家로부터 土地를 承包받아 土地用途에 附合하게 經營하는 制度이다. 그동안 주요 論議 對象이던 土地承包經營權과 農民宅地의 讓渡可能 여부에 대해 物權法은 土地承包經營權이 再承包, 交換, 讓渡의 方式으로 去來가 可能하다고 明示하고 있어, 그동안 사실상 讓渡가 불가능하던 土地承包經營權의 讓渡가 許容되는 것이다.

넷째, "宅地使用權 讓渡不可로 宅地 保護政策이 持續될 것이다" (物權法 第153條). 즉 農民宅地使用權의 取得, 行使 및 讓渡에 대해 土地管理法 등 法律과 國家關聯 規定을 적용한다고 明示하여, 사실상 農民宅地使用權에 대해서 物權法은 현행 法律規定과 같이 農民間 讓渡만 可能하고 農民과 都市民間 讓渡는 不許하는 내용을 담고 있어 기존의 國家 政策을 維持하고 있다.

끝으로, 擔保設定 對象이 設備, 原資材 등으로 크게 擴大되면서 物權法 施行 後 去來活動에 있어 擔保設定 對象이 상당히 多樣化될 것으로 생각된다.

(2) 土地 收用時 補償範圍 規定

國家가 公共의 利益을 위해 土地, 事業場, 建物 또는 其他 不動産을 收用할 경우 補償費 支給, 移徙費用 補助, 동등한 수준의 生活與件保障 등 補償內容과 範圍를 規定하였다.[136] 이와 더불어 生活安定을 위한 社會保障費의 支給을 義務化하여 補償範圍를 크게 擴大하였다.

---

136) 物權法 第42條.

(3) 擔保物 種類의 指定

建物 및 土地와 附屬物 土地 使用權, 機械設備, 原資材, 製品, 建設 중인 建築物, 建造 중인 船舶, 飛行機, 不動産 이외의 物品, 權利 등을 擔保로 認定함에 따라 擔保物 範圍가 크게 擴大되었다.

(4) 國有資産 管理責任 明文化

日常生活 속에서 自然資源, 基幹施設, 國家機關 所有財産 등 國有財産이 크게 侵害받는 심각한 뮤제와 관련하여, 物權法은 "管理, 監督 職責을 履行하는 機關 및 그 要員은 法에 의하여 國有資産에 대한 管理, 監督을 强化하여 國有資産의 價値 保存과 增加를 促進하고 國有資産의 損失을 防止하여야 한다. 職權을 濫用하고 職務를 遺棄하여 國有財産의 損失을 造成한 경우에는 法에 의하여 法律責任을 負擔하여야 한다"(物權法 第57條)고 規定하여 國務院과 地方政府는 國有財産 管理者에게 責任과 權利를 附與하고 있다.

(5) 善意取得

善意取得은 動産의 讓受人이 비록 無權利者로부터 讓受받았더라도 讓渡人의 占有事實을 보고 그가 權利者라고 信賴한 경우에, 讓受人에게 그 信賴에 따른 所有權 取得을 認定하는 制度이다. 우리 民法의 경우 不動産의 登記에는 公信力을 認定하지 않으면서, 動産의 占有에는 夫來에 괸해서 去來의 安全을 철서하게 保護히기 위하여 公信의 原則을 認定하고 있다.137)

그러나 獨逸民法은 動産과 不動産에 모두 公信의 原則을 採擇하고 있다. 이처럼 獨逸民法이 不動産 登記에 公信力을 認定하는 理由는 不實登記를 防止하는 制度的 장치를 충분히 갖추고 있으며, 登記制度의 오랜 전통으로 登記의 信賴性을 確保했기 때문이다.

中國의 경우 物權法 이전에는 우리 民法과는 달리 善意取得 制度에 관한 規定이 없고 단지 民法理論 및 司法實務上 動産에 대하여 善意取得 制度가 存在하였다. 그러나 獨逸民法 및 스위스 民法의 立法 趣旨와 같이 動産 및 不動産의 善意取得 制度를 導入하였다.138) 中國 物權法 第106條 規定에서 "無權利者가 不動産 또는 動産을 讓受人에게 讓渡한 경우 所有者는 이를 返還받을 權利가 있다. 法律에 별도의 規定이 있는 것을 除外하고 다음과 같은 事由에 附合되는 경우, 讓受人은 당해 不動産 또는 動産의 所有權을 取得할 수 있다. 첫째, 讓受人이 당해 不動産 또는 財産을 善意取得한 경우. 둘째, 合理的인 價格으로 讓渡받은 경우. 셋째, 讓渡하는 不動産 또는 財産을 法律規定上 登記가 필요한 것은 登記 後 讓受人에게 引渡하였고 登記의 필요가 없는 것은 그대로 引渡한 경우이다. 이때 讓受人이 前項의 規定에 따라 不動産 또는 動産의 所有

---

137) 金相容, 『物權法(全訂版 增補)』 (法文社, 2003). 216쪽, 郭潤直, 『物權法(民法講義 Ⅱ)』 (朴英社, 1996), 214쪽.

138) 物權法에서 가장 注目해야 할 점은 不動産에도 善意取得을 適用한다는 점이다. 中國은 現實生活에서 多數의 사람들은 不動産 또는 持分 등을 他人의 名義로 登記하는 경우가 있으나, 善意取得 制度를 確立한 이후 이러한 方法은 매우 危險할 것으로 생각된다. 왜냐하면 善意取得 制度 實施 後 受託者가 不動産을 他人에게 讓渡할 경우 信託者은 그 住宅을 返還받을 수 없기 때문이다. 많은 國家에서는 動産에만 善意取得 制度를 實施하고 있으나, 中國이 物權法에 이러한 規定을 適用한 것은 앞으로 不動産 去來는 활발할 것으로 예상되나 登記制度가 아직은 不完全하기 때문에 이러한 問題點을 勘案한 것으로 볼 수 있다.

權을 取得한 경우 原所有者는 無權利者에게 損失의 賠償을 請求할 權利가 있다"고 規定하여 動産뿐만 아니라 不動産의 善意取得을 擴大하여 認定하고 있다. 또한 物權法 第107條에서는 "所有權者 또는 기타 權利者는 遺失物을 返還받을 權利가 있다. 당해 遺失物이 양도에 의해 他人이 占有하고 있는 경우, 所有者 등 權利者는 無權利者에게 損害賠償을 請求하거나 또는 讓受人을 알았거나 알 수 있는 날로부터 2年內에 讓受人에게 遺失物의 返還을 請求할 權利가 있다"고 規定하여 遺失物의 경우는 善意取得을 認定하지 않으므로 去來의 安全과 迅速을 꾀하였다고 볼 수 있다.

4. 物權法 施行 以後 擔保制度의 展望

(1) 擔保物權 範圍 擴大

物權法은 不動産 擔保能力이 脆弱한 中小企業의 資金難을 解消하기 위해서 現行 擔保法에 비해 生産設備, 原材料, 半製品, 製品 (在庫品) 등 動産139)과 當事者間 合意를 거쳐 現在 및 將來에 保有하는 設備, 原材料, 製品 등 流動的이고 特定되지 않은 企業資産 전체에 대해 包括的인 抵當權 設定을 폭넓게 許容하였다.140) 또한 農民의 경우 播種 後 예상되는 미래 農産物에 抵當權 設定이 가능해졌다. 그러나 建物이나 村營企業의 工場에 抵當權을 設定하는 경우, 해당 建設用地使用權도 동시에 設定토록 規定하여 建物을 單獨

---

139) 物權法 第180條.
140) 物權法 第181條.

122

으로 抵當權 設定은 할 수 없다.[141] 이에 物權法에서 新規 擔保物權에 대한 範圍를 擴大한 主要內容은 다음의 도표와 같다.

(表 3-3) 物權法의 新規 擔保物權 擴大 主要內容 (現行 擔保法 對比)

擔保物權	現行 擔保法	物權法(新規 追加事項)
抵當權 (物權法 第180條)	○ 建物, 機資材, 車輛 등 動産 ○ 土地使用權(地上建物 포함)	○ 生産設備, 原材料, 半製品, 製品 (在庫資産) ○ 建築 중인 建物 ○ 法律上 設定이 禁止되지 않는 財産은 모두 設定 可能(物權法 第180條 第7項)
浮動擔保(Floating Charge) (物權法 第181條)	－	○ 現在 및 將來에 保有하는 設備, 原材料, 製品 등 流動的인 資産全體에 대한 包括的인 抵當
權利質權 (物權法 第223條)	○ 환어음, 手票, 債權, 倉庫證券, 注文證, 讓渡可能 持分權, 株式 ○ 商品券, 特許權, 著作權	○ 未回收販賣代金 ○ 基金(Fund) 持分

특히 物權法은 不動産, 動産 등 擔保餘力이 없는 中小企業을 위해 未回收販賣代金을 權利質權의 設定對象에 新規로 포함하였다. 실제 擔保物權으로서의 有效性에는 疑問이 提起되나, 信用度가 높은 企業을 대상으로 한 未回收販賣代金의 경우, 이를 이용한 資金融通이 法的으로 가능해졌다.[142]

---

141) 物權法 第182條－第183條.
142) 物權法 第223條.

(2) 外國人 投資의 增加

그동안 外國企業은 中國 地方政府가 土地 公有制를 이유로 일방적인 土地收用 措置를 취하더라도 달리 對應할 方法이 없었다.[143] 그러나 物權法 制定으로 外國企業도 私有財産을 法的 保護를 받게 되기 때문에 地方政府가 부당하게 退出을 要求하더라도 對抗할 수 있게 되어 보다 安定的으로 企業을 經營할 수 있게 되었다. 특히 中國의 金融分野는 완전히 開放되지 않았으나, 金融과 아주 밀접한 관계가 있는 擔保産業은 外國企業이 中國을 漸進的으로 進出하는데 큰 노움이 될 것으로 생각된다.

(3) 不實債權의 減少

國有企業의 경우 物權法 制定으로 所有關係가 明確하게 됨에 따라 經營의 安定으로 收益性이 向上되어, 工場의 地方 移轉 등을 통한 差額으로 貸出金을 償還하여 不實債權이 크게 減少할 可能性이 크다. 이에 擔保手段의 多樣化 및 不動産 價格의 上昇도 不實債權 減少에 寄與할 것으로 展望된다. 특히 不實債權 整理方法의 하나로 地方政府의 支援을 받아 工場을 먼저 외곽지역으로 移轉시키고, 이후 工場敷地를 賣却하여 資金을 回收하는 方法으로 物權法 施行과 더불어 더욱 活性化될 것으로 예상된다. 다만 國有企業들은 資産價格 上昇에 따른 收益增大 期待로 經營의 效率化 努力보다는

---

143) 1988年 改正 憲法에서 國家所有 土地의 使用權民을 分離함으로써 有償讓渡를 認定한 반면 使用權의 期間 滿了時 處理方法 등에 관한 法律이 整備되지 못한 데 起因한 것이기 때문이다.

不動産 投機에 더욱 관심을 보일 可能性도 없지 않다.

(4) 不動産價格의 上昇

物權法 制定으로 土地 所有權이 사실상 認定됨으로써 不動産 價格의 上昇을 招來할 수가 있다. 相續의 경우 物權法에서는 明示되지 않았지만 相續까지 保障될 可能性이 크기 때문에 中國에서 住宅所有 붐이 일어날 수 있고, 財産稅 賦課 根據가 마련됨에 따라 不動産價格 安定을 위해 物業稅[144]를 2008年부터 導入할 것으로 생각된다.

(5) 物權法 制定으로 豫想되는 問題點

中國의 物權法은 사실 새로운 것이 아니다. 2004年 改正된 憲法에서 이미 私有財産을 認定하고 土地收用에 대해 補償하며, 私營企業 등 非公有制 經濟의 權利와 利益을 保護한다는 內容을 포함하고 있다. 따라서 物權法은 憲法 改正에 따른 당연한 후속 조치의 性格을 띠고 있다. 憲法에 保障된 私有財産權은 그동안 명분상의 意味만을 가졌던 것은 사실이나, 物權法이 規定하고 있는 私有財産 保護 條項의 波及效果에 대한 性急한 期待는 禁物이라고 생각된다. 물론 物權法 制定으로 私有財産 保護의 기본틀은 마련되었으나, 향후 施行過程에서 理念論爭이 再演될 可能性이 常存하고 있다. 反改革勢力 및 中·低 所得階層을 중심으로 國家 및 集體財産의 保護가 私有財産에 優先한다는 認識이 여전하기 때문이다. 이들은 私

---

144) 우리나라 不動産 保有稅에 해당된다.

有財産制가 生産手段 公有라는 社會主義 根本思想을 否定하는 한 편, 國有資産을 不當하게 取得하여 占有하고 있는 行爲를 法的으로 追認하는 結果를 招來한다고 主張하고 있다.145) 특히 政府와 不動産 開發業者들은 形式的인 補償만으로 土地를 收用함으로써 都市의 住民과 農民들의 반발을 초래하고 있다. 農地의 경우 耕作權 및 宅基地使用權의 讓渡를 認定하지 않음으로써 農民들의 불만이 提起될 우려가 있다. 土地收用에 대한 補償額도 동 土地에 建設되는 工場 또는 住宅에 대한 期待利益이 아닌 收用前의 農民收入을 基礎로 決定됨으로써 農民의 뜻에 滿足시키기 어려울 것이다. 또한 여진히 公有制를 基本으로 하고 있음에 따라 地方政府의 公共利益을 앞세운 退去要求 可能性이 殘存하고 있다. 中國의 土地는 所有權과 使用權이 分離되어 있어 憲法은 土地 私有에 대하여 許容하지 않고 있으나, 物權法은 非土地 私有財産의 경우 保護하고 있다. 즉 農村과 都市를 막론하고 法人이나 自然人은 정해진 期限 내에 소정의 使用料를 支拂한다는 條件으로 土地 使用權만을 가질 뿐이다. 土地所有權이 아닌 使用權에 대해 市場價格 基準의 補償이 이루어지기는 어려울 것으로 보인다. 따라서 土地뿐만 아니라 國有企業 등의 財産權을 둘러싼 社會의 不安要因과 非效率性이 物權法만으로 解決될 수 있을지 疑問이다.

中國에 投資한 우리 企業과 관련해 物權法은 肯定的인 측면과 否定的인 측면을 같이 가지고 있다. 安定的인 企業活動이 可能해졌다는 점은 일단 肯定的이다. 그 이유는 個人 또는 法人의 所得, 住宅, 生活用品, 生産設備, 原資材, 貯蓄, 投資資産 및 利潤 등의 動産과 不動産에 대한 法的 保護가 强化됐기 때문이다. 事業推進 過

---

145) 新華网 NEWS http://news3.xinhuanet.com

程에서도 不合理한 地方政府의 干涉이나 影響力 行使도 다소 줄어
들 것으로 보인다.

그러나 中國의 財産權保護 强化는 우리 企業의 中國 進出에 否
定的인 波及效果를 가질 수도 있다. 기본적으로 中國의 物權法은
內國人과 自國 法人의 財産權 保護를 위해 制定된 것이다. 이는
中國 經濟의 市場化 過程에서 犧牲됐던 農民과 私營企業의 權益을
保護함으로써 社會的 安定을 도모하자는 次元이기 때문이다.

物權法의 制定은 분명히 肯定的 變化이기는 하나 現實的으로는
反 外資 情緒로 인해 非對稱的으로 適用될 수 있다는 데 問題의
所持가 있다. 物權法으로 인해 기존 占有者의 權益保護가 强化돼
中國에 進出하는 企業의 業務用地 確保에 어려움이 招來될 수도
있고, 각종 名目의 補償費가 上昇할 수 있다. 地方政府의 協調를
얻을 경우 비교적 迅速하게 推進할 수 있었던 事業擴張 計劃도 각
종 補償 및 관련 審査 過程으로 인해 遲延될 수 있다.

物權法은 우리 企業의 淸算이나 撤收 등의 消極的 狀況에서는
도움이 될 것이나, 事業擴張과 새로운 市場進入 등의 積極的 企業
活動을 위해서는 오히려 不確實性과 각종 費用을 增加시키는 逆效
果를 招來할 수도 있다. 따라서 中國 社會의 安定的 發展과 우리
企業의 投資活動에 얼마나 肯定的 寄與를 할 수 있을 것인지는 中
國政府의 政策運用 方向에 달려 있다고 생각된다.

그러나 사실상 所有權이 認定되는 不動産과 動産에 대한 擔保物權
과 用益物權 制度가 資本主義 國家의 制度와 동일하게 法的으로 認
定된다는 데 큰 의미가 있다. 이에 物權法 制定으로 이 같은 不安要因
을 遮斷할 수 있을 것으로 期待하고 있으나, 物權法 條項에는 모호한
부분이 많아 財産權이 제대로 保護받지 못할 것이라는 憂慮도 있다.

第7節 小 結

擔保制度는 人的 擔保와 物的 擔保를 하나의 獨立된 單行法으로 規定하여 擔保制度의 기본틀이 되었다. 이러한 制度를 바탕으로 "三角債의 問題를 淸算하고 去來上의 紛糾를 豫防하며, 債權을 保障하기 위한 것임은 擔保制度의 立法目的에서 짐작할 수 있다. 따라서 債權實現의 確保와 더불어 資金融通의 機能을 劃期的으로 實現하고, 擔保制度의 役割을 發揮하는 데 問題의 所持가 있는 관련 法規定을 간략하게 檢討해보면 다음과 같다.

첫째, 反擔保制度는 物權法 第171條 및 擔保法 第4條 規定에 의해 保證亂의 問題를 部分的으로 解決할 수 있었으나, 이 規定들은 너무 간략하여 反擔保制度를 效果的으로 規範힐 수 있을 섯인가에 내해서는 앞으로 그 結果를 觀察해 보아야 할 것이다.

둘째, 擔保契約의 경우에 主契約의 從屬契約으로의 意味를 지니는 것으로 物權法 第192條와 擔保法 第50條에서 明文으로 規定하였으니, 새로운 형태의 擔保方式에 適應하기 위해서 從屬性 외에 擔保契約의 相對的 獨立性을 附與하는 것이 世界立法과 椄木하는 것이라 하겠다.

셋째, 登記制度는 登記簿를 法院이 아닌 行政官廳 즉, 土地는 土地局에서 建築物은 房産局에서 管理하고 있는 것과 公示制度가 없는 관계로 事前에 登記簿謄本을 통한 擔保設定 등 權利關係를 파악할 수가 없는 것이 特徵이었다. 土地에 관하여는 過去의 使用權制度와 새로 만들어지는 所有權制度가 뒤섞여 있어서 단순히 土地使用證146)만으로 判斷이 어려운 경우가 많으며, 土地局이나 房産局의 登記簿 열람이 一般人에게 制限되어 있으므로 賃貸나 取得에 있어서 상당히 어려움이 많았다. 그러나 制定된 物權法에서 統一된 登記制度를 規定하여 이러한 어려움이 조금이나마 充足되었으나, 登記의 實質的 審査主義와 形式的 審査主義의 對立이 있을 것으로 생각된다. 또한 物權法 第18條의 規定을 보면 制限的인 公開를 採擇한 것으로 보이나, 登記의 公開와 관련하여 全面的 公開와 制限的인 公開方式을 놓고 對立이 있을 수 있다.

넷째, 擔保法 司法解釋은 司法實務와 經驗을 綜合하고 民商法理論의 硏究成果를 가미한 基礎 위에서 制定되었다. 이 내용은 論證이 풍부하며 깊은 硏究로 科學的이면서 全面的이어서 裁判實務에 매우 중요한 役割을 하고 있는 것은 사실이다.147) 그러나 擔保法 司法解釋은 法律을 解釋할 수밖에 없기 때문에 法律의 規定을 改變시켜서는 안 될 것이다.

法律이 修正되지 않는 狀況에서 擔保法 司法解釋의 形式으로 法律의 規定을 改變시키는 것은 擔保法 司法解釋의 原則에 違背되는

---

146) 韓國의 登記權利證에 해당한다.
147) 王闖, 『對最高人民法院活用擔保法若干問題解釋的理解』 (北京: 判解硏究, 2000). 37쪽.

것이며, 法律과 擔保法 司法解釋의 適用에 不利할 뿐만 아니라 法律의 權威를 毁損시킬 것으로 憂慮된다. 물론 擔保法의 司法解釋을 통하여 當事者間에 發生한 紛爭類型을 人民法院이 裁判해 왔으나, 앞으로 관련된 法에 대하여 明確하게 分析하고 硏究하면 世界 立法潮流에 어울리는 독특한 規定들이 만들어질 것으로 생각된다.

다섯째, 物權法은 國家나 集體單位 그리고 個人 및 기타 權利人의 物權은 法律의 保護를 받으며 어떠한 組織이나 個人도 이를 侵害할 수 없다고 하였다. 이로써 中國은 지금까지 國家나 集體單位에 限定되어 왔던 國・公有財産 保護原則에서 벗어나 個人을 포함한 각 經濟主體의 所有權을 規定함으로써 私有財産도 國・公有財産과 동등하게 保護받는다는 原則을 明確히 했다. 그야말로 社會主義 公有體制에서 資本主義 市場經濟體制로 轉換하는 일대의 劃期的인 事件이다. 또한 物權法은 改革・開放政策을 뒷받침하기 위해서는 散在되어 있는 不動産關聯 法制를 단일한 立法的 方案을 提示하였다. 따라서 향후 中國의 經濟는 물론 社會, 文化的으로도 엄청난 變化가 올 것으로 예상된다. 우선 不動産에 대한 認識變化가 가장 클 것이다. 土地는 國家所有이더라도 名義만 그럴 뿐 個人이 支配하고 있는 땅에 대해서는 永續的인 保障이 이루어지고 실질적인 權限行使도 個人이 하게 된다. 公有보다는 所有意識이 强化되고 지금까지 느슨했던 不動産 再開發이나 中古 住宅市場, 不動産擔保 등 더 한층 活氣를 띠게 될 것이다. 노한 海外 不動産開發業體나 不動産關聯 株式市場에도 많은 影響이 미칠 것으로 생각된다.

第4章 擔保制度의 內容

第1節 抵當權制度

1. 意 義

擔保法이 制定되기 전에는 抵當權에 관한 주요 法律規定[148]이 一貫되지 못하고 多樣했으나, 物權法은 抵當權에 관하여 "債務의 履行을 擔保하기 위하여 債務者 또는 第3者가 財産의 占有를 移轉시키지 않고 당해 財産을 債權者에게 抵當한 경우 債務者가 滿期

---

148) 抵當權에 대한 法律規定은 民法通則 第89條 第2項 "債務者 또는 第 3者는 일정한 財産을 抵當物로 提供하여 債務者가 債務를 履行하지 않을 경우, 債權者는 法律의 規定에 따라 抵當物을 金錢으로 換算하거나 賣却한 金錢으로 優先辨濟를 받을 수 있다." 民法通則貫徹執行若干問題關與意見 第115條 "抵當權設定者가 抵當物을 直接 占有하고 管理하면서 抵當期間內에 抵當權者의 同意를 구하지 않고 抵當物을 他人에게 讓渡하거나 設定한 抵當物을 再抵當하는 경우 그 行爲는 無效이다." 都市房地産管理法 第46條 "不動産 抵當은 抵當權設定者가 不動産을 移轉하지 않고 占有하면서 抵當權者에게 債務履行 擔保로 提供하는 行爲로서, 設定者가 債務를 履行하지 않을 경우 抵當權者는 法律의 규정에 따라 抵當한 不動産을 競賣 등을 통하여 優先辨濟받을 權利가 있다"고 規定하여, 擔保法의 制定過程에 重大한 影響을 미치게 되었다.

債務를 履行하지 않거나, 또는 當事者가 抵當權을 實行하기로 約定한 事由가 發生하면 債權者는 당해 財産에 대하여 優先辨濟를 받을 權利가 있다"(物權法 第179條)고 明確히 規定하고 있다. 따라서 擔保로 提供한 不動産에 대하여 債務者가 債務를 履行하지 않을 경우, 債權者는 法律의 規定에 따라 그 不動産의 價値를 換價 또는 競賣를 통한 代金으로 優先的 辨濟를 받을 權利를 가진다.149)

이와 같은 抵當制度는 현재 中國에서 廣範圍하게 利用되고 있으며, 持續的으로 發展 및 擴大되어 動産抵當, 財團抵當, 最高額抵當 등 새로운 形態의 抵當方式이 繼續的으로 出現하여 抵當權의 利用에 새 活力을 注入하고 있다.

2. 抵當權의 法的 性質

(1) 附從性

① 存在上의 附從性

抵當權은 擔保物權이므로 主債權이 存在하여야 抵當權도 存在하며, 主債權이 存在하지 않으면 抵當權은 存在할 수 없다.150) 抵當制度는 抵當權의 存在로 從屬性이 要求되는 것이 아니므로 當事者가 未來의 債權을 위해 먼저 抵當權을 設定할 수도 있다. 따라서 債權이 있는 것을 전제로 하지 않기 때문에 主債權이 存在할 必要

---

149) 董開軍, 『債權擔保』(黑龍江人民出版社, 1995), 101쪽; 李國光 主編 『擔保法新釋新解馬適用』(新華出版社, 2001), 393쪽.
150) 王澤鑒, 『民法槪要』(北京; 中國政法大學出版社, 2003), 555쪽.

는 없다. 단 抵當權을 實現할 때에 主債權이 存在해야 하며 主債權이 存在하지 않을 경우에는 抵當權은 存在할 수 없다.[151]

② 處分上의 附從性

抵當權 處分에 있어서 從屬性은 讓渡의 從屬性을 가리킨다. 따라서 抵當權은 債權과 分離하여 單獨으로 讓渡하거나 기타 債權의 擔保로 할 수 없다[152]는 規定에 따라 抵當權者는 主債權의 讓渡나 기타 債權을 擔保할 경우, 抵當權은 이에 따라서 消滅할 수 있다.[153]

③ 消滅上의 附從性

"抵當權은 擔保된 債權과 동시에 存在하며 債權이 消滅되면 抵當權도 따라 消滅된다"(擔保法 第52條) 따라서 抵當權과 主債權은 運命을 같이 하기 때문에 主債權이 消滅할 경우 抵當權도 이에 따라 消滅하는 것이다.

(2) 不可分性

抵當權의 不可分性은 보는 시각에 따라 서로 다르게 表現하고 있다. 그 이유로써 첫째, 抵當物과 被擔保債權 관계에서 抵當物은 債權 全部를 擔保하며, 둘째, 抵當權과 抵當物 관계에서 抵當權은 抵當物의 全部에 存在하고,

셋째, 抵當權과 被擔保債權 관계에서 被擔保債權이 分離되어도

---

151) 楊立新, 程嘯, 梅夏英, 朱呈義, 『物權法』(北京: 中國人民大學出版社, 2004), 261쪽.
152) 物權法 第192條, 擔保法 第50條.
153) 위의 책, 261쪽.

抵當權은 分離될 수가 없다는 것이다.154) 이와 같이 不可分性은 擔保債權 全額이 辨濟되기 전에는 抵當權者가 抵當物 全部에 대하여 權利를 行使할 수 있다.

그리고 抵當權은 不可分性으로 인하여 그 目的物의 分割 또는 一部가 滅失됨으로 인해 影響을 받지 않으며, 만일 全部가 滅失되었다면 物上代位性의 문제가 될 것이다. 이러한 特性은 抵當權 機能의 實現을 保全하고 抵當權의 擔保力을 强化하는 데 있다.155)

(3) 追及性

抵當權設定 期間에 抵當物 所有權은 여전히 抵當權設定者에게 있으므로 所有權者는 자기의 所有物을 法에 의해 處分하여 讓渡할 수 있다. 그러므로 원칙상 抵當權設定者는 抵當權設定 期間에 당연히 抵當物을 讓渡할 權利를 가진다. 만일 抵當權設定者가 抵當物을 他人에게 讓渡할 경우 抵當權은 影響을 받지 않으며, 또한 抵當權者는 그 財産의 所在를 追及하여 抵當權을 行使할 수 있다. 그러나 抵當物이 他人에 의해 不法的으로 侵害받을 경우 抵當權者는 妨害除去請求權을 行使할 수 있다.156) 특히 擔保法 第49條의 規定은 抵當權의 追及性을 規定하지 않아 讓渡에 관해서는 일정한 制限을 받고 있으나,157) 이기한 規定은 抵當權의 追及性에 대하여 不

---

154) 申偉星, 『民法學』(北京: 北京大學出版社, 2004), 293쪽.

155) 孔祥俊 主編, 앞의 책, 244쪽, 許明月, 『抵當權制度研究』(北京: 法律出版社, 1998), 98쪽.

156) 郭明瑞, 앞의 책, 109쪽.

157) 擔保法 第49條의 規定에 따라서 抵當權을 設定 後 抵當權設定者는 任意로 抵當物을 讓渡할 수 없으며, 또한 最高人民法院의 中華人民共和國民法通則貫徹執行若干問題關與意見 第115條에서도 擔保法

合理한 점이 있어 그 內容을 살펴보면 다음과 같다.

첫째, 擔保法은 비록 抵當權의 追及性을 規定하지 않았으나, 抵當權이 擔保物權이고 追及性은 擔保物權의 特性으로 抵當權設定者가 抵當物을 讓渡하는 것을 禁止할 理由가 없다.

둘째, 抵當權者는 抵當權設定者가 抵當期間 내 讓受人에게 讓渡物이 抵當되었음을 告知義務 違反으로 抵當物의 讓渡가 無效라고 主張한다면 그것은 도리어 去來의 安全을 妨害하는 것이 된다.[158]

셋째, 擔保法 第49條의 規定을 반대 解釋하여 抵當權 登記를 하지 않은 抵當物을 讓渡할 경우, 抵當權設定者가 告知의 節次를 履行할 필요가 없어도 抵當權者에게 效力이 發生한다. 擔保法은 追及的 效力을 規定하지 않았기 때문에 抵當物의 讓渡를 制限하였으나, 所有權者가 排他性을 가지고 있는 抵當物의 讓渡를 制限하는 것은 法理에 맞지 않다. 따라서 抵當權의 追及效力을 明文으로 規定하고, 동시에 中國의 抵當權 登記制度를 配合시켜 抵當權設定者로 하여금 登記한 抵當物을 告知義務가 없어도 讓渡할 수 있게 하여야 한다.[159]

物權法草案建議稿 第326條의 경우 不動産의 抵當權에 대하여 追及性을 規定하여 "抵當物이 不動産인 경우는 抵當權設定者가 抵當物을 讓渡할 수 있고, 抵當物이 動産인 경우 抵當權者의 同意를 얻지 않으면 抵當者가 抵當物을 讓渡할 수 없다."[160] 또한 第327條

第49條와 同一하게 規定하고 있다.

158) 鄒海林, 『抵押物的轉讓與抵押權的效力』 (北京: 法學硏究, 1999), 第4號, 140쪽.

159) 蔡世毓, 『論兩岸抵當權制度之硏究 - 以抵當權效力爲中心』 (中國文化大學法律學硏究所 碩士論文, 2004), 41쪽.

160) 動産抵當에 대하여 中國의 物權法草案建議稿 第312條 第2項의 規定에 의하면 登記에 관하여 對抗主義를 採擇하고 있어 抵當物인 動産을 讓渡할 경우 반드시 抵當權者의 同意를 거쳐야 한다.

에서 "抵當物의 所有權을 取得한 第3者는 債務者를 대신하여 抵當擔保의 전체 債務를 辨濟하여 抵當權을 消滅시키거나, 抵當擔保의 債務金額을 供託하여 抵當權을 消滅시킬 수 있다"고 너무 간략하게 規定하였다. 物權法에서도 "抵當權設定 期間에 抵當權設定者가 抵當權者의 同意를 받고 抵當財産을 讓渡한 경우 讓渡收益으로 抵當權者의 債權을 滿期 前에 辨濟하거나 供託해야 하며, 讓渡收益이 債權額을 超過하는 부분은 抵當權設定者가 所有하고 부족부분은 債務者가 辨濟해야 한다. 그리고 抵當權設定 期間에 抵當權設定者는 抵當權者의 同意없이는 抵當財産을 讓渡하지 못한다. 그러나 讓受人이 債務를 代理 辨濟하여 抵當權이 消滅되는 경우는 例外로 한다"(物權法 第191條)고 規定하여, 擔保法 第49條의 規定에 基礎하여 抵當財産의 讓渡를 엄격하게 制限하고 있다.

3. 抵當權의 客體

抵當權은 抵當物의 交換價値를 取得하는 것을 實質的 內容으로 하기 때문에 抵當物은 讓渡할 수 있는 財産[161]이어야 하며, 다음의

---

161) 物權法 第180條는 債務者 또는 第3者가 處分權을 갖고 있는 다음의 財産을 抵當할 수 있다고 規定하였다. "建物과 其他 地上定着物, 建設用地 使用權, 入札, 競賣, 公開協商 能 方式으로 取得한 荒蕪地 能 土地의 都給經營權, 生産設備, 原資材, 半製品, 製品, 建造 중에 있는 建物, 船舶, 航空機, 交通運輸手段, 法律, 行政法規에 抵當을 禁止하지 않는다고 한 其他 財産. 抵當權設定者는 前項에서 지적한 財産을 동시에 抵當할 수 있다." 그러나 物權法 第184條의 規定은 다음의 財産에 대하여 抵當하지 못한다. "土地所有權, 農耕地(耕作地), 宅基地, 自留地, 自留山 등 集團所有의 土地使用權, 단, 法律規定上 抵當이 可能한 것은 除外함. 學校, 幼稚園, 病院 등 公益을 目

몇 가지 條件을 具備해야 한다. 첫째, 抵當權設定者가 處分할 權限을 가질 것. 둘째, 法律이 讓渡를 許容할 것. 셋째, 擔保한 債權이 抵當物의 價値를 超過하지 않을 것. 넷째, 管理하기에 편할 것 등 이와 같이 基準을 提示하고 있다.[162)]

的으로 하는 事業單位, 社會團體의 敎育施設, 醫療保健衛生施設과 其他 社會公益施設, 所有權, 使用權이 不明하거나 爭議가 있는 財産, 法的으로 封印, 押留, 監督管理하는 財産, 法律, 行政法規의 規定上 抵當하여서는 안 되는 其他 財産"이다. 擔保法 第34條의 規定에 의하면, 抵當할 수 있는 財産은 다음과 같다. "첫째, 抵當者가 所有하고 있는 建物과 기타 地上 定着物. 둘째, 抵當者가 所有하고 있는 機械・交通運送手段과 기타 財産. 셋째, 抵當者가 法的 處理權을 갖고 있는 國有의 土地所有權・建物 및 기타 地上 定着物. 넷째, 抵當者가 法的 處理權을 갖고 있는 國有의 機械・交通運輸 手段과 山. 다섯째, 抵當者가 法的으로 請求받은 荒廢한 산・골짜기・구릉・간석지 등 荒蕪地의 土地使用權으로서 下請者의 同意를 받은 것. 여섯째, 法에 따라 抵當할 수 있는 기타 財産." 그리고 擔保法은 第34條에서 肯定的 나열방식으로 不動産과 動産을 포함하는 抵當할 수 있는 財産을 열거한 외에 비교적 특이한 것은 擔保法 第37條 否定的 나열방식으로 抵當物이 될 수 없는 財産들을 열거했다는 점이다. 즉 "첫째, 土地所有權. 둘째, 耕作地・宅敷地・自留地・自留山 등 集體所有의 土地使用權. 단, 이 法 第34條 第5項, 第36條 第3項에서 規定한 것은 除外한다. 셋째, 學校・幼兒園・病院 등 公益을 목적으로 하는 事業部門, 社會團體의 敎育施設, 醫療衛生施設과 기타 社會公益施設. 넷째, 所有權・使用權이 不明確하거나 紛爭이 있는 財産. 다섯째, 法에 의해 封印・差押・監視당하는 財産. 여섯째, 기타 法的으로 抵當하지 못하는 財産(都市不動産 抵當管理方法 第8條) 등이 포함된다. 擔保法 第34條 및 第37條의 規定이 肯定的 나열과 否定的 나열을 동시에 探擇한 立法方式은 第34條의 列擧性 規定이 복잡하게 보이고, 더구나 抵當物이 될 수 있는 모든 財産을 나열할 수 없기 때문이다.

162) 孫禮海, 蔣樂民 主編, 앞의 책, 26쪽.

(1) 國有所有의 土地使用權

中國에서 都市에 속한 土地는 모두 國家所有이다.[163] 따라서 土地所有權을 處分하는 것은 憲法上 許容되지 않으나(憲法 第10條 第4項), 國有土地使用權[164]에 한하여 法이 정한 節次에 따라 處分하는 것이 許容되는 경우가 있다.[165] 따라서 都市의 國有土地使用權을 取得하는 것은 다음 세 가지 方法에 의한다.

첫째, 地方政府가 原則的으로 無償·無期限으로 支給하는 割當[166]

둘째, 地方政府가 土地使用權을 일정 期間 有償으로 支給하는 拂下[167]

셋째, 拂下받은 土地使用權을 賣買 등에 의하여 他人에게 移轉하는 讓渡[168] 등이 있다. 이 가운데 拂下의 形式으로 取得한 土地使用權은 讓渡에 의하여 取得하는 것을 포함하여 物權的인 處分도 可能하다는 것으로 解釋된다.[169] 都市不動産管理法 第47條 第2項의 規定에 의하면 抵當權의 設定이 許容되기 때문에 割當받은 土地에 대해서도 權限이 있는 政府機關의 許可와 讓受人이 政府에 拂下金을 支給하는 條件으로 讓渡가 認定되고 있다. "抵當의 경우 割當받은 土地使用權의 競落時에는 國家가 優先的으로 拂下金을

---

163) 中國人民共和國憲法 第10條 第1項, 物權法 第47條.
164) 國有土地使用權의 抵當權設定은 物權法 第180條, 擔保法 第34條, 擔保法 第36條에서 規定하고 있으나, 抵當權設定者가 抵當을 設定할 경우 반드시 法的으로 處分할 權限이 있어야 한다.
165) 中國人民共和國憲法 修正案 第2條.
166) 中華人民共和國 成市房地産管理法 (이하 "都市不動産管理法"이라고 한다) 第22條.
167) 都市不動産管理法 第7條.
168) 都市不動産管理法 第36條.
169) 朴烜日, 『南北輕協 擴大에 對備한 北韓 擔保制度의 整備方案』 앞의 책, 83쪽.

140

回收하게 된다"(都市不動産管理法 第50條, 擔保法 第56條). 요컨대
割當, 拂下받은 土地를 賃貸 또는 競賣로 讓渡한 경우 買受人은
拂下金을 支給하고, 拂下를 받은 것과 동등한 地位를 갖게 된다.
都市不動産管理法 第39條에 의하면 "割當方式으로 取得한 土地使
用權은 批准權限이 있는 人民政府에 報告하여 讓渡批准을 받았을
경우에 抵當할 수 있다." 割當은 國家가 土地使用權을 해당 單位에
서 使用하도록 無償[170]으로 넘겨주는 行爲이나, 同法 第54條의 規
定은 다음과 같은 建設用地[171]가 확실히 필요한 것일 때만이 割當
을 批准할 수 있다고 規定하고 있다.
　첫째, 國家機關의 用地와 軍隊 用地
　둘째, 都市 社會間接施設 建設用地와 公益事業 用地
　셋째, 國家가 重點的으로 保障하는 에너지, 교통, 수리 등 基礎施
設 用地
　넷째, 法律, 行政法規에 規定한 其他 用地
　그러나 同法 第31條의 規定에 따라 土地使用權을 抵當權을 設定
할 수 있게 되더라도 同法 第37條의 規定에 의하면 다음과 같은 경
우 중의 하나에 속하는 土地使用權은 抵當權을 設定할 수 없다.
　첫째, 司法機關과 行政機關이 法에 의하여 不動産 所有權을 押

---

170) 無償이란 土地使用者가 土地使用權 賣却金을 支拂하지 않는 것을
　　말한다.
171) 物權法 第137條 第1項 建設用地 使用權 設定은 使用權 賣却 또는
　　無償提供 등의 方式을 취할 수 있다. 第3項 無償提供의 方式으로 建
　　設地 使用權을 設定하는 것을 엄격히 制限한다. 따라서 無償提供
　　의 方式을 취할 경우에는 土地用途에 관한 法律, 行政法規의 規定을
　　遵守하여야 하며, 國有土地를 工業, 商業, 住宅建設 등 用地로 拂下
　　하는 경우, 반드시 入札, 競賣 등 公開價格競爭 方式으로 有償 拂下
　　토록 規定되었다.

留 또는 기타의 形式으로 制限하기로 決定한 경우

둘째, 法에 의거하여 土地使用權을 回收한 경우

셋째, 共有 不動産으로서 기타 共有人의 書面同意를 거치지 않은
경우

넷째, 權利 歸屬(移轉)問題에 爭議가 있는 경우

다섯째, 法에 의하여 登記하지 않고 權利歸屬證書(移轉證書)를
發給받지 않은 경우

여섯째, 法律, 行政法規에 의해 讓渡가 禁止되어 있는 기타의 경
우이다.

(2) 集體所有의 土地使用權

集體(農村)土地使用權에 대한 抵當權設定은 擔保法 第37條 第2
項의 規定에 의하여 擔保法 第34條 第1項 및 第36條 第3項의 土地
使用權을 除外하고는 原則的으로 抵當權을 設定할 수 없다. 또한
"耕作地·宅地·自留地·自留産 등 集體所有의 土地使用權은 抵
當을 할 수 없다"(物權法 第184條 第1項). 단, 擔保法 第34條 第5
項 第36條 第3項에서 規定한 것은 除外한다"(擔保法 第37條 第2
項).

그리고 抵當權設定者가 法에 의지하여 都給받고 또한 下請業者
의 同意를 거친 荒廢한 산·골짜기·구릉·간석지 등 황무지의 土
地使用權(擔保法 第34條 第5項) 및 鄕(鎭) 村, 企業의 工場 등 建
築物을 抵當하는 경우, 그 占用 範圍內의 土地使用權을 동시에 抵
當히는 것(擔保法 第36條 第3項)을 除外하고는 集體土地使用權은
單獨으로 抵當할 수 없다.[172]

142

中國 不動産法인 都市不動産管理法는 農村의 土地에 대하여 規定은 없으나, 都市計劃區域內의 集體所有의 土地에 대하여 國家는 그 所有權과 使用權의 賣買를 禁止시키고 있다. 都市不動産管理法 第8條에는 "都市計劃區域內의 集體所有의 土地가 法에 의거 徵用되어 國有土地로 轉化되었을 경우에 이 國有土地의 使用權은 有償讓渡할 수 있다"고 規定하였다. 이것은 收用되지 않아 國有化로 轉化되지 않고 여전히 都市計劃區域內의 集體所有로 남아 있는 土地는 使用權을 讓渡하지 못한다는 것을 뜻하므로 都市計劃區域內의 集體所有의 土地는 抵當할 수 없다.

(3) 宅基地使用權

農家에 提供되는 宅基地使用權(農家宅地使用權)은 讓渡, 抵當權設定 등 市場流通을 禁止하는 現行 土地管理法을 따르도록 規定되어 있다.[173] 현재 中國은 대규모 機械化된 營農이 要求되고 있으나, 耕地 遺失과 農村 公同化에 대한 우려로 物權法은 農地都給經營權의 非農業部門 使用을 禁止하고, 農家宅地의 賣買를 不許하는 기존의 保守的인 政策基調를 따르고 있다.

그러나 物權法에서는 農地 및 農家宅地의 賣買에 대해, 規制條項을 直接 明示하지 않고 關聯 法規定에 따른다고 함으로써, 향후

---

172) 1997年 國務院이 公布한 "土地管理를 進一步 强化하여 耕地를 확실히 保護하는 것에 관한 通知"의 第4項 '農民集體土地管理强化'에 관하여 "國家가 徵用하는 것을 除外하고 集體土地의 使用權은 出讓할 수 없다"고 하였다. 이에 준하여 集體土地의 使用權 역시 抵當을 할 수 없다.
173) 物權法 第153條.

關聯 政策의 조정여지를 남겨두었다. 한편 현재 베이징, 꽝조우 郊
外에서 賃貸借 形式을 사용한 農地·農家宅地의 市場去來(農地入
市)가 이미 이루어지고 있는 상황을 고려할 때, 향후 農村土地 關聯
政策의 變化 可能性이 높아지고 있다.

(4) 鄕·鎭 企業의 不動産

都市不動産管理法에 第3章의 規定과는 달리 抵當할 수 있는 範
圍를 物權法과 擔保法에서는 明確히 規定하고 있다. 우선 "鄕(鎭)
企業, 村企業의 建設用地 使用權은 單獨으로 抵當하지 못한다. 鄕
鎭企業, 村企業의 工場建物 등 建物을 抵當物로 하는 境遇 그 建
物이 占하고 있는 範圍內의 建設用地 使用權도 同時에 抵當된다"
(物權法 第183條). 擔保法 第36條에서도 "鄕(鎭), 村의 企業174)의
土地使用權은 單獨으로 抵當하지 못하며, 鄕(鎭)·村 企業의 工場
建物 등 建築物을 抵當하는 경우 그 建築物이 占用하고 있는 範圍
내에서 土地使用權은 동시에 抵當된다"고 規定하고 있다. 즉 鄕(鎭)
·村의 企業은 그의 土地使用權을 工場建物 또는 기타 地上定着物
과 함께 抵當할 수 있으며, 이를 商品化하여 함께 競賣 또는 賣買
할 수 있다. 특히 鄕(鎭)·村의 企業의 土地는 대부분 集體所有의
土地이다. 中國의 法律이 集體所有의 土地使用權 및 그 地上物의
抵當과 競賣 또는 賣買를 許容하기는 이 法이 처음으로 이렇게 하
고 있는 目的은 農村經濟를 活性化하여 이들 企業이 資金流通을

---

174) 物權法 第183條 "鄕(鎭)·村企業의 建設用地 使用權은 單獨으로 抵
當하지 못한다. 鄕(鎭)·村企業의 工場建物 능 建物을 抵當物로 하
는 경우 그 建物이 占하고 있는 範圍內의 建設用地使用權도 동시에
抵當된다."

할 수 있도록 하기 위한 것으로 생각된다.

그러나 만일 鄕(鎭)·村 企業이 滿期된 債務를 償還할 수 없어 그 資産을 競賣 또는 賣買하였을 경우 買入者는 買入한 建物을 撤去하고 土地를 달리 使用할 수 있는가에 대하여, 物權法 201條의 規定과 擔保法 第55條 第3項의 規定에 의하면 "開發을 委託한 荒蕪地 所有權 또는 鄕(鎭)·村 企業의 工場建物 등 建築物이 占用하고 있는 範圍內의 土地를 抵當하였을 경우 抵當權이 實現된 후 法定節次를 거치지 않고는 土地 集體所有와 土地用途를 變更하지 못한다." 그러므로 買入者는 原 用途대로 使用하여야 하고 土地用途를 變更할 때에는 반드시 法定節次를 밟아야 한다.

(5) 建物 및 地上定着物

抵當權을 設定할 수 있는 建物 및 地上 定着物에는 다음과 같은 것들이 포함된다. 첫째, "抵當權設定者가 所有하고 있는 建物과 기타 地上定着物"(擔保法 第34條 第1項), 둘째, "抵當權設定者가 法的 處分權을 갖고 있는 國有建物 및 기타 地上定着物"(擔保法 第34條 第3項), 셋째, "國有土地上의 建物"(擔保法 第36條 第2項) 등이다. 建物의 抵當은 居住用 建物과 生産 經營用 建物을 포함하며, 기타 地上定着物[175]은 土地上의 建物 이외에 부착된 不動産을 가리킨다.

中國은 都市 建物의 所有權은 讓渡할 수 있기 때문에 원칙상 抵當財産으로 할 수 있다. 建物 所有權과 당해 建物이 占有하는 土地의 使用權에 대해서는 分離하여 抵當權을 設定할 수 없으며, 동시

---

175) 예를 들어 林木·果樹·農作物·橋梁 등.

에 抵當權을 設定하여야 한다[176](物權法 第182條 第2項). 土地使用權에 대하여 抵當權을 設定한 후 당해 土地 위에 建物을 지은 경우 抵當權을 實行할 때 土地와 建物을 一括하여 競賣를 實行할 수 있으나, 建物에는 抵當權의 效力이 미치지 않기 때문에 賣却代金 중에서 建物에 대한 부분은 抵當權者의 優先辨濟權이 미치지 아니한다(物權法 第200條, 都市不動産管理法 第51條, 擔保法 第55條 第1項). 특히 建築 중인 建物의 경우 抵當權을 設定할 수 있는가에 대하여 서로 다른 見解가 있다.

먼저 建築 중인 建築物이 아직 未登記 建物이기 때문에 獨立的인 使用價値와 交換價値가 存在하지 않아 抵當權을 設定할 수 없다. 그러나 다른 見解는 建築 중인 建物이 비록 獨立的으로 使用價値를 갖지 않더라도 交換價値를 가지고 있기 때문에 抵當權을 設定할 수 있다는 것이다.[177] 따라서 "아직 建築하지 아니하였거나 建築 중인 家屋 또는 기타 建物의 抵當權 設定을 法에 따라 取得하였을 경우, 當事者가 抵當物을 登記하였다면 人民法院은 당해 抵當權 設定을 有效로 認定할 수 있다"(擔保法 司法解釋 第47條). 특히 都市家屋抵當管理方法에서는 都市家屋을 抵當權 設定할 경우 다음과 같은 建物은 抵當權을 設定할 수 없다.

첫째, 紛爭이 있는 家屋

---

176) 그러나 이미 土地使用權과 建物은 서로 分離된 財産으로 同一人이 所有하지 않을 수 있다. 따라서 이러한 規定이 반드시 合理的이지 못하므로 土地使用權과 土地上의 建築物을 區分하여 抵當權을 設定할 수 있어야 한다.

177) 1998年 2月 中國農業銀行에서 公布한 抵當擔保貸付臨時規則은 "法에 따라 獲得한 建設 중인 家屋이나 기타 建築物은 自動으로 建設 중인 날로부터 抵當權을 設定할 수 있다. 단 貸付는 반드시 그 建築物의 建設을 위해 使用하여야 한다.", 鄭明瑞, 앞의 책, 104쪽.

둘째, 敎育, 醫療 등 公共福利事業의 家屋

셋째, 文化財 保護에 의한 家屋, 建築物, 기타 중요 紀念意義가 있는 建築物

넷째, 再開發 範圍에 있는 家屋

다섯째, 法에 의하여 押留 등 기타 형식으로 制限을 받는 家屋

여섯째, 法에 의하여 抵當權 設定이 禁止된 家屋

國有建物의 경우 全民所有制에 속하는 建物로 國家가 國家機關, 社會團體, 全民所有制 企業, 軍隊 등에 사용하도록 확정해준 全民所有의 建物[178]로서, 이들 團體나 企業이 處分權을 가질 경우 國有建物에 대해 抵當權을 設定할 수 있다. "國有土地의 建物에 抵當者가 讓渡方式으로 取得한 國有土地使用權을 抵當權을 設定하는 경우, 그 國有土地上의 建物을 동시에 抵當權을 設定해야 한다"(擔保法 第36條 第2項).

(6) 超過抵當禁止 問題

抵當物의 擔保債權 總額이 抵當物 價値보다 높고 낮음에 따라 超過抵當과 殘額抵當으로 나눌 수 있다.[179] "抵當權設定者가 擔保

---

178) 孔祥俊 主編, 앞의 책, 254쪽.

179) 重複抵當은 同一 抵當物에 대해 두 개 이상의 抵當權을 設定하는 것으로 再抵當이라고도 하며, 超過額抵當은 被擔保債權이 抵當物의 價値보다 높으면 하나의 抵當權이든 또는 그 이상의 抵當權이든 모두 超過額抵當을 形成할 可能性이 있다. 前者는 抵當權의 個數를 중시하고 後者는 抵當物의 價値와 擔保하는 債權의 관계를 중시한다. 따라서 擔保法은 抵當物의 價値內에서는 重複抵當을 禁止하지 않으므로 兩者는 결코 같지 않다고 생각된다. 趙許明, 杜文聰 主編, 『擔保法通論』(北京: 中國檢察出版社, 1996), 156쪽.

를 設定한 債權額은 抵當物의 價額을 超過할 수 없다"(擔保法 第
35條 第1項). 또한 "財産을 抵當한 후 財産의 價格 中 債權을 超過
하는 부분은 다시 抵當할 수 있다(同條 第2項). 단, 擔保하는 債務
가 그 남은 金額을 超過해서는 아니 된다"(同條 第3項)고 하여, 殘
額抵當은 許容하고 超過抵當은 禁止하지만 抵當物은 重複하여 抵
當할 수는 있다.

重複抵當은 1998年 中國人民銀行 個人住宅貸出管理辦法 第19條
에서 "抵當期間을 規定하여 貸付者의 同意를 거치지 않으면 抵當權
設定者는 抵當物을 다시 抵當할 수 없다." 自動車消費貸出管理辦法
第20條 第5項에서도 "貸付者의 同意를 얻지 않고 抵當權設定者기 抵
當物을 重複하여 抵當權을 設定할 경우 貸付者가 違約責任을 追窮할
수 있다"고 規定하였다. 그러나 이와 같은 規定은 上位法인 物權法이
나 擔保法의 規定을 違背한 것으로 면밀히 檢討하여야 할 것이다.

특히 重複抵當에 관하여 擔保法 第35條 第2項의 規定에는 두 가
지의 意味가 內在되어 있다. 하나는, 抵當權設定者가 동일 抵當 不
動産에 複數의 抵當權을 設定할 수 있다는 意味가 포함되어 있다.
이것은 抵當權 利用을 促進하기 위한 적절한 規定이라고 할 수 있
다. 그러나 다른 하나는 抵當權設定者가 抵當權設定 당시 抵當 不
動産의 價値가 被擔保債權額을 超過하거나 被擔保債權額에 상당할
필요가 있음을 意味하고 있다. 따라서 이 規定은 擔保의 趣旨와 法
理에 違反한 規定으로 改正의 必要性이 있다고 생각된다. 그 理由
는 다음과 같다.

첫째, 이 規定은 擔保의 趣旨에 違反하고 있다. "貸金과 商品의
流通을 促進하고 債權의 實行을 保障하며 社會主義 市場經濟를 發
展시기는 것을 目的으로 이 法律을 制定한다"(擔保法 第1條)고 規

定하였기에 보다 많은 擔保權이 設定되어야 한다. 抵當權의 價値가 被擔保債權額을 超過하거나 또는 被擔保債權額에 상당하다는 規定은 當事者의 抵當權設定에 困難을 가져올 것이다.

둘째, 이 規定은 去來 實踐에 違反하고 있다. 市場經濟에서 擔保 不動産의 가치는 통상 市場狀況에 따라 變動한다. 비록 不動産 抵當權을 設定하는 경우 不動産의 價値가 被擔保債權額을 超過하거나, 被擔保債權額에 상당하다 하여도 抵當權이 實行된 때에 不動産의 價値가 被擔保債權額보다 낮다고 하면 그 不動産 抵當權은 無效라 할 수 없을 것이다.

셋째, 이 規定은 抵當權의 私的 性質에 違反하고 있다. 被擔保債權보다 價値가 적은 抵當物을 設定하는 것은, 抵當權者에게 리스크가 있을지도 모르지만 社會 公共利益과 第3者의 權益을 妨害하는 것은 아니다. 그러나 表面的으로 보면 이 規定은 抵當權者의 利益을 保護하기 위해 마련된 것이지만 실제로 抵當權者의 契約自由가 制限되어 있다. 抵當權은 私的 權利인 이상 抵當權者가 被擔保債權의 價値보다 적은 抵當物을 設定하여 리스크를 負擔할 意思가 있다고 하여도 法律에 의한 干涉은 經濟秩序의 混亂을 가져올 가능성이 있다.

4. 抵當權의 登記

(1) 抵當登記의 性質

中國은 1983年 12月 17日 公布된 都市私有房屋管理條例에서 都市私有住宅의 登記에 관하여 각각 規定하고 있다. 이러한 登記制度

는 建物을 除外한 不動産 특히 土地에 대하여 私的 所有가 全面的
으로 禁止되어 있고, 制限된 範圍內의 不動産에 대하여 施行된다는
점에서 一般的인 不動産登記180) 制度와 다르다.

　中國의 不動産 抵當權制度의 경우 公示의 原則을 認定하고 있어
當事者는 抵當權을 登記하여야 한다. 抵當權 登記는 設定, 變更,
消滅되는 것을 登記簿에 登記하는 法律行爲이나, 抵當權 登記의
性質을 둘러싸고 兩者의 學說181)이 存在하고 있다고 있는데 그 內
容은 다음과 같다.

1) 行政 行爲說

　抵當權 登記기 行政行爲라고 主張하는 이유로 첫째, 抵當權 登
記의 機關은 國家 行政主管部門으로 그 行政機關이 실시하는 登記
行爲는 당연히 行政行爲라는 것이다. 둘째, 抵當權 設定은 抵當權
當事者의 사이에 행해지는 民事行爲이므로 雙方의 地位가 平等하
나, 抵當權 登記는 國家 行政機關이 公民, 法人, 기타 組織과의 사
이에서 이루어지는 管理者와 被管理者의 行政行爲이기 때문에 雙
方의 地位가 不平等하다. 따라서 抵當權의 設定과 抵當權의 登記
는 相異한 行爲의 性質을 지니고 있다.

2) 民事 行爲說

　抵當權 登記가 民事行爲라고 主張하는 이유로 첫째, 債權의 成

---

180) 不動産登記 이외에도 法人登記, 立木登記, 商業登記, 夫婦財産約定
　　登記 등이 있으며, 不動産 登記를 房地産權屬登記 또는 房地産登記
　　라고 表現한다.
181) 王利明, 『物權法論(修訂本)』앞의 책, 590쪽, 陣本寒, 『擔保物權法比較
　　硏究』(武漢大學出版社, 2003), 200쪽.

150

立과 抵當權의 設定은 民事行爲이므로 당연히 抵當權 登記는 民事
行爲가 된다는 것이다. 둘째, 抵當權 登記는 民法 中 物權法과 擔
保法에 基礎해서 이루어지는 行爲이기 때문에 行政行爲라고는 할
수 없다는 것이다.

이상의 學說에서 認識 차이는 크게 두 가지 要素로 決定된다고
생각한다. 첫째로, 登記行爲의 性質은 登記機關 性質의 差異에 左
右되며, 둘째로, 抵當權 設定이 抵當權 登記와 一體化가 되었는지
아닌지의 問題는 登記行爲의 性質에 直接的인 影響을 끼친다. 따라
서 抵當權 登記의 性質을 判斷하기 위해서는 登記官의 過誤로 登
記가 이루어져 當事者에게 損害를 끼친 경우 어떠한 責任이 있는지
認識할 필요가 있다.

우리나라 登記例規 第775號의 規定에 의하면 登記官의 不當한
處分으로 他人에게 損害를 끼친 경우에 대해서는 特別한 規定이
없다. 그러나 登記官은 國家公務員이므로 國家는 賠償責任을 지게
되며, 登記官은 故意, 重大한 過失이 있는 경우에는 求償權의 대상
이 된다. 또한 登記官은 民法上 損害賠償責任도 면하지 못한다.182)

그러나 中國의 立法을 보면 抵當權 登記機關은 國家行政機關이
다. "國家機關의 職員이 職務執行 중에 公民 및 法人의 適法한 權
益을 侵害하여 損害를 끼친 경우엔 國家機關은 民事上의 責任을
져야 한다"(物權法 第21條 第2項)고 規定하여, 登記官의 過誤로 當
事者에 損害를 끼친 경우 登記機關은 民事責任을 져야 한다. 따라
서 抵當權 登記의 性質은 民事行爲라고 하는 것이다.

한편, "國家機關 및 國家機關의 職員이 職權을 違法으로 行使하
여 公民, 法人, 기타 組織의 適法한 利益을 侵害하여 損害를 끼친

182) 李根卓, 『不動産登記法』 (三潮社, 2001), 43쪽.

경우에 被害者는 이 法律에 따라 國家賠償을 請求할 權利가 있다"
(國家賠償法 第2條)고 하여 이 規定에서 보면 抵當權 登記의 性質
은 行政行爲이기도 하다.

이상의 分析에서 法律上의 矛盾이 있어 抵當權 登記의 性質이
明確하지 않았으나, 物權法 第21條 第2項의 規定에 의거 登記의
性質을 民事行爲說로 보아야 할 것이다.

(2) 抵當登記의 種類

1997年에 中國 建設部가 公布한 "都市不動産抵當管理辨法"에
따라 不動産 抵當權 登記의 種類로는 設定登記, 變更登記, 抹消登
記 등이 있다.

1) 抵當權 設定登記

抵當權 設定契約이 締結된 날로부터 30日 이내에 抵當權 當事者
는 物件 所在地 管理部門의 登記機關에 抵當登記를 登錄해야 한
다. 抵當權 設定契約은 抵當登記를 한 날로부터 效力이 發生한다.
그리고 抵當登記를 申請하는 경우에는 登記機關에 대해 다음의 文
書를 提出해야 한다.

⑴ 抵當權 當事者의 身分證明 또는 法人의 資格證明, ② 抵當權
登記申請書, ③ 抵當權 設定契約, ④ 國有土地使用權證, 建物所有
權證, 不動産權證. 公有의 建物일 경우 建物公有權證 및 다른 共有
者가 抵當權의 設定에 同意하는 趣旨의 文書 및 證明資料, ⑤ 抵
當權 設定者가 抵當權을 設定할 權利를 가졌는지를 證明할 수 있
는 文書 및 證明資料, ⑥ 抵當不動産의 價値를 證明할 수 있는 資

料, ⑦ 登記機關이 필요하다고 認定한 기타 文書.

　登記機關은 申請人의 申請에 대해 審査를 하여, 權利歸屬이 明確하고 證明資料가 갖추어져 있는 경우에 登記를 受理한 날로부터 15日 이내 登記의 承認與否를 書面으로 答辯하여야 한다. 法에 따라 取得한 建物所有權證明書를 抵當權을 設定하는 경우, 登記機關은 본래의 建物所有權證에 所有權 이외의 기타 權利의 記載한 후 抵當權 設定者에게 保存하게 하고 抵當權者에 대해 建物所有權 이외의 다른 權利證을 發行해야 한다.

2) 抵當權 變更登記

　抵當權 設定契約에 變更이 發生한 경우 抵當權 當事者는 變更한 날로부터 15日 이내 본래의 登記機關에서 抵當權 變更登記를 申請하여야 한다. 變更登記를 申請하는 경우 身分證, 抵當權利證明, 抵當權 變更契約을 提出할 필요가 있다.

　法에 따라 抵當 不動産을 處分하여 土地使用權 및 土地의 建築物, 기타 定着物의 所有權을 取得할 경우, 抵當權 當事者는 處分行爲 發效日로부터 30日 이내에 縣級 이상 地方人民政府의 不動産管理部門에 대해 建物 變更登記를 申請하고 變更 후의 建物所有權證書에 기초한 同級의 人民政府의 土地管理部門에 대해 土地使用權 變更 登記를 申請하여야 한다.

3) 抵當權 抹消登記

　抵當權 抹消登記는 終了日로부터 15日 이내에 본래의 登記機關에서 抵當權 抹消登記을 申請하여야 한다. 抹消登記를 申請할 경

우에는 身分證, 抵當權利證明 및 다음의 文書를 提出해야 한다.

① 被擔保債務가 履行되거나 債權者에 따라 債務가 免除된 경우에 債權者가 交付한 證明書를 提出해야 한다. ② 抵當權 契約이 解除된 경우 抵當權 解除契約書를 提出해야 한다. ③ 法律規定의 廢止 또는 當事者의 約定에 의한 解除, 또는 기타의 경우 이에 관한 資料를 提出해야 한다.

抵當權設定者 一方이 抹消登記를 申請하고 抵當權者는 申請하지 않은 경우, 登記機關은 抵當權設定者의 申請을 수리하고 期限을 정하여 抵當權者에게 抹消登記을 申請하도록 勸告할 수 있다. 抵當權者가 期限이 지나노록 抹消登記를 申請하지 않을 경우에는 登記機關은 法에 따라 抵當權設定者의 抹消登記를 審査한 후 許可해 줄 수 있다.

5. 抵當權의 效力

抵當權의 被擔保債權의 範圍는 "主債權 및 그 利子, 違約金, 損害賠償金, 抵當權 實行費用에 미친다. 抵當權設定契約에서 이와 달리 約定하는 경우에는 그 約定에 따른다"(擔保法 第46條). 違約金, 損害配當金은 契約에 성한 바에 따라 登記함으로써 被擔保債權에 포함되며, 利子는 契約에 정한 바에 따라 登記하지 아니하면 法定利子額에 한하여 被擔保債權이 된다. 그리고 當事者 쌍방이 抵當權設定契約에 約定한 것이 없거나 또는 約定이 明確하지 않을 경우, 抵當權을 擔保한 債權은 主債權 및 利子, 違約金, 損害賠償金과 抵當權 實行의 費用을 포함한다.183)

(1) 被擔保債權의 範圍

1) 原債權

登記를 필수요건으로 하는 主債權은 "抵當權設定者가 擔保를 設定한 債權額에 대하여 抵當物의 價格을 超過할 수 없다"(擔保法 第35條 第1項). 따라서 擔保債權의 總額이 擔保物의 價値보다 클 경우 抵當權設定者의 擔保債權은 效力을 잃는다. 만일 "抵當權設定者의 擔保債權이 그 抵當物 價値를 超過하였을 경우 超過部分은 優先辨濟效力도 없다"(擔保法 司法解釋 第51條).

2) 利 子

抵當權을 登記할 경우 利子에 대하여 約定利子, 法定利子, 遲延利子 등으로 구분되어 그 내용을 간략하게 살펴보면 다음과 같다.

첫째, 約定利子의 경우 當事者가 約定한 利子率이 國家가 法律로 規定한 最高利率을 超過할 수 없다.

둘째, 法定利率의 경우 主債權을 抵當登錄할 경우 利子를 明示하지 않을 경우에 利子를 決定한다.

셋째, 延滯利子는 被擔保債權 滿期後 2年 내에 發生한 利子로 制限하며, 抵當物은 優先的으로 補償받을 權利가 있다"(物權法草案 建議稿 第316條 第2項). 日本民法 第374條 第1項과 우리民法 第360條 경우 "抵當權은 元本, 利子, 違約金, 債務不履行으로 인한 損害賠償 및 抵當權의 實行費用을 擔保한다. 그러나 遲延賠償에 대하

---

183) 物權法 第173條의 規定은 擔保物權의 擔保範圍는 主債權 및 그 金利, 違約金, 損害賠償金, 擔保財産保管費用과 擔保物權 實現費用을 포함한다고 規定하여, 擔保財産 保管費用을 追加하여 規定하였다.

여는 元本의 履行期日을 경과한 후의 1年분에 한하여 抵當權을 行
使할 수 있다"고 規定하여, 동일하게 制限主義를 採擇하고 있나 擔
保法 第46條는 利子에 대하여 明確한 規定이 없어 補完이 필요하
다.184)

3) 抵當權 保全費用

"抵當權設定者의 行爲가 抵當物의 價値를 減少시킬 경우 抵當權
者는 抵當權設定者의 行爲를 中止하도록 要求할 權限이 있다. 抵
當物의 價値가 減少되었을 때에는 抵當權者는 抵當權設定者에게
抵當物의 價値를 回復하도록 하거나 減少된 價値에 상당하는 擔保
를 提供하도록 要求할 權限이 있다"(擔保法 第51條).

그리고 抵當物의 價値減少가 抵當權設定者의 過失이 아닐 경우
에 抵當權者는 抵當權設定者가 입은 損失의 範圍內에서 擔保提供
을 要求할 수 있으며, 價値가 減少되지 아니한 抵當物의 부분은 계
속 債權의 擔保로 한다. 만일 "抵當權設定者가 抵當財産의 價値를
回復하지 않고 擔保提供도 하지 않을 경우 抵當權者는 債務者에게
債務의 滿期 전 辨濟를 請求할 權利가 있다"(物權法 第193條 第3項).

(2) 抵當權 效力의 範圍

1) 從 物

"抵當權을 設定하기 전에 抵當物의 從物이었을 경우 抵當權의
效力은 抵當物의 從物에 미친다. 단 抵當物 및 그 從物을 2人 이

---

184) 楊志雄, 『兩岸抵當權效力之比較硏究』(私立東吳大學法學院法律學系碩
    士論文班碩士論文, 2001), 115쪽.

상이 각기 所有한 경우 抵當權의 效力은 抵當物의 從物에 미치지 아니한다"(擔保法 司法解釋 第63條).

그러나 抵當權 設定 後 發生되는 從物에 대하여 서로 다른 見解가 있다. 첫째, 從物이 動産일 경우에는 抵當權의 效力에 영향을 미치나 不動産은 미치지 않다. 따라서 不動産에 대하여 抵當權者가 抵當權 設定 後 增加한 從物을 競賣할 경우 從物의 價格에 대해 優先辨濟權이 없다.[185]

둘째, 不動産의 從物는 抵當物이 될 수 있기 때문에 抵當權 效力에 影響이 미친다.[186] 따라서 抵當建物의 增築된 부분에 관하여도 抵當權設定 당시의 抵當目的 建物과 同一性이 있는 한 抵當權의 效力이 미친다고 할 것이다. 다만 抵當建物에 附合되어 新築된 附屬建物은 競賣節次에 있어서 抵當建物에 포함되어 競賣되어야 하며, 그렇지 아니한 경우에는 그 附屬建物에 대하여 競落의 效果는 發生하지 않는다.[187] "建設用地 使用權을 抵當한 後 당해 土地上에 새로 增築한 建物은 抵當財産에 속하지 않으며, 당해 建設用地 使用權의 抵當權을 實行할 때에는 당해 土地上에 增築한 建物을 建設用地 使用權과 함께 處分하여야 한다. 단, 增築建物의 價額은 抵當權者가 優先 辨濟받을 權利가 없다"(物權法 第200條).

2) 附合物

抵當物이 附合·混合 또는 加工으로 抵當物 所有權을 第3者가 所有하게 되었을 경우 抵當權의 效力은 補償金에 영향을 미친다.

---

185) 參見拙, 『擔保法的原理與實務』(中國方正出版社, 1995), 159~160쪽.
186) 梁慧星, 陳樺彬, 『物權法論』(北京: 法律出版社, 2001), 215쪽; 金相容, 앞의 책, 701쪽.
187) 金亨培, 『物權法(民法要點講義Ⅱ』(新潮社, 1997), 607쪽.

抵當物 所有者가 附合物·混合物 또는 加工物의 所有者일 경우 抵當權者의 效力은 附合物·混合物 또는 加工物에 미친다. 第3者가 抵當物 所有者와 附合物·混合物 또는 加工物의 共同 所有者일 경우 抵當權의 效力은 共同所有物에 대한 抵當者의 持分에 미친다.

3) 收 益

抵當物의 收益은 債務履行 期間이 滿了되었음에도 抵當權設定者가 債務를 履行하지 않아 抵當物이 人民法院에 의해 押留된 경우 抵當權者는 抵當物에서 分離되어 나온 天然收益 및 抵當權者가 가질 수 있는 法定收益을 取得할 수 있다. 抵當權者가 抵當物의 押留 사실에 대하여 法定收益을 取得할 義務人에게 通知하지 않을 경우 抵當權의 效力은 그 收益에 미치지 못한다(物權法 第197條).

4) 代替物

抵當物이 損傷, 消滅 또는 그 價値가 다른 형태로 변하였을 경우, 형태의 價値는 抵當物의 代替物이 되며 抵當權者는 그 代替物에 대하여 抵當權을 行使하게 된다. 즉 "抵當權은 抵當物이 消滅되면 따라서 消滅한다. 抵當權은 抵當의 消滅로 取得하는 賠償金 위에 存續한다"(擔保法 第58條). 消滅에 의한 賠償金은 비록 그 規定은 消滅되있지만 解釋上 抵當物이 損傷되거나 收用당하면 賠償金을 받을 수 있다.[188]

---

188) 擔保法 司法解釋 第80條 "抵當物이 滅失, 毁損되었거니 收用된 상황에서 抵當權者는 당해 抵當物의 保險金, 賠償金 또는 補償金을 優先辨濟받을 수 있다. 抵當物이 滅失, 毁損되었거나 收用된 상황에서 抵當權의 擔保 債權期間이 滿了되지 아니하였을 경우 抵當權者는 保險金, 賠償金 또는 補償金 등에 대하여 保全措置를 취하도록 人民法

6. 當事者의 權利

(1) 抵當權設定者의 權利

1) 抵當權 設定

中國의 抵當權設定 方式에는 法定 抵當權과 約定 抵當權의 두 가지로 分類된다. 前者는 法律의 規定에 의하여 직접 設定되는 抵當權을 意味한다. "法律에 의해 取得한 國有土地上의 建物에 抵當權을 設定하는 경우, 그 建物의 占用하는 國有土地 使用權도 동시에 抵當權을 設定하여야 한다"(擔保法 第36條). 이러한 抵當權設定은 設定當事者間의 契約에 의해 成立되는 것이 아니라 法律上 당연히 成立되는 法定 抵當權이다. 後者는 當事者間의 契約에 의해 成立되는 抵當權으로서 一種의 要式契約이다. 그러므로 抵當權을 設定할 때 "반드시 書面으로 抵當權設定 契約을 하여야 한다"(擔保法 第38條). 抵當權設定 契約[189]은 주로 債權者와 債務者 또는 第3

院에 要求할 수 있다." 擔保法 第73條 "質權은 質物이 消滅되면 따라서 消失된다. 質物의 消滅로 인하여 얻은 賠償金은 質權 財産으로 해야 한다. 物權法草案建議稿 第319條 第1項 "抵當權은 抵當物의 損傷, 消滅에 의한 代替物에도 그 效力을 미친다."

[189] 都市不動産抵當管理辦法 第26條에 의해 不動産 抵當權設定契約의 內容은 주로 다음과 같다. ① 抵當權 設定者 및 抵當權者의 名稱 또는 個人의 姓名 및 住所, ② 주된 債權의 種類 및 金額, ③ 抵當 不動産이 所在地, 名稱, 狀況, 建築面積, 用地面積 등, ④ 抵當不動産의 價値, ⑤ 抵當不動産의 占有使用 管理者, 占有使用 管理方式, 占有管理 責任 및 예상 외의 毀損 및 滅失의 責任, ⑥ 抵當 期間, ⑦ 抵當權 滅失의 條件, ⑧ 違約責任, ⑨ 紛爭의 解決方式, ⑩ 抵當權設定者 契約締結의 年月日 및 場所, ⑪ 雙方이 約定하는 其他 事項 등이다.

者間의 契約에 의해서 設定된다. 만일 抵當權設定者[190])가 公民인 경우 行爲能力者를 갖추어야 하며, 抵當權設定者가 非自然人인 경우에는 法人의 資格을 갖추어야 한다. 단, 法人 資格을 갖추지 않은 子會社가 抵當權을 設定하고자 하는 경우에는 소속 企業法人의 特別授權을 얻어 할 수 있다. 그리고 "자신이 保有權 및 經營管理權을 所有하지 않은 財産을 抵當物로 할 경우에는 擔保는 無效가 된다"(民法通則若干問題意見 第113條 1項)고 하여, 抵當權設定者는 抵當不動産의 處分權이 있어야 한다.

資格의 制限에 있어서 "國家機關과 公益을 目的으로 하는 事業單位 또는 社會團體가 法律의 規定을 違反하여 擔保를 提供하는 경우 擔保契約은 無效가 된다"(擔保法 司法解釋 第3條). 이로 인해 債權者에 損失을 끼쳤을 경우 이에 相應하는 民事責任을 져야 한다. 또한 "理事와 支配人이 會社資産을 가지고 그 會社의 社主 또는 기타 個人의 債務를 위해 擔保를 提供한 경우 擔保契約은 無效가 된다. 만일 債權者가 알았거나 또는 알고 있는 狀況을 除外하고는 債務者 및 擔保提供者는 債權者의 損失에 대해 連帶保證 責任을 져야 한다"(擔保法 司法解釋 第4條). 특히 共有者의 경우 "持分에 따른 共同所有者가 그 共同所有 財産에서 享有하고 있는 持分으로 抵當을 設定하였을 경우 당해 抵當은 有效이다. 共同所有者가 그 共同所有 財産에 대한 抵當을 設定할 때 기타 共同所有者의 同意를 얻지 아니하였다면 당해 抵當은 無效이다. 그러나 共同所有者가 이 사실을 알았거나 알 수 있었는데도 異議를 提起하지 아니한

---

190) 都市不動産抵當管理辨法 第3條 2項 "이 法에서 不動産 抵當設定者라 함은 法에 의해 取得한 不動産을 抵當權者에게 提供, 本人 또는 第3者의 債務履行의 擔保로 하는 公民, 法人, 其他 組織이라 한다."

경우에는 同意한 것으로 看做하며 당해 抵當은 有效이다"(擔保法
司法解釋 第54條).

物上保證人은 他人을 위해 자신이 所有하고 있는 不動産에 抵當
權을 設定하는 것만으로서 자신이 債務를 負擔하는 것은 아니고,
一種의 物的 有限責任을 지는 것에 불과하므로 保證契約의 保證
人[191]과는 다르다.

그러나 物上保證人이 債務者를 위해 그 債務를 辨濟하는 경우와
債權者의 抵當權 實行으로 그 不動産의 所有權을 喪失했을 경우에
物上保證人은 債務者에게 求償權[192]을 請求할 수 있는 점에서 保
證契約의 保證人과 類似하다.[193]

2) 用益物權의 設定

"抵當權設定者가 이미 賃貸한 財産에 대하여 抵當權을 設定할
경우에는 반드시 賃借人에게 書面으로 通知해야 하며, 原賃貸契約
은 계속 效力이 있다"(擔保法 第48條). 따라서 賃借人은 抵當物이
競賣나 換金될 경우 同一한 條件에서 優先辨濟權을 갖는다.

(2) 抵當權者의 權利

1) 抵當權의 處分

抵當權은 從屬性, 不可分性이 있기 때문에 原則的으로 擔保하는
債權과 分離하여 讓渡하는 것은 不可能하므로 "抵當權은 債權과

---

191) 擔保法 第6條~第32條.
192) 擔保法 第57條.
193) 擔保法 第31條~第32條.

分離하여 單獨으로 讓渡하거나 다른 債權의 擔保로 提供할 수 없
다"(擔保法 第50條). 그러나 抵當權은 財産權으로 債權과 함께 讓
渡될 경우 債權讓渡는 讓渡契約으로 效力이 發生하여 抵當權을 處
分할 수 있다.194)

2) 抵當權의 保護

"抵當權設定者의 行爲가 抵當物의 價値를 減少시킬 경우 抵當權
者는 抵當權設定者에게 그 行爲를 中止하도록 要求할 수 있다. 또한
抵當物의 價値가 減少되었을 경우 抵當權者는 抵當權設定者에게 抵
當物의 價値를 回復하도록 하거나, 減少된 價値와 상당한 擔保를 提
供하도록 要求할 權利가 있다. 만일 抵當權設定者가 抵當財産의 價
値를 回復하지 않고 擔保提供도 하지 않을 경우 抵當權者는 債務者
에게 債務의 滿期 전 辨濟를 請求할 權利가 있다"(物權法 第193條).

抵當物의 價値減少가 抵當權設定者의 過失이 아닐 경우에는 抵
當權者는 抵當權設定者가 입은 損失의 範圍 내에서 擔保提供을 要
求할 수 있다. 價値가 減少되지 아니한 抵當物 부분은 계속 債權의
擔保로 한다.

7. 抵當權 實行의 效果

(1) 意　義

抵當權은 現代社會에서 債權의 實現을 保證하는 가장 代表的인

---

194) 柳經緯, 앞의 책, 221쪽.

形式이다. 法律의 規定에 의하면 債務履行期間이 滿了되었으나 被擔保債權의 不履行時 債權者는 우선 擔保提供者와 擔保物權 實現에 대해 合意해야 하며, 合意가 이루어지지 않으면 法院에 提訴하여 判決을 받아야 强制執行이 가능하다(擔保法 第53條).

物權法에서도 債權者와 擔保提供者間 合意를 要求하고 있지만(物權法 第195條 第1項), 合意가 안 될 경우 곧바로 法院에 競賣 또는 換價處分 要請이 可能하므로(同法 第2項), 擔保實現의 費用과 時間이 대폭 節約되어 擔保物權의 이용이 한층 便利해졌다. 이 중 어느 방법에 의하든지 간에 "抵當權을 實行한 후 代金이 被擔保債權額을 超過할 경우 그 超過部分은 抵當權設定者에게 歸屬되며, 被擔保債權額에 不足할 경우에는 不足額에 대하여 債務者가 이를 完濟할 義務를 負擔한다"(物權法 第191條 第2項).

評價買受는 抵當物件의 價格을 정하여 抵當權者가 이를 買受하는 것이다. 抵當權設定契約의 締結 段階에서는 流抵當特約이 禁止되어 있음에도 불구하고 債務不履行 後에는 債務者의 資金難을 抵當權者가 이용할 危險이 없으므로, 擔保法 第53條 第2項에서는 評價額이 被擔保債權額을 超過할 경우에는 抵當權者에게 淸算義務를 附與하고 있다.

換價賣却은 競賣 이외의 보통의 賣買方法으로 換價하는 것이다. 競賣에 비하여 抵當物件의 價値를 완전히 實現할 수는 없지만 많은 곳에서 競賣節次가 整備되어 있지 않은 狀況에서는 불가피하다. 評價買受, 換價賣却에 있어서 價格의 公正性을 維持하기 위하여 "市場價格을 參照"(物權法 第195條 第3項)하도록 하고 있다.

競賣[195]는 公開競爭 賣買의 方式으로 最高의 價格을 부른 사람에

---

195) 中國에서는 拍賣라고 부른다.

게 賣却하는 것이다. 抵當物件의 價値를 實現할 수 있는 아주 우수한 制度이다. 競賣의 方法과 節次에 관하여는 1991年 4月에 公布된 中華人民共和國民事訴訟法이 적용되며, 人民法院의 관여 없이 옥션會社를 이용하는 경우에는 1997年 1月부터 施行된 競賣法에 의하게 된다.

하나의 물건에 둘 이상의 抵當權이 設定되어 있는 경우 擔保法이 施行되기 전에는 抵當權 設定契約의 先後에 따라 優劣을 가렸는데 종종 다툼이 벌어지는 原因이 되었다. 그러나 현행 物權法과 擔保法上으로 優先辨濟의 順位를 정하는 原則은, 첫째, 登記가 되어 있는 抵當權은 未登記抵當權에 優先하고, 둘째, 登記된 抵當權 사이에서는 登記의 先後에 의하여 決定되며, 셋째, 未登記 抵當權 사이에는 契約締結의 先後에 의하여 決定되고, 넷째, 登記時期 내지 契約締結時期가 같은 경우에는 債權額에 按分하여 정한다(物權法 第199條). 다만, 土地使用權, 建物 등 주요 物件에 대하여는 登記가 抵當權의 效力要件이므로 未登記抵當權은 先後를 論할 것도 없이 優先辨濟權이 認定되지 않는 경우가 많다. 擔保法에서는 上位 抵當權이 消滅한 경우 順位가 上昇한다고 하는 順位上昇의 原則을 明文으로 認定하지 않고 있지만, 消滅에 있어서 擔保法 第52條 附從性의 結果 이를 肯定할 수 있다.

債務者 이외의 物上保證人인 第3者의 財産 위에 設定된 抵當權을 實行한 경우 당해 第3者는 당해 財産으로써 被擔保債權을 辨濟한 範圍에서 債務者에게 求償權을 行使할 수 있으며(擔保法 第57條), 第3者는 그 範圍에서 債權者를 代位하게 된다.

(2) 代金分配

債務者 財産으로 競賣를 實行한 後 代金을 分配할 경우 "不渡財産 중 不渡費用을 먼저 分割 支拂한 후, 다음과 같은 順序에 따라 淸算한다. 첫째, 不渡企業에 있는 職員 月給과 勞動保險 費用 둘째, 不渡企業이 내야 할 稅金 셋째, 不渡債券 不渡財産이 同一順序의 淸算要求에 부족한 경우 比例에 따라 分配한다"(中華人民共和國民事訴訟法 第204條).

(3) 抵當權의 消滅

擔保法에는 消滅原因에 대한 明文規定이 없으며, 民事訴訟法에도 競賣物에 대한 責任處理에 관하여 어떠한 規定도 없다. 단 物權法草案建議稿 第333條 規定에 의하여 抵當權을 競賣해야 하고 競賣로 인해 抵當權이 消滅된다고 간략하게 規定해 놓았으나, 物權法 第177條에서는 다음 중 하나에 해당하는 경우 擔保物權은 消滅한다고 明確히 規定하였다. 첫째, 主債權이 消滅된 경우. 둘째, 擔保物權이 實行된 경우. 셋째, 債權者가 擔保物權을 抛棄한 경우. 넷째, 法律規定上 擔保物權이 消滅되는 기타의 情形 등이다.

8. 特別抵當

一般的인 抵當權과는 달리 相對的으로 法律上 特殊性을 지닌 抵

當權으로서 하나의 不動産을 設定할 때 特定된 債務를 履行하기로 하는 것이다. 따라서 動産抵當權·權權抵當權 등 主體·客體·內容이 다른 抵當權은 모두 特別抵當權이다.[196)

(1) 共同抵當

被擔保債權을 共同으로 하는 最高額 抵當權을 수개의 不動産 위에 設定하는 경우 擔保法 第34條 第2項의 規定에 의하여 여러 개의 財産을 客體로 하여 함께 抵當權을 設定할 수 있다."[197)

共同抵當은 債權者와 債務者 모두에게 편리한 制度이다. 즉 債權者는 共同抵當의 客體인 여러 개의 財産 중의 一部를 자유로이 선택하여 債權의 一部나 全部를 優先辨濟받을 수 있다. 또한 債務者는 低價의 작은 財産들을 共同抵當의 客體로 提供하여 많은 金額을 融資받을 수 있다. 특히 共同抵當은 立法意志는 企業의 資金融通 能力을 促進하는 데 있으며[198) 우리 立法과 日本의 立法 예에서도 볼 수 있다.[199)

獨逸도 最高額抵當의 경우에 共同抵當이 許容된다. 同一한 債權의 範圍를 擔保하기 위하여 여러 土地에 最高額抵當을 共同抵當으로 設定할 수 있다.[200)

---

196) 彭万林, 『民法學』(北京: 中國法政人學出版社, 2002), 328쪽.
197) 趙許明, 杜文聰 主編, 앞의 책, 128쪽, 謝在全, 『民法物權論下冊』(三民書局, 1992), 176쪽.
198) 孔祥俊 主編, 앞의 책, 256쪽
199) 우리民法 第368條에서 規定하고 있으며, 日本民法 第392條 第1項도 "債權者가 同一債權을 擔保하는 수개의 不動産上에 抵當權이 있고 동시에 그 대가를 分配받아야 할 경우 각 不動産은 그 價格에 따라 각각 그 債權을 負擔한다"고 規定하고 있다.

그러나 하나의 土地에는 同一한 債權을 擔保하기 위하여 하나의 最高額抵當만이 設定될 수 있다. 다만 각각의 最高額抵當의 被擔保債務를 債權範圍의 一部로 限定한다면, 同一한 土地에 대하여 複數의 最高額抵當을 登記하는 것도 許容된다.[201]

共同抵當의 目的物은 반드시 登記를 해야 하는 財産과 登記를 필요로 하지 않는 財産을 동시에 포함할 可能性이 있지만 擔保法에서는 共同抵當權의 登記에 대해서는 特別한 規定을 하지 않았다. 그러므로 共同抵當權의 登記는 擔保法 第41條 내지 第43條의 規定에 의하여 登記 與否를 決定해야 할 것이다.

(2) 企業抵當

企業抵當은 企業이 所有한 動産과 不動産 등 權利 一體를 綜合하여 하나의 獨立된 財産으로서 抵當權의 目的物이 되나, 이는 一物一權主義의 例外로 보고 있다.[202] 企業抵當의 경우 財團抵當과 浮動抵當[203] 두 種類로 나누어 볼 수 있다. 먼저 目的物에 대하여 財團抵當은 抵當權設定 당시 特定된 財産에 限定되며 抵當權設定

---

200) 帝國法院은 同一한 債權範圍를 위하여 複數의 土地 위에 共同抵當의 成立없이 獨立的인 最高額抵當을 設定하고, 債權者에게 그의 裁量에 따라 債權을 複數의 抵當權으로 나누고, 어떤 부분에 대해서는 이 抵當權, 어떤 부분에 대하여는 다른 抵當權이 責任지도록 決定하는 權限을 주는 것을 適法하다고 보았다고 한다. 金載亨, 『根抵當權 研究』(博英社, 2000), 32쪽.

201) 위의 論文, 32쪽.

202) 鄭玉波, 『民法債編總論』, (三民書局, 1980), 275쪽.

203) 浮動擔保(floatingcharge)制度는 英國의 衡平法에서 시작되었으며 이후 英美法(Anglo-American Law Family) 國家에서 이 制度를 導入하였다.

후 새로 增加된 財産은 포함하지 않는다. 또한 抵當權設定者는 抵
當期間에 任意로 目的物의 權利를 財團과 分離할 수 없기 때문에
處分權에 制限을 받는다.

그러나 浮動抵當의 目的物은 抵當權設定 당시 企業의 財産을 비
롯하여 抵當權設定 후 새로 增加된 경우 그 財産까지 포함하며, 抵
當權設定者는 設定된 財産에 대한 使用, 收益, 處分할 수 있다.[204]
따라서 財團抵當은 抵當權設定者가 抵當物을 任意로 處分할 수 없
어 抵當權者의 利益을 保障하지만 企業은 生産經營活動에 影響을
받게 된다.[205] 또한 浮動抵當은 抵當權設定者가 抵當物을 자유롭게
處分할 수 있어서 生産經營活動에 影響을 받지 않으나 抵當物을
자유롭게 處分할 수 있음으로 해서 抵當權을 實行할 경우, 企業의
財産價値가 抵當權設定 당시의 價値보다 낮아지는 狀況을 招來할
수 있어 抵當權者의 利益에 損害를 끼칠 可能性이 있다.[206]

擔保法의 경우는 明文으로 企業抵當을 認定했다고 볼 수 없고,
企業抵當을 禁止하지는 않는다고 推定만 할 뿐이다.[207] 그러나 物
權法은 "當事者가 書面合意를 締結하면 企業, 個人工商業者, 農業
生産經營者는 이미 保有하고 있거나 장차 保有하게 될 生産設備,
原資材, 半製品, 商品을 抵當할 수 있으며, 債務者가 滿期 到來한
債務를 履行하지 않거나 當事者가 抵當權을 實行하기로 約定한 事
由가 發生한 경우 債權者는 抵當權實行을 約定한 때의 動産에 대

204) 企業資産 全部를 抵當하는 것을 財團抵當이라고 부르기도 한다. 趙
　　許明, 杜文聰 主編, 앞의 책, 130쪽.
205) 柳經緯, 앞의 책, 227~228쪽.
206) 앞의 책, 228쪽.
207) 趙許明, 朴文聰 主編, 앞의 책, 135쪽; 張仁啓, 雷湧泉, 『論我國擔保
　　制度的立法完善』(北京: 法學, 1997) 第3號, 36쪽.

하여 優先辨濟를 받을 權利가 있다"(物權法 第181條). 또한 "鄕(鎭)·村企業의 建設用地使用權은 單獨으로 抵當權을 設定할 수 없으나, 工場建物 등 建築物에 抵當權을 設定하였을 경우 그 建物이 占用하고 있는 범위 내의 建設用地使用權도 동시에 抵當權이 設定된다" (物權法 第183條). 企業, 個人工商業者, 農業生産經營者가 生産設備, 原資材, 半製品 등 動産을 抵當할 경우에는 動産所在地의 工商行政管理機關에 登記하여야 하며, 抵當權은 抵當契約이 效力을 發生하는 때로부터 效力을 發生하며 登記하지 않은 경우 善意의 第3者에게 對抗하지 못한다. 그리고 同法 第181條 規定에 따라 "抵當한 경우 정상적인 經營活動 중에 合理的인 代金을 支拂하고 抵當財産을 取得한 買受人에게 對抗하지 못한다"(物權法 第189條). 따라서 企業抵當은 企業의 資金融通에 도움이 되어 企業의 資金에 대한 需要에 附合할 것이며 現實生活에서 일어날 수 있는 紛糾를 防止할 수 있을 것이다.

(3) 最高額抵當

1) 最高額抵當의 確定事由

最高額抵當은 예정한 最高額 내에서 當事者間에 連續으로 去來하여 이루어진 債權을 補償하기 위하여 設定된 抵當을 말한다.[208] 즉 抵當權設定者와 抵當權者가 協議하여 最高債權額 限度內에서 一定期間 連續的으로 發生하는 債權에 대해 擔保하는 것을 말한다 (物權法 第203條, 擔保法 第59條). 最高額抵當의 特色을 살펴보면 다음과 같다. 첫째, 擔保債權은 最高債權額 한도 내에서 發生한 것

---

208) 王利明, 『物權法論』앞의 책, 259쪽.

외에 將來에 發生할 債權도 포함하나 附從性을 갖지 않기 때문에 一般抵當權의 附從性과는 다르다.209) 둘째, 擔保하는 債權額은 擔保期間 내에 變動하기 때문에 決算期限이 되어야 確定된다.210)

　擔保法은 最高額抵當에 대하여 완전하게 規定하지 않았다. 예를 들어 "債權者와 債務者가 일정한 期間內에 連續으로 發生하는 일정한 商品의 去來를 위하여 締結한 契約에 最高額抵當 契約을 添附할 수 있다"(擔保法 第60條)는 規定 이외에 最高額抵當權의 債權을 어떻게 確定할 것인지를 規定이 없었다.211) 利子에 대하여 明確한 規定이 없어 補完이 필요하다.212)

---

209) 王利明, 『≪抵當權若干問題探討≫民商法研究第二輯』 (北京: 法律出版社, 1999), 370쪽, 郭明瑞, 앞의 책, 168쪽, 鄭海林, 常敏, 『債權擔保的方式與應用』 (北京: 法律出版社, 1998), 135쪽, 覃捷, 『最高額抵當附從性探析』 (北京: 法學雜誌, 1996), 第6號, 20쪽, 獨逸의 경우 抵當權은 一定한 債權을 擔保하기 위하여 設定되는 것으로, 抵當權의 種類에 따라 정도의 차이는 있지만 附從性이 있다고 한다. 附從性이 擔保權의 原則으로 된 것은 판덱텐 法學에 의한 것인데, 擔保를 普通 附從性 있는 擔保와 附從性이 없는 擔保로 區分할 수 있다. 兩者는 擔保權의 債務拘束性(Die Forderungagebundenheit der Sicherungsrechte)에서 차이가 있다. 附從性 있는 擔保는 擔保目的이 內在되어 있는 반면, 附從性 없는 擔保는 단지 債權的인 合意(擔保約定)에 의하여 債權에 拘束된다. Becker-Eberhard, Die Forderungagebundenheit der Sicherungsrechte, 1993, S. 48ff.

210) 決算期限의 約定은 最高額抵當權의 成立要件으로, 約定이 없다면 最高額抵當權은 成立될 수 없다. 그러나 債務履行 期限은 擔保法 第39條에 의하면 비록 抵當契約의 內容이지만 約定을 하지 않은 경우, 抵當契約의 效力에 影響을 미치지 않이 契約 內容을 補充하고 改定할 수 있어서 債務履行 期限을 確定해야 한다. 王利明, 앞의 글, 374쪽.

211) 物權法草案建議稿 第344條의 規定에는 債權의 確定事由에 대하여 다음과 같은 內容이 포함되어 있다. 첫째, 決算期限이 滿了, 둘째, 請求權 行使의 確定, 셋째, 被擔保債權이 發生할 可能性이 없을 때, 넷째, 抵當權者가 訴訟의 方式으로 抵當權을 行使하거나 抵當物이 押留되었을 때, 섯째, 債務者 또는 抵當者가 破産節次를 宣告 받았을 때.

그러나 物權法 第206條의 規定에서 다음에 해당하는 경우 抵當權者의 債權은 確定된다고 規定하였다. 첫째, 約定한 債權 確定期間이 滿了된 경우 둘째, 債權 確定期間을 約定하지 않았거나 約定이 不明確한 경우에 抵當權者 또는 抵當權設定者가 最高額 抵當權을 設定한 날로부터 만 2年이 경과한 후에 債權의 確定을 請求한 경우 셋째, 新規債權의 發生 可能性이 없는 경우 넷째, 抵當財産이 封印, 押留된 경우 다섯째, 債務者, 抵當權設定者가 破産을 宣告하였거나 取消된 경우 여섯째, 法律에 債權의 確定을 規定한 기타 狀況 등이다.

2) 最高額抵當權의 適用範圍

① 最高額抵當의 範圍

"抵當權의 範圍는 主債權 및 利子213) · 違約金 · 損害賠償金과 抵當權 實行費用214)을 포함한다. 抵當權契設定約에 별도로 約定한 경

---

212) 楊志雄, 『兩岸抵當權效力之比較研究』 (私立東吳大學法學院法律學系碩士論文班碩士論文, 2001), 115쪽.

213) 利子에 대하여 우리 民法 第357條 第2項은 "利子도 最高額에 算入된다"고 明文으로 規定하였다. 獨逸 民法 第1190條 第2項의 경우도 "債權이 利子附인 때에는 利子는 最高額에 算入된다"고 規定하고 있으나, 利子를 登記하는 것은 許容되지 않는다. Scholz, Hellmut / Lwowski, Das Recht der Kreditsicherung, 7. Aufl., Berlin, 1994, S.643; Westermann / Eickmann,Sachenrecht, Ein Lehrbuch, Band Ⅱ, Immobiliarsachenrecht, Heidelberg, 6. Aufl., 1988, S.312.

214) 擔保權實行에 필요한 費用 즉, 不動産 鑑定費用 등 競賣費用은 通常的으로 債務者가 負擔하여야 한다. 이 경우 費用이 最高額에 算入되는지 문제이다. 우리나라는 肯定說과 否定說이 對立하고 있다. 肯定說은 競賣 後 賣却代金에서 제일 먼저 競賣 등 抵當權 實行費用을 控除하고 나머지를 配當하게 되어 있다고 한다. 그러나 이 점은 肯定說을 따를지, 아니면 否定說을 따를지와는 상관없는 문제이다.

우에는 그 約定에 따른다(物權法 第173條, 擔保法 第46條). 그리고
"財産保全 또는 執行節次에 의하여 抵當物이 押留되었거나 債務者,
抵當者가 破産된 후에 發生한 債權은 포함하지 않는다"(擔保法 司
法解釋 第81條).

② 最高額抵當의 設定

抵當權의 最高額抵當의 設定은 當事者와 合意하여 契約하고 法
에 의해 抵當權을 登記하여야 效力을 發生한다. 특히 普通抵當權과
다른 점은 다음과 같다.

첫째, 抵當權者와 抵當權設定者는 債權擔保의 範圍와 最高額을
明示하여 契約하고 抵當權登記에 表記하여야 한다. 둘째, 擔保額은
確定한 날부터 計算한다. 이는 主債權의 變動이 될 수 있어 抵當權
成立 날짜와 너무 차이가 나면 當事者에게 불리하므로 制限을 두어
야 한다.[215]

③ 最高額抵當의 內容變更

擔保한 債權額數를 決定하기 전에 抵當權者와 抵當權設定者는
協議를 통해 債務者와 最高額債權의 失效 날짜를 變更할 수 있다.
이 경우 抵當權者와 抵當權設定者가 合意하여 變更한 額數와 날짜
는 抵當權者 또는 기타 擔保權者의 同意를 받아야 한다. 특히 "最

否定說은 最高額이 當事者 사이의 繼續的 去來關係에서 생긴 債權
중에서 擔保할 限度額을 말한다는 점을 들고 있다. 金相容, 앞의 책,
700쪽, 郭潤直, 『物權法, 新訂修正版』(朴英社, 1999), 492쪽, 그러나
獨逸의 경우 費用은 利子와 달리 最高額에 算入하지 않는다 Scholz,
Hellmut / Lwowski, S. 318.

215) 梁慧星, 陣樺彬, 앞의 책, 339~340쪽.

172

高額抵當 擔保債權을 確定하기 전에 抵當權者와 抵當權設定者는 債權의 確定期間, 債權의 範圍 및 最高債權額을 變更할 수 있으나, 變更한 內容이 다른 抵當權者에게 불리한 影響을 미쳐서는 안 된다"(物權法 第205條).

④ 最高額抵當의 讓渡

"最高額抵當 擔保債權을 確定하기 전에 部分的 債權을 讓渡하는 경우 最高額抵當權은 讓渡하지 못하나, 當事者가 別途의 約定을 한 경우는 例外로 한다"(物權法 第204條).

그러나 擔保法 第61條에서 "被擔保債權은 讓渡하지 못한다"고 斷定하여 規定하고 있다. 따라서 最高額抵當權의 被擔保債權을 讓渡하면 最高額抵當權도 讓渡할 수 있는지 疑問이다. 最高額抵當權이 擔保하는 債權은 通常 다수여서 서로 다른 主體에게 讓渡될 경우, 抵當權의 效力은 讓渡된 債權에 影響이 미치므로 法律關係가 복잡하여 經濟活動에서 混亂한 局面이 導出하는 것을 防止하기 위해 이 規定을 두었다.216)

216) 王利明, 앞의 책, 373쪽; 覃捷, 앞의 책, 20쪽.

第2節 質權制度

質權은 債務者 또는 第3者가 債權의 擔保로서 物件의 占有를 移轉하고 債務者가 債務를 履行하지 않을 때에는 債權者는 이를 評價買受, 換價賣却, 競賣하여 그 代金으로부터 優先辨濟를 받을 수 있는 擔保權을 말한다(擔保法 第63條). 抵當權과 質權의 주된 차이점은 占有移轉의 有無이며, 擔保法 施行前의 中國 民法通則 第89條 第2項에서 抵當은 실질적으로 質權을 內包한다고 하였다. 그러나 物權法과 擔保法에서는 質權을 抵當權으로부터 分離하여 規定하고 있다.

1. 質權制度의 特色

(1) 質權契約의 要式性과 要物性

1) 質權契約의 要式性
質權者와 質權設定者는 書面에 의하여 質權設定契約을 締結하여

174

야 한다(物權法 第210條). 그러나 書面으로 하는 이상 그 方式에는
자유롭게 할 수 있다(擔保法 第93條). 質權契約은 質物의 占有를
質權者에게 移轉한 때에 效力이 發生한다(擔保法 第64條). 그러나
質權은 抵當權의 경우와 마찬가지로 債權契約으로서는 契約締結時
有效하게 成立하며, 契約締結後에는 質權設定者는 質權者에 대하
여 質物의 交付義務를 負擔한다. 만일 書面으로 契約을 締結하지
않고 質物의 占有를 移轉하였을 경우, 書面의 效力에 대하여 質權
契約이 成立要件이므로 要式性이 缺如되어 成立될 수 없다.217)

最高人民法院의 民法通則貫徹執行若干問題關與意見 第112條의
規定에 의하면 "債務者 또는 第3者가 債權者에게 擔保物을 提供할
경우, 書面契約을 締結하거나 또는 債權의 내용을 文書 등에 明記
하여야 한다. 만일 書面契約이 없으면 抵當物이나 權利證書를 抵當
權者에게 交付하였음을 證明하는 기타 證據가 있는 경우 抵當關係
가 存在하는 것으로 認定할 수 있다."라고 規定하여, 비록 書面으로
質權契約을 締結하지 않았더라도 債權關係가 存在함을 證明할 수
있다면 質權契約은 이미 成立한 것으로 推定할 수 있다.218)

2) 質權契約의 要物性

質權의 設定은 質權者에게 目的物을 引渡함으로써 그 效力이 發
生한다. 따라서 質權契約은 要物契約으로 質物의 引渡는 質權의
效力發生要件으로 當事者가 合意한 때에 바로 成立된다.219)

---

217) 鄒海林, 常敏, 앞의 책, 247쪽.
218) 唐德華 等編, 『中華人民共和國擔保法理論與實務叢書』(北京: 人民法
院出版社, 1995), 141쪽.
219) 道垣內弘人, 『擔保物權法』, (三省堂, 1997), 67쪽; 劉保玉, 『論我國物的
擔保制度的完善』(北京: 法學評論 第6號, 1995), 57쪽.

物權法과 擔保法에서 質權契約은 반드시 質物의 占有를 質權者에게 引渡하는 것으로 效力發生要件을 취하였으나, 質權者가 質物을 계속 占有하지 않을 경우, 質權의 效力發生에 어떠한 影響을 미치는지에 대한 規定은 없어 이에 대한 內容을 補充해야 할 것이다.

(2) 質權擔保의 範圍

質權의 被擔保債權의 範圍는 主債權 및 그 利子, 違約金, 損害賠償金, 質物保管費用 및 質權實現의 費用에 미친다. 質權設定契約에서 이와 달리 約定한 경우에는 그 約定에 따른다(擔保法 第67條).

그리고 "質權者는 質物을 占有하고 있는 동안 이를 적절하게 保管할 義務가 있다"(物權法 第215條 第1項). 이는 善良한 管理者의 注意義務이며, 상당한 知識·經驗을 가진 자가 기울여야 할 주의의 정도라고 할 수 있다. 一般的으로는 자기의 財産에 대한 것과 같은 注意義務보다 더 高度의 義務이다. 이러한 "義務를 違反하여 發生한 損害에 대하여는 質權者는 質權設定者에 대하여 賠償할 責任을 진다"(物權法 第215條 第2項). "質權者가 적절하게 質物을 保管할 수 없어서 그의 滅失·毁損을 가져올 憂慮가 있는 때에는 質權設定者는 質權者에 대하여 質物의 供託, 또는 被擔保債務의 期限前 辨濟를 條件으로 質物의 返還을 請求할 수 있다"(物權法 第215條 第3項). 만일 "質權者의 責任아닌 事由로 質物이 毁損되거나 그 價値가 減少되어 質權者의 權利를 해할 憂慮가 있는 때에는 質權者는 質權設定者에 대하여 상당한 擔保의 提供을 請求할 수 있다"(物權法 第216條 第1項). "質權設定者가 擔保를 提供하지 않을 경우

176

質權者는 質物을 競賣, 賣却한 후 質權設定者와 協議하여 競賣, 賣却한 代金으로 債權을 滿期 전 辨濟하거나 供託할 수 있다"(物權法 第216條 第2項). 그리고 賣却代金이 被擔保債權額을 상회하는 경우에 供託을 選擇한다면 그 超過部分에 대하여는 직접 質權設定者에게 返還하여야 할 것이다. 그러나 被擔保債權額이 增加할 可能性이 있다고 본다면 약간 疑問이 남는다.[220]

특히 價値減少의 危險이 있는 경우에는 公平의 관점에서 質權設定者에게도 대담보를 提供하여 質物의 返還을 請求하는 權利를 認定하여야 할 것이다.[221] 質物이 滅失되어 質權設定者가 어떠한 賠償金·補償金도 取得하지 않은 경우 "質權은 消滅하고 만일 質物의 滅失로 인하여 質權設定者가 賠償金·補償金을 받는 경우에는 그 위에 質權이 存續하게 된다"(擔保法 第73條).

(3) 質權의 收益收取權

質物收益의 收取에 관하여 "質權者는 質物의 收益을 取得할 權限이 있으며, 質權 契約에 별도로 約定이 있는 경우에는 그 約定에 따른다"(擔保法 第68條 第1項). 따라서 當事者가 約定에 의하여 質權者는 收益을 收取하지 못할 경우를 除外하고는 質權者는 원칙상 質物의 收益을 收取할 수 있음을 알 수 있다.

日本民法 第350條에서도 質權者는 "質物에서 發生하는 收益을 取得할 수 있으며, 이 경우 自然收益과 法定收益을 포함한다."[222]

---

220) 朴煊日, 『南北經協 擴大에 對備한 北韓 擔保制度의 整備方案』, 앞의 책, 97쪽.
221) 앞의 책, 97쪽
222) 我妻榮, 有泉亨 著, 清水誠 補訂, 『擔保物權法』 (東京: 日本評論社,

그러나 擔保法은 質權者가 收取할 수 있는 收益의 種類에 대하여 明確히 規定하지 않아 質權者는 自然收益과 法定收益 兩者 모두를 收取할 수 있는 것으로 보아야 할 것이다.[223] 그리고 "質權者가 收益을 收取할 權限이 있는 경우, 收取한 收益은 收益取得의 費用에 優先的으로 充當해야 한다"(物權法 第213條, 擔保法 第68條 第2項).

2. 質權의 種類

(1) 動産質權

1) 動産質權의 成立

動産質權은 債務者 또는 第3者가 動産을 債權者에게 引渡하므로서 債權을 擔保하는 것으로, "債務者가 債務를 履行하지 않을 경우 債權者는 法에 의하여 動産을 換價 또는 競賣하여 取得한 金額으로부터 優先辨濟를 받을 수 있다"(物權法 第208條). 그리고 質權設定時에 物權法 第210條 및 擔保法 第65條 第1項의 規定에 의하여 "當事者는 書面形式으로 質權契約設定을 締結"하여야 하는데 一般的으로 다음의 條項들을 포함한다. 첫째, 被擔保債權의 種類와 金額. 둘째, 被擔保債務의 履行期間. 셋째, 質物의 名稱, 受領, 品質, 狀態. 넷째, 擔保範圍 다섯째, 質物 引渡의 日時 등이다.

被擔保債務는 경우 金錢債權에 한하지 않으며 상기 記載事項을 빠뜨린 경우에도 質權設定契約 자체는 有效하게 成立한다. 또한 "質

1997), 27쪽.
223) 毛亞敏, 앞의 책, 195쪽.

權設定契約이 상기 事項을 완전히 具備하지 못한 경우에는 事後的으로 이를 補完할 수 있다(擔保法 第65條 第2項). 특히 債務者의 資金難을 惡用할 수 있는 流質契約은 엄격히 禁止(擔保法 第66條)되므로 質權者에게 淸算義務가 있다 하여도 流質契約은 無效가 된다.

2) 動産質權의 效力

質權者는 별도로 約定하지 않는 한 質物로부터 果實을 收取할 權利가 있는데 "質權設定契約에 다른 約定이 있는 경우를 제외하고는 質物의 果實은 天然果實과 法定果實이 포함된다"(擔保法 第68條 1項). 그리고 "質權은 質物이 消滅되면 따라서 消滅하므로 이로 인하여 取得하는 賠償金・補償金은 그대로 賠償金・補償金 위에 存續한다"(擔保法 第73條). 여기에서 果實를 天然果實과 法定果實로 區分한 것은 法條文上으로 반드시 명백한 것은 아니지만 質權者는 果實의 所有權을 取得할 수 있는 것은 아니고, 質權이 미치는 效力이 果實 위에 擴張된다고 보는 것이다.

3) 動産質權 設定者의 權利

動産質權의 質權設定者는 다음과 같은 權利를 가진다.

첫째, 質權設定者는 質權이 成立한 후 質物에 대한 所有權을 喪失하지 않기 때문에 質物에 대하여 法律上의 處分할 수 있으나, 質權設定者의 處分行爲는 質權者의 質權에 影響을 미치지 않도록 하여야 한다.

둘째, 質權設定者는 主債務上의 抗辯權과 質權設定契約에 대하여 抗辯權을 가진다.

셋째, 質權者가 質物을 타당하게 保管하지 못하여 "滅失이나 毁損의 憂慮가 있을 경우, 質權設定者는 質權者에게 質物의 侵害除

去를 請求할 수 있을 뿐만 아니라 債權을 미리 辨濟하고 質物의 返還을 請求할 權利가 있다"(物權法 第215條 第2項).

끝으로, 質權設定者가 債務者 이외의 第3者일 경우 質權設定者는 物上保證人으로써 債務者를 대신하여 債務辨濟 또는 質權의 實行으로 質物의 所有權을 喪失한 경우에는 債務者에 대하여 代位求償權을 가진다.[224]

4) 動産質權者의 權利

質權設定者는 다음과 같은 權利를 가진다.

첫째, 質權者는 質物에 내하여 占有의 權利를 가진다. 그러나 "當事者가 特別한 規定이 없는 경우 質物을 사용할 수 없다"(物權法 第214條).

둘째, 質權者는 債權이 辨濟받기 전까지 質物을 留置할 수 있으며, "當事者間에 特別한 約定 외에 質物에서 生産되는 果實을 收取할 수 있는 權利를 가진다. 果實은 果實收取費用에 우선 充當하여야 한다"(物權法 第213條).

셋째, 質權者는 質物의 保管으로 支出되는 필요한 費用을 返還請求할 수 있다. 必要費用이란 保存과 管理에 필요한 最小限度의 費用을 말한다.

넷째, 轉質은 質權設定者의 同意를 거져야 하며, 同意를 거치지 않은 경우 轉質에서 생기는 모든 損害에 賠償을 하여야 한다.

다섯째, 質物이 腐敗될 염려가 있을 경우, 또는 "價值가 현저히

---

224) 이에 대하여 擔保法 第72條에서는 "債務者에게 擔保를 提供한 第3者는 質權이 質權을 實行한 후 債務者에 대하여 求償할 수 있나."고 規定하고 있다.

180

減少하여 質權者의 權利에 損害를 줄 염려가 있을 경우 質權者는
質權設定者에게 대하여 상당한 擔保의 提供을 請求할 수 있다"(擔
保法 第70條 第1項).

여섯째, 質權者는 質物을 處分할 수도 있고(物權法 第214條), 抛
棄할 수도 있으며(物權法 第218條 第1項), 債權이 讓渡될 경우 債
權과 함께 讓渡할 수 있다.

일곱째, 質權者는 質物을 善意로 保管할 注意義務가 있으며 不
注意로 滅失 또는 毁損되었을 경우 民事責任을 지어야 한다.

끝으로, "債務者가 債務를 履行하였거나 質權設定者가 擔保債權
을 만기 전에 辨濟한 경우 質權者는 質物을 返還하여야 한다"(物權
法 第218條 第1項).

5) 動産質權의 競賣實行과 消滅

債務履行 期間이 滿了되었는데도 質權者가 辨濟를 받지 못하였
을 때는 法에 따라 競賣 또는 賣却할 수 있는 條件과 消滅에 대하
여 살펴보고자 한다.

첫째, "動産質權의 實行은 質權設定者가 債權의 期間이 滿了되
었음에도 辨濟를 하지 않을 경우 質物을 處分하여 優先辨濟를 받
는 擔保的 債權이다"(物權法 第219條 第2項). 그러나 中國은 質權
의 競賣 등 實行條件에 대하여 整理해 보면 다음과 같다. ① 債務
履行期가 滿了되고 債務者가 債務를 履行하지 않았어야 한다. ②
債權者가 자신의 原因으로 辨濟받지 않았어야 한다. ③ 質權者가
質權을 占有하여야 한다.

둘째, 動産質權의 消滅原因에는 주로 ① 存續期間이 滿了되거나,
質權이 法에 의하여 實行되면 質權은 消滅한다. ② 被擔保債權이

消滅되거나 被擔保債權이 辨濟, 混同, 相互計算 등 原因으로 消滅
될 경우 動産質權도 따라서 消滅한다. ③ 質權의 抛棄 또는 質權者
가 任意로 質物을 質權設定者에게 返還한 경우와 質權者가 質物에
대한 占有를 喪失한 경우 質物이 消滅되면 質權도 消滅한다.225)

(2) 權利質權

1) 權利質權의 特徵

權利質權은 動産質權과는 달리 다음과 같은 特徵이 있다.

첫째, 權利質權 目的物은 일정한 讓渡性이 있는 權利226)를 質物
로 債權을 擔保한다.

둘째, 權利質權의 設定方式은 質物의 占有하여 權利를 支配로
하고 있다.

셋째, 權利質權의 實行方法은 換價나 競賣方式 외에도 質權設定
者의 地位를 代位하는 方式으로 義務主體에 直接的으로 權利를 行
使하여 被擔保債權을 優先辨濟를 받을 수 있다.

2) 權利質權 目的物의 列擧方式

權利質權의 目的物은 다음과 같은 條件에 附合해야 한다. 첫째,
所有權 이외의 財産權利이어야 하며 둘째, 讓與 可能性을 가져야 하
고 셋째, 法律規定에 附合해야 한다.227)

---

225) 張婷, 『兩岸動産擔保物權比較硏究』(中國文化大學法律學硏究所 碩士
論文, 2004) 33쪽, 擔保法第73條 質權은 質物이 消滅됨에 따라서 消
滅된다. 質物의 消滅로 인히여 얻은 賠償金은 質權 財産으로 해야 한다
226) 無形의 權利 예컨대 債券, 株主權, 知的財産權 등.
227) 郭明瑞, 앞의 책, 213쪽, 黃赤東, 梁書文 主編, 앞의 책, 749쪽, 毛亞

그리고 "權利質權의 目的物은 肯定的인 列擧方式[228]을 採擇하여 質權을 設定할 수 있다"(擔保法 第75條). "환어음, 수표, 은행어음, 債券, 預金證書, 倉庫證券, 船荷證券 등으로 質權을 設定하였을 때 는 반드시 契約에서 約定한 期限 내에 權利證明書를 質權者에게 引渡해야 하며, 質權契約은 權利證明書를 引渡한 날로부터 效力을 發生한다"(物權法 第224條, 擔保法 第76條). "法的으로 讓渡할 수 있는 證券에 質權을 設定하는 경우[229] 被質權者와 質權者는 書面 契約으로 締結함과 동시에 證券登記機構에 質權을 登錄하여야 한 다. 이 경우 質權設定契約은 登記日로부터 效力을 發生한다"(擔保 法 第78條 第1項). "有限責任會社의 株式으로 質權을 設定하는 경 우는 會社法의 株式讓渡 관련 規定을 適用하는 외에[230] 株式에 대

敏, 앞의 책, 207쪽, 趙許明, 杜文聰 主編, 앞의 책, 178쪽.

228) 物權法 第224條과 擔保法 第75條에서는 다음과 같은 權利에 質權을 設定할 수 있다. 1. 환어음, 수표, 은행 어음, 債權, 預金證書, 倉庫證券, 船荷證券 2. 法的으로 讓渡할 수 있는 株式과 證券 3. 法的으로 讓渡할 수 있는 商標權, 特許權, 著作權 중의 財産權. 4. 기타 法的 으로 質權을 設定할 수 있는 權利.

229) 會社法에 의하면 株式을 讓渡할 수 없는 狀況에는 다음의 경우가 포 함된다. 첫째, 株主總會 개최 30日 以前에 또는 會社가 配當金을 分 配키로 決定한 基準日 5日 以前에는 前項에 規定한 株主名簿의 登 記를 變更해서는 안 된다(第145條 第2項, 第3項). 둘째, 發起人이 소 지한 會社 株式은 會社 設立日로부터 3年 以內에는 讓渡할 수 없다 (第147條 第1項). 셋째, 會社의 理事·監事·社長은 소지하고 있는 會社의 株式을 申告해야 하며, 在職 期間內에는 讓渡할 수 없다(第 147條 第2項). 그 외에 會社는 會社의 株式證書를 抵當權의 對象으 로 하여 接受할 수 없다(第149條 第3項). 한편 深川 經濟特區株式會 社 條例 第52條는 "株主의 株式은 會社가 淸算을 시작한 날로부터 讓渡할 수 없다"고 規定하고 있다.

230) 會社法 第72條 "株主間에는 그 出資分의 全部 또는 一部를 相互 讓 渡할 수 있다. 株主가 株主 이외의 사람에게 그 出資分을 讓渡할 경 우에는 全體 株主 過半數의 同意를 거쳐야 한다. 讓渡에 同意하지 않는 株主는 그 讓渡하는 出資分을 購買하여야 한다. 만일 讓渡하는

한 質權設定契約은 이 사실을 株主 名簿에 記載하는 날로부터 效
力을 發生한다"(擔保法 第78條 第3項). 法的으로 讓渡할 수 있는
商標權, 特許權, 著作權 등 財産權과 이들 知的財産權으로 設定하
는 質權은 被質權者와 質權者가 반드시 書面契約을 締結하고, 그
管理部門에 質權設定登記를 해야 하며231) 質權契約은 登記한 날로
부터 效力을 發生한다.232) 기타 法的으로 質權을 設定할 수 있는
權利는 讓渡性을 갖고 質權設定에 適合한 財産性 權利이어야 한
다.233) 따라서 證券質權 設定은 證券을 引渡해야 質權契約이 비로
소 效力을 發生할 수 있어 要物性을 갖는 것을 除外하고 기타 株
券, 株式 및 知的財産權을 目的物로 하는 質權契約은 모두 登記를
效力發生의 要件으로 規定하고 있음을 알 수 있다.

(3) 重複質權

同一한 動産에 여러개의 債權을 擔保하기 위해 質權을 設定할
경우 그 순위는 設定한 順序에 따라 決定한다"(日本民法 第355條).

出資分을 購買하지 않을 경우는 讓渡에 同意하는 것으로 看做한다."
그러나 株主가 그 株式을 株主 이외의 사람에게 質權을 設定할 경우
반드시 全體 株主의 過半數에 해당하는 同意를 거쳐야 하디 민일
全體 株主 過半數의 同意를 얻지 못하면 그 株式으로 質權을 設定
할 수 없다.
231) 商標專用權의 管理部門의 質權登記는 商標局에 申請을 해야 한다(國
務院工商行政管理部門商標法 第2條). 特許權의 管理部門의 質權登
記는 特許局에 申請을 해야 한다(特許法 第3條). 著作權의 管理部門
은 國家 版權局과 地方人民政府의 版權國에서 指定하는 場所에 申
請한다(著作權法 第8條)
232) 扎祥俊 主編, 앞의 책, 333쪽.
233) 위의 책, 510쪽, 畫開軍 主編, 앞의 책, 230쪽.

따라서 被質權者는 第3者가 갖고 있는 動産에 대해 質權을 設定하고, 다시 指示占有의 方式으로 質權의 效力發生要件을 滿足시킬 경우 重複質權이 成立될 수 있음을 알 수 있다.[234]

그런데 物權法 第181條에서 "當事者가 書面合意를 締結하면 企業, 個人工商業者, 農業生産經營者는 이미 保有하고 있거나 장차 保有하게 될 生産設備, 原資材, 半製品, 製品을 抵當할 수 있다. 만일 債務者가 滿期債務를 履行하지 않거나 當事者가 抵當權을 實行하기로 約定한 事由가 發生한 경우 債權者는 抵當權 實行을 約定한 때의 動産에 대하여 優先辨濟를 받을 權利가 있다"고 規定하고 있다. 그러나 同一한 動産에 質權과 抵當權이 동시에 設定되어 있을 경우 質權과 抵當權의 順序를 어떻게 決定할 것인지가 문제가 되나 物權은 排他的 效力을 가지므로 먼저 成立된 擔保債權의 效力이 優先辨濟를 받을 수 있는 것으로 보아야 할 것이다.[235]

3. 質權의 內容

(1) 第3者 代位辨濟 後 求償權

"債務者에게 擔保를 提供한 第3者는 質權者가 質權을 實行한 후 債務者에게 求償權을 行使할 수 있다"(擔保法 第72條). 債務者를 위해 質物을 提供한 第3者는 債務者에게 質物의 代金에서 辨濟된 債務額과 利子, 必要經費 등 기타 損害賠償을 請求할 수 있다.[236]

---

234) 道垣內弘人, 앞의 책, 75쪽.
235) 我妻榮, 有泉亨 著, 清水誠 補訂, 앞의 책, 25쪽.

(2) 最高額 質權

抵當權과 質權은 비록 目的物 및 效力發生要件에 있어 다른 점이 있으나, 交換價値로서 債務辨濟를 위해 擔保하는 것은 차이가 없다. 擔保法 第59條에서 第62條까지는 最高額 抵當權을 規定하여 抵當物의 擔保價値를 충분히 發揮하도록 하였으나, 質權에 관해서는 아무런 規定이 없다. 持續되는 去來에 最高額 質權에 대한 規定이 없어 매 건마다 다시 質權을 設定해야 하는 結果를 招來할 수 있었다. 그러나 物權法 第222條에서 "當事者間의 合意로 最高額 質權을 設定할 수 있다"고 規定하여 앞으로 去來의 安全과 迅速을 發揮할 수 있을 것으로 생각된다.

4. 被擔保債權과 目的物 債權의 辨濟期限

被擔保債權과 目的物 債權의 辨濟期限은 "支給日字 또는 引渡日字를 記載한 어음, 수표, 債券, 預金證書, 倉庫證券, 運送證券으로 質權을 設定한 경우, 어음, 수표, 債券, 預金證明書, 倉庫證券, 運送證券의 支給日字 또는 引渡日字가 債務履行期限보다 먼저 도래할 때, 質權者는 債務履行期間 만료 전에 交換 또는 引出한 貨物로써 被擔保債權을 미리 辨濟하거나 被質權者가 同意한 第3者에게 供託할 수 있다"(物權法 第225條, 擔保法 第77條). 즉 質權者는 被質權者의 同意를 구할 필요가 없이 被擔保債權의 履行期限이 滿

---

236) 黃亦東, 梁書文 主編, 앞의 책, 737쪽, 陳昶燊, 『大陸地區擔保法研究』(中國文化大學法律學研究所碩士論文, 2000), 210쪽.

期되기 전에 支給 또는 引渡하여 第3債務者의 責任을 免除할 수 있다.237) 다만 債務辨濟期限이 滿了前 質權者가 收取하는 債權이 金錢일 경우, 質權者는 被質權者와 協議하여 擔保한 債權을 미리 辨濟하여야 한다. 만일 被質權者가 미리 辨濟하는 것을 同意하지 않으면 收取한 金錢을 被質權者와 約定한 第3者가 銀行이나 公證機關에게 供託할 수 있다.238)

그러나 擔保法 第77條는 質權을 設定한 證券債權의 辨濟期限이 被擔保債權의 滿期보다 앞선 狀況에만 適用된다. 반대로 被擔保債權의 辨濟期限이 質權을 設定한 證券債權의 辨濟期限보다 앞서는 狀況에 대해서는 擔保法에서는 어떻게 處理해야 하는지를 規定하지 않았다.

---

237) 孔祥俊 主編, 앞의 책, 522쪽.
238) 黃赤東, 梁書文 主編, 앞의 책, 783쪽, 李開國, 『民法基本問題研究』 (法律出版社, 1997), 395쪽.

第3節 留置權制度

1. 留置權의 意義와 法的 性質

(1) 留置權의 意義

留置權은 契約에서 정한 바에 따라 "債務者가 滿期債務를 履行하지 않을 경우, 債權者는 合法的으로 占有한 債務者의 動産을 留置할 수 있으며 당해 動産으로 優先辨濟를 받을 權利가 있다"(物權法 第230條). 그리고 "留置權者는 債務者와 財産을 留置한 後 債務履行期間을 約定하여야 한다"(物權法 第236條 1項). 우리나라의 경우 留置權은 當事者의 意思와 관계없이 일정한 要件이 充足되면 法律上 당연히 成立하는 法定擔保物權으로 公平의 理念에 있는 데 비하여, 中國의 物權法은 當事者의 約定으로 設定한다.

188

(2) 留置權의 法的 性質

우리 民法 第320條에서는 抵當權이나 質權처럼 優先辨濟權이 없으나, 物權法 第236條 4項의 規定에 의하면 "債務者가 期限을 經過하였음에도 債務를 履行하지 않을 경우 留置權者는 債務者와 協議하여 留置物을 換價하거나 競賣 또는 賣却하여 優先辨濟를 받을 수 있다." 留置權에 있어서 債權의 擔保는 누구에게나 引渡를 拒絶함으로써, 즉 目的物의 留置를 통해 間接的으로 實現된다는 점에서 다른 擔保物權과는 그 性質을 달리한다. 이 외에도 留置權은 擔保物權의 一種으로서 從屬性, 隨伴性, 不可分性 등을 가진다.

2. 融通物에 대한 制限

留置權者는 債務者가 債務를 履行하지 않을 경우, 계속 留置物을 占有하여 債務者의 債務履行을 督促할 수 있을 뿐 아니라, 나아가 留置物을 賣却하여 優先辨濟받을 수 있다. 즉 債權者는 債務者의 財産을 留置하여 留置權을 成立시킬 수 있고, 債務者가 債務를 履行하지 않을 경우 留置物을 處分하여 留置權을 實現할 수 있다. 대다수 學者들은 留置權의 效力을 第1作用 및 第2作用으로 나누고 있다. 前者는 債務者의 財産을 留置할 수 있는 效力을 가리키고, 後者는 債務者의 財産을 處分하여 優先辨濟를 받을 수 있는 效力을 가리킨다.[239]

239) 鄭玉波, 앞의 책, 354쪽, 溫世揚, 『物權法要論』 (武漢大學出版社, 1997), 253쪽; 郭明瑞, 앞의 책, 239쪽, 孔祥俊 主編, 앞의 책, 546쪽,

이와 같이 擔保法에서 留置權을 第1作用과 第2作用을 區分하였으
나, 融通物의 範圍에 대해서는 規定하지 않아 去來活動에서 問題가
發生할 수 있다. 만일 留置物이 반드시 融通物일 필요가 없다면 留置
權의 第2作用을 發揮할 수가 없으므로 留置物은 반드시 融通物이어
야 한다.[240] 그러나 留置物의 주요 作用은 留置에 있고, 競賣를 통한
辨濟는 副次的인 作用이므로 原則上 留置物은 반드시 制限해야 하
지만, 비록 非融通物이 競賣를 實行으로 辨濟할 수 없더라도 여전히
留置作用을 發揮하여 債務者의 債務履行을 督促할 수 있다.[241]

3. 留置權의 成立要件

(1) 留置權의 目的物

우리나라의 경우 留置權의 目的物이 될 수 있는 것은 動産과 不
動産 그리고 有價證券을 포함하며, 不動産과 有價證券 留置權의
경우 登記나 背書는 필요하지 않다. 留置權은 占有와 그 始終을 같
이하는 權利이기 때문이다.[242]
그러나 物權法 第236條의 規定에 의하면 不動産을 제외한 動産
에 대헤시 留置權의 目的物이 될 수 있다. 따라서 債務者가 所有하

趙許明, 杜文聰 主編, 앞의 책, 188쪽, 學者들은 第1作用 및 第2作用
을 第1層 效力 및 第2層 效力(孔祥俊, 趙許明, 杜文聰)으로 칭하기노
하고, 第1次 效力 및 第2次 效力(郭明瑞, 溫世揚)으로 칭하기도 한다.
240) 趙許明, 杜文聰 主編, 앞의 책, 192쪽.
241) 毛亞敏, 앞의 책, 233쪽, 鄒海林, 앞의 책, 49쪽.
242) 金俊鎬, 『民法講義』 (法文社, 1998), 477쪽.

고 合法的으로 占有하는 動産은 모두 留置할 수 있는 것으로 解釋해야 할 것이다. 따라서 留置物을 債務者 所有의 動産으로 制限하면 비록 第3者의 利益을 保護할 수는 있지만, 債權者에 대해 公平하지 않을 수 있으므로 債務者의 動産으로 制限하지 않는 것이 비교적 타당하다.[243]

(2) 留置權의 適用範圍

通說에 의하면 留置權 成立의 肯定的 要件은 세 가지가 있다. 첫째, 債權者가 債務者의 動産을 占有할 것 둘째, 債權의 辨濟期限이 滿了되었을 것 셋째, 擔保法 第84條 第1項 規定에 의해 債權과 占有財産 사이에 연관관계가 있을 것[244](擔保法 第82條)을 要件으로 하고 있다. 이 가운데 擔保法 第84條 第1項은 法定留置의 原則을 採擇하여 留置權의 適用範圍를 保管契約, 運輸契約, 賃加工契約 등 세 종류의 契約에서 發生하는 債權으로 制限하여 範圍가 너무 좁다.[245] 이와 같은 法規定이 範圍를 매우 좁게 規定한 것은 주로 中國의 市場經濟의 導入으로 法律制度가 아직 完備되지 않았기 때문이다.[246] 따라서 이에 관하여 다음과 같이 살펴보고자 한다.

첫째, 우선 債權者는 契約에 따라 債務者의 動産을 占有하여야 한다.[247] 이것은 留置權 成立과 存續의 條件이다. 動産은 占有를

---

243) 毛亞敏, 위의 책, 232쪽, 溫世揚, 앞의 책, 255쪽, 趙許明, 杜文聰 主編, 앞의 책, 192쪽, 孫禮海, 蔣樂民 主編, 앞의 책, 164쪽.

244) 鄒海林, 常敏, 앞의 책, 316쪽, 毛亞敏, 앞의 책, 231쪽, 趙許明, 杜文聰 主編, 앞의 책, 191쪽.

245) 肖峋, 皇甫景山, 『中華人民共和國擔保法講話』 (北京: 中國社會出版社, 1995), 208쪽.

246) 孫禮海, 蔣樂民 主編, 앞의 책, 150쪽, 肖峋, 皇甫景山, 앞의 책, 209쪽.

公示方式으로 하기 때문에 債權者는 債務者의 動産을 占有하여야
만 法에 의하여 留置權이 發生하므로 占有를 못하였다면 留置權이
發生하지 않는다. 따라서 留置한 財産은 債權者가 契約關係로 인하
여 占有한 債務者의 財産이어야 하며, 侵權行爲로 占有한 債務者
의 動産과 事務管理 또는 不當利得으로 占有한 債務者의 財産은
留置權이 成立하지 않는다. 擔保法 第84條의 規定에 의하면 "保管
契約, 運輸契約, 加工契約으로 發生한 債權은 債務者가 債務를 履
行하지 않을 경우에 債權者는 留置權을 가진다." 이 외에도 契約法
第422條에 의하면 行紀人[248]도 留置權을 가진다. 行紀人과 契約한
委託人은 보수를 支給해야 하며, 委託人이 보수를 支給하지 않을
경우 行紀人은 委託物에 留置權을 가진다.

둘째, 留置한 財産은 債權者의 債權과 牽連性이 있어야 한다.[249]
이것은 各國의 立法 例에서 共同으로 要求하는 점이다. 牽連性에
대하여 債權은 動産 自體에서 發生한 것이라야 하고, 債權과 動産
을 交付하는 義務는 동일한 法律關係로 發生하여야 한다.[250]

셋째, 留置權의 成立은 債權의 償還期間이 滿了되어야 한다.[251]
期間이 滿了되지 않은 債權은 債權者가 이미 動産을 占有했다 하
더라도 留置權이 成立되지 않는다. 留置權이 償還期間의 滿了를 成
立要件으로 하는 것은 債務者의 利益을 保護하고 當事者 사이의
公平理念을 維持하려는 데 있다.[252]

---

247) 柳經緯 主編, 앞의 책, 249쪽.
248) 行紀人이란 자기의 名義로 다른 사람의 委託에 의하여 貿易去來에
    종사하는 사람을 말한다.
249) 柳經緯 主編, 위의 책, 250쪽.
250) 郭明瑞,『民法』(北京: 高等敎育出版社, 2002), 326쪽,
251) 柳經緯 主編, 위의 책, 252쪽,
252) 위의 책, 252쪽.

192

4. 留置權의 效力

債權者와 債務者는 契約에서 "債權者가 財産을 留置한 후, 債務者는 2個月 이내에 債務를 履行할 것을 約定해야 한다. 債權者와 債務者가 契約에서 期限을 約定하지 않은 경우, 債權者는 債務者의 財産을 留置한 후, 반드시 2個月 이상의 期限을 確定하고 債務者에게 그 期限 내에 債務를 履行하도록 期間을 주어야 한다. 債務者가 期限이 지나도 履行하지 않을 경우 債權者는 債務者와 協議하여 留置物을 換價할 수 있으며, 또한 法에 따라 留置物을 競賣·賣却할 수 있다"(物權法 第236條). "留置物을 換價 또는 競賣를 통해서 賣却한 후 그 收入에서 債權額을 超過한 부분은 債務者에게 속하고 부족한 부분은 債務者가 辨濟해야 한다"(物權法 第238條).

5. 留置權의 消滅

擔保法 第88條의 規定에 의하면 留置權의 消滅 原因은 다음과 같은 內容을 포함한다. 첫째, 債權이 消滅될 경우 둘째, 債務者가 別途의 擔保를 提供하고 債權者의 同意를 얻은 경우이다. 前者의 경우 被擔保債權이 消滅되면 擔保物權도 따라서 消滅되는데 留置權은 擔保物權의 一種이므로 擔保債權이 消滅하면 留置權은 消滅된다. 後者의 경우 債務者가 別途의 擔保를 提供하여 이에 債權者가 同意하면 留置權은 消滅된다.[253]

---

253) 金永圭,『中國民法의 物權制度에 관한 研究』(檀國大學校 大學院 博士學位論文, 1992), 117쪽.

第4節 保證制度

1. 保證制度의 特色

(1) 意　義

金錢消費貸借 등에서 債權者는 債務者가 契約을 지키지 않고 債務의 內容을 履行하지 않을 경우를 對備하여 債權의 確保方案으로 債務者 이외의 第3者의 財産으로 債權을 人的으로 擔保하는 制度가 保證이다. 이 경우 債務者 이외의 第3者를 保證人이라 하고 保證人이 負擔하는 債務를 保證債務라고 하며, 保證債務를 發生케 하는 契約을 保證契約이리고 힌디.

保證은 保證人의 一般財産으로 債權을 擔保하나 나른 債權者에 優先할 수 있는 優先辨濟權이 없는 점에서 債權者가 다른 債權者에 優先하여 不動産이나 動産・株式 등의 特定財産으로부터 優先辨濟를 받을 수 있는 抵當權, 質權 등 物的 擔保制度와 구별된다. 띠리시 保證은 人的 擔保로서 基本屬性으로 從屬性과 補充性을 具備한다.

194

그리고 保證人의 保證責任이란 債務를 履行하거나 責任을 承繼
負擔하는 것이다. 保證人이 債務를 履行한다는 것은 保證人이 債務
者 대신 主契約의 目的物과 數量 등 約定 內容에 따라 債務를 履
行하는 것으로서 그 성격상 主契約에 대한 실질적인 債務履行을 말
하는 것이다. 保證人이 債務를 負擔한다는 것은 保證人이 債務者
대신 主契約 債務를 履行하는 것이 아니라 主契約의 債權이 主債
務者의 債務 不履行으로 인하여 債權者가 받은 損失을 補償하는
責任을 負擔하는 것을 말한다. 따라서 保證은 債權擔保 方式의 하
나로 절차가 간편하여 擔保法이 制定되기 이전에도 비교적 자주 이
용된 擔保方式이었다.254) 특히 中國에서 保證과 관련된 法規를 비
롯하여 法律上 保證의 정의마저 明確하지 못하였으나 1995年 擔保
法의 制定로 인하여 擔保方式이 多樣化되기 시작하였다.255)

保證과 관련된 法規 및 擔保法 司法解釋을 종합해보면 擔保法에
서 保證人의 資格에 대해 많은 制限을 둔 것과 最高額保證制를 明
文으로 規定한 것이 特徵이다. 또한 保證責任의 方式은 連帶保證
을 原則으로 規定한 것과 保證人에 대하여 事前求償權을 規定하였
으나, 이러한 規定이 너무 간결하여 保證制度256)의 特徵과 未備한
規定에 대하여 中國의 法律과 擔保法를 根據로 分析하고자 한다.

(2) 保證人의 資格

保證人의 資格에 대한 問題는 保證契約의 有效關係와 중요한 관

---

254) 孫禮海, 蔣樂民 主編, 앞의 책, 24쪽.
255) 主要 法律은 民法通則 第89條 第1項 및 擔保法 第2章 保證에 대한
規定들이 있다.
256) 獨逸民法典 第756－777條에서는 保證制度에 관하여 規定하고 있다.

련이 있어 擔保法에서는 保證人의 主體關係를 明確히 規定하고 있다. 擔保法 第7條에서 "債務를 대신 辨濟할 수 있는 法人, 기타 組織257) 또는 個人은 保證人이 될 수 있다"258) 保證人은 保證契約에서 行爲能力과 辨濟能力이 있어야 하며, 만일 保證人이 辨濟能力이 없게 된 경우에는 債權者는 辨濟能力이 있는 特定人을 保證人으로 變更을 要求할 수 있다. 保證人의 資格制限에 관하여 擔保法 第8條에서 第10條까지의 規定內容은 다음과 같다.

첫째, 保證人은 債務를 辨濟할 能力을 갖추어야 하기 때문에 行爲能力259)이 있어야 한다. 最近 中國에서는 수년간 赤字와 賃金滯拂로 經營危機에 놓여 있던 一部 企業들이 他人에게 保證을 提供해 주는 경우가 많아 債務者의 債務不履行과 保證人의 保證責任能力이 없을 경우, 經濟秩序의 混亂은 물론 債權者의 合法的 權益이 侵害되어 商品去來의 安全을 保障하는 데 問題가 있었다.260) 이

---

257) 擔保法 司法解釋 第15條에서는 擔保法 第7條에서 規定한 其他 組織은 다음과 같다고 規定하고 있다. 1. 法에 따라 登記하고 營業許可證을 受領한 獨自企業, 組合企業. 2. 法에 따라 登記하고 營業許可證을 受領한 聯合經營企業. 3. 法에 따라 登記하고 營業許可證을 受領한 中外合作經營企業. 4. 民政部門의 審査批准 및 登記를 거친 社會團體. 5. 審査批准 및 登記를 거쳐 營業許可證을 受領한 鄕鎭企業 및 村企業 등을 列擧하고 있다. 森川伸吳, 『逐條解說中國擔保法司法解釋 ②』(國際商事法務 Vol.29. No.4, 2001), 449쪽.

258) 擔保法 "第7條의 規定을 "保證人이 辨濟能力이 없을 경우 保證은 無效이다"라고 改正하는 것이 妥當하다고 생각된다. 왜냐하면 保證人이 반드시 내신 辨濟能力을 갖추어야 한다고 規定한바, 낭연히 保證人이 辨濟能力이 없을 경우에 대하여 保證의 效力을 함께 規定하면 紛爭이 생기는 것을 防止할 수 있기 때문이다.

259) 民法通則 第11條 第1項 "滿 18歲 以上의 公民은 成年이며 完全한 民事行爲能力을 가지고 있으며, 獨立的으로 民事活動을 할 수 있고 民事上 完全한 行爲能力者이다."

260) 孫禮海, 蔣樂民 主編, 앞의 책, 42쪽, 李蕙織, 앞의 論文, 67쪽.

러한 問題로 인하여 擔保法에서 保證人은 반드시 대신 辨濟能力을 갖출 것을 規定하여 債權者의 利益이 實現될 수 있도록 保證의 機能을 强化한 것이다.261)

둘째, 國家의 權力機關, 行政機關, 審判機關, 檢察機關, 軍事機關 같은 "國家機關은 保證人이 될 수 없다"(擔保法 第8條 第1項). 一般的으로 國家機關은 民法通則 第50條262)에 의하여 獨立된 經費가 있고 法人의 資格을 갖추면 民事法律行爲를 할 수 있다.263) 다만 國家機關의 財産 및 經費는 公務活動과 職務를 수행하는 것을 保障하기 위한 것이므로 國家機關이 保證人이 되는 것을 許容하게 되면, 장차 그 財産과 經費로 債務者의 債務를 辨濟할 경우 國家任務의 推進에 影響을 미칠 것이므로 保證人이 될 수 없다고 한 것이다.264)

그러나 "外國政府 또는 國際機構에 대한 貸出金을 사용하여 轉貸하는 것으로 國務院의 承認을 받은 경우는 保證人이 될 수 있다"(擔保法 第8條 第2項)고 하여, 國家機關은 保證人이 될 수 없으나 例外的으로 이와 같이 許容한 規定은 將來에 保證人의 資格이 더욱 擴大될 것으로 예상된다.265)

셋째, "學校, 幼兒園, 病院 등 公益을 目的으로 하는 事業單位,

---

261) 孔祥俊 主編, 앞의 책 70쪽, 孫禮海 主編, 『中華人民共和國擔保法釋義』(北京: 法律出版社, 1996), 11쪽.

262) 民法通則 第50條 "獨立的인 經費가 있는 機關은 成立된 날부터 法人 資格이 있다. 法人條件을 具備한 事業單位, 社會團體가 法에 따라 法人登錄을 하지 않아도 될 경우 成立된 날부터 法人資格이 있으며, 法에 따라 法人登錄을 해야 할 경우 批准을 받고 登錄한 후 法人資格을 取得한다."

263) 郭明瑞, 앞의 책, 38쪽.

264) 孫禮海 主編, 앞의 책, 11쪽, 李蕙織, 앞의 論文, 68쪽.

265) 孔祥俊 主編, 앞의 책, 85쪽, 黃赤東, 梁書文 主編, 『擔保法及配套規定新釋新解』(北京: 中國民主法制出版社, 1999), 164쪽, 李明發, 『擔保法關於保證制度之若干新規定論』(法律科學 第6號, 1996), 36쪽.

社會團體는 保證人이 될 수 없다"(擔保法 第9條). 公益性 事業單位
와 社會團體는 民法通則 第50條에 의하여 法人資格을 갖추었으면
保證人이 될 수 있다. 그러나 公益團體는 經費 대부분을 國家가 支
出하거나 社會團體 寄附金이므로 社會公共의 利益 增進을 目的으
로 設立된 法人이므로 保證人이 되는 것은 그 事業目的에 附合하
지 않는다. 만일 어떠한 保證責任이 있을 경우 公益團體 財産으로
主債務者의 債務를 辨濟하면 정상적인 公益事業의 運營에 상당한
影響을 미쳐 目的을 達成할 수 없게 될 것이다.[266] 결국 이 條項은
保證에 대하여 否定的인 規定을 採擇하였으나, 學校는 예외적으로
非敎育施設과 非醫療衛生施設인 경우 抵當擔保를 할 수 있다.[267]

中國 政府는 學校附設工場의 問題에 관해서는 補助經費가 有限
하기 때문에 政府財政의 어려움으로 學校運營에 필요한 經費調達
을 장려하여, 學校는 學校附設工場 施設에 적지 않은 經費를 調達
하데 주요 경로가 되었다. 그러나 銀行에서 學校附設工場이 貸出을
申請할 경우 學校가 保證人이 될 수 있는지가 問題다. 學校가 保證
人이 될 수 없다면 學校附設工場의 發展과 資金調達에 많은 影響
을 미칠 것이기 때문에, 學校附設工場이 法人이 아닐 경우 學校에
속한 일부의 工場을 擔保로 貸出할 수 있으며 기타 保證人의 保證
도 가능하게 하였다.[268] 따라서 學校는 擔保法에 의해 保證人이 될
수는 없으나, 예외로 學校附設工場의 發展을 위하여 資金을 調達하
는 경우 擔保法의 影響을 받지 않는다고 할 것이다.

넷째, 企業法人의 分店과 職能部門는 保證人이 될 수 없다(擔保

266) 鄒海林, 常敏, 앞의 책, 50쪽.
267) 孫禮海, 蔣樂民 主編, 앞의 책, 24쪽, 毛亞敏, 앞의 책, 61쪽, 李薰織,
     앞의 論文, 69쪽.
268) 孫禮海 主編, 앞의 책, 14쪽.

法 第10條 第1項).

保證行爲는 法律行爲로, 主體는 반드시 人格을 具備해야 하는데 中國 商業銀行法 第22條[269])에 의하면, "支店은 法人資格을 갖추지 않은 경우 獨自的으로 民事責任에 대한 保證人이 될 수 없다"고 規定하였다.

그러나 최근에 와서 支店이 展開하는 각각의 業務는 企業法人의 經濟活動에 중요한 構成部分이 되고 있다. 따라서 擔保法 第10條 第2項에서 企業法人의 支店도 法人이 書面으로 權限委任한 경우, 그 委任받은 權限 範圍 내에서 保證을 提供할 수 있게 하였다. 그러나 "書面으로 權限委任을 거치지 않았거나 委任된 權限範圍를 超過하여 債權者와 保證契約을 締結할 경우 超過된 부분은 無效이며, 契約締結 過程에서 過失이 있으면 각각의 民事責任을 진다"(擔保法 第29條).

擔保法 第29條 規定이 企業法人에 대해 過失推定原則을 採擇한 것은 支店의 對外 保證에 대한 철저한 管理監督으로 主契約債權者의 合法的 權益을 충분히 保護함으로써 社會經濟秩序와 去來活動의 安全을 維持·保護하도록 하기 위한 것이다.[270])

한편 企業法人의 職能部門은 法人 內部의 職能을 執行하는 機構로서 企業法人의 意思決定機關, 意思執行機關과 代表機關으로 會社의 株主總會, 理事會, 監事會 등이 있다.[271]) 이러한 職能部門과 支店은 法人資格을 갖추지 않아 單獨으로 民事責任을 질 수 없기 때문에 保證人도 될 수 없다. 그러므로 "法人 內部의 職能部門이 法人의 同

---

269) 商業銀行法 第22條 "商業銀行은 支店에 대해 本·支店間 決算制度의 統一, 資金의 統一調達 및 職級別 管理原則을 適用한다. 支店은 法人格을 가지지 않고 本店으로부터의 授權範圍內의 業務를 영위하며 民事上의 責任이 있을 경우 本店이 진다."

270) 李明發, 앞의 논문, 38쪽.

271) 孔祥俊 主編, 앞의 책, 99쪽.

意를 받지 않고 他人을 위해 擔保를 提供한 경우 保證契約은 無效가 되며, 이때 保證人은 保證責任은 없으나 過失이 있으면 法人은 過失의 輕重에 따라 賠償責任이 있다"(最高人民法院 經濟契約紛糾案件 審理保證關聯若干問題關與 第18條). 그런데 擔保法 第10條 第2項은 단지 支店도 法人이 "書面으로 權限을 委任한 경우는 委任된 權限의 範圍 內에서 保證을 提供할 수 있다"고 規定하였으나, 職能部門에 대해서는 동일한 法規定이 없어 어떤 경우에도 他人을 위해 保證을 提供할 수 없다고 볼 수 있다. 비록 法人의 書面으로 權限委任을 받는다 할지라도 그 保證은 强行規定을 違反하여 無效라고 할 수 있고 이와 같은 效力은 擔保法 第29條를 類推하여 適用하여야 할 것이다.

우리 民法은 保證人이 될 수 있는 資格에 관해서는 原則的으로 아무런 제한이 없지만, 當事者 사이의 契約과 法律의 規定 그리고 法院의 命令으로 債務者가 保證人을 세울 義務가 있는 경우, 保證人은 行爲能力과 辨濟自力을 갖춘 자이어야 한다.[272] 이는 保證人의 財力資格에 대해 制限을 둔 것이다. 日本民法 第450條에서도 "契約과 法律 또는 法院判決에 의해 債務者가 保證人을 세울 義務가 있는 경우, 保證人은 반드시 行爲能力을 갖추는 외에 辨濟 資金力도 갖추도록 規定하여 債權者를 保護하도록 하였다.[273]

그러나 中國 擔保法은 債務者가 保證人을 세울 義務가 있는지의 어부에 區分하지 않고 律的으로 保證人이 대신 辨濟能力을 갖출 것을 要求하였다. 辨濟能力이 있는지 판단하기 위해서는 保證人의 財産 상태를 쉽게 確認할 수 있어야 한다.

---

272) 金俊鎬, 『民法講義』(法文社, 1998), 695쪽.
273) 吉井直昭, 高木多喜男, 『擔保・保證基礎』(東京: 靑林書院, 昭和61), 282쪽.

日本은 완전한 財産登記制度를 配合시켜 不動産과 價値가 비교
적 높은 動産에 대해 모두 관방기구에 登記하고 登記內容을 對外
에 公開한다.274) 그러므로 保證人이 辨濟能力이 있는지를 調査하는
것은 어렵지 않다. 中國의 경우도 保證人이 반드시 辨濟能力을 갖
출 것을 要求하고 있으나, 實務에 있어서 財産權 關係가 複雜하고
資産申告制度도 엄격하지 않아 保證人의 辨濟能力에 대하여 확실
히 알 수 있는 方法이 없다. 따라서 이에 대한 問題點을 法的인 側
面에서 檢討해 보면 다음과 같다.

첫째, 保證人이 辨濟能力이 없으면서 主債務者를 위하여 保證하
면 그 保證契約의 法的 效力이 有效가 문제다. 이 점에 관해서 最
高人民法院 中華人民共和國民法通則貫徹執行若干問題關與意見 第
106條에서 "保證人은 辨濟能力을 갖춘 公民, 企業法人 및 其他 經
濟組織이어야 한다. 保證人이 비록 辨濟能力을 갖추지 않았더라도
여전히 자신의 財産으로 保證責任을 져야 한다"고 規定하고 있다.

둘째, 法人資格을 具備하지 않은 企業의 支店이 經濟契約에서
一方 當事者의 保證人이 되었을 경우, 保證契約이 有效한지의 與
否와 紛糾가 發生할 경우 어떻게 처리하는지가 문제다. 擔保法 第7
條의 規定에 따라, 保證人이 될 수 있으나, 企業法人의 支店이 法
人資格을 갖추지 못하였거나 辨濟能力이 없으면서 經濟契約 一方
當事者의 保證人이 되었을 경우 당해 保證契約은 無效로 해야 한
다. 만일 保證人이 辨濟能力이 없다면 保證은 원래의 價値를 喪失
하여 債權者의 利益을 侵害할 뿐 아니라 經濟紛糾와 經濟秩序의
混亂을 招來할 수 있기 때문이다.275)

---

274) 肖峋, 皇甫景山, 앞의 책, 75쪽.
275) 孔祥俊 主編, 앞의 책, 70쪽.

그러나 다른 한편으로는 保證人이 辨濟能力을 갖추지 않아 保證人의 保證을 無效로 認定하면 債權者의 利益을 상당히 侵害하는 결과가 되기 때문에, 保證人이 완전한 辨濟能力을 갖추지 않았더라도 保證을 하였다면 保證責任을 져야 할 것이다.

日本民法의 경우 "債務者가 辨濟能力이 없는 保證人을 세웠을 경우, 비록 保證契約의 效力에는 영향을 미치지 않으나 債務者는 期限의 利益을 喪失하게 되고 債權者는 契約을 解止할 수 있다"276)고 規定하였다. 그러나 中國의 擔保法이 日本民法과 달리 保證人이 대신 辨濟能力을 갖출 것을 規定한 것은 실제 經濟生活에서 保證秩序가 紊亂한 점을 고려하여 이렇게 할 수밖에 없었던 것 같다. 그리고 아직 財産登記制度가 미비하여 債權者가 保證人의 財力을 쉽게 알 수 없는 상황에서 保證人이 대신 辨濟能力을 갖추어야 한다고 規定한 것은 눈여겨 볼 만하다.

사실 債權者가 자신의 利益을 고려하여 保證人이 대신 辨濟能力을 갖추었는지, 債權이 保證으로 인해 擔保받을 수 있는지에 대해 자연히 주의를 기울이게 되는 것은 원래 契約自由의 범주에 속하므로 法律이 介入할 필요가 있는지의 여부는 생각해 볼 문제다.

2. 保證人의 保證責任

(1) 保證責任의 內容

保證責任은 "保證人과 債權者 사이이 約定으로 債務者가 債務를

---

276) 吉井直昭, 高木多喜男, 앞의 책, 283쪽, 日本民法 第53條, 539條, 541條.

執行하지 아니할 때 保證人이 債務를 履行하거나 責任을 지기로 하는 行爲에 대한 約定이다."(擔保法 第6條). 그러나 保證責任은 債務者를 대신하여 保證人이 債務履行을 하는 것인지, 아니면 主債務에 대한 債務履行인지를 確定하는 實益은 保證契約의 適用範圍를 결정하는 데 있다. 만일 保證責任의 내용이 主債務者를 대신하여 債務履行을 하는 것이면, 主債務는 他人이 대신 履行할 수 있는 債務이어야만 保證을 設定할 수 있으나 專屬性을 갖는 債務는 他人이 대신 履行할 수 없기 때문에 保證을 設定할 수 없다. 그리고 保證責任의 내용이 主債務의 履行을 責任지는 것이라면 主債務가 專屬性 債務인지 여부를 막론하고 保證을 設定할 수 있고, 非專屬性의 債務일 경우 保證人이 대신 履行해야 한다. 保證人이 대신 履行할 수 없는 專屬性 債務일 경우 保證人은 債務不履行으로 損害賠償責任을 해야 한다. 이는 擔保法 第6條 約定에 따라 "債務를 履行하거나 責任을 지는" 것이고, 同法 第21條 第1項 "保證擔保의 範圍는 損害賠償金"을 포함하므로 保證人은 損害賠償責任을 지는 것으로 理解할 수 있다.

따라서 非專屬性 債務만 保證을 設定할 수 있는 것이 아니라 專屬性 債務도 保證을 設定할 수 있다.

(2) 保證責任의 範圍

保證契約에서 保證의 範圍를 明確히 規定하는 것은 保證人이 主債務에 대하여 負擔해야 할 責任을 具體的으로 정하는 것을 의미하는데 이는 連帶保證人에 대해서는 매우 중요한 사항이다. 保證責任의 範圍는 保證人이 責任지는 保證責任의 내용과 保證債務의 範圍

를 가리키며, 保證人의 利益과 밀접한 관련이 있기 때문에 반드시 明確해야 한다. 따라서 保證責任의 範圍는 主債權과 利子·違約金·損害賠償權 및 債權實現費用이 포함된다(擔保法 第21條). 擔保法은 獨逸民法典[277) 및 日本民法[278)과 동일하게 法律로 保證責任의 範圍와 約定에 대하여 規定하였으며, 約定保證 範圍가 法定保證 範圍에 우선하고 法定保證 範圍는 約定保證 範圍의 보충으로 이러한 規定은 契約自由의 原則을 구현한 것으로 볼 수 있다.[279) 그러나 約定한 保證責任이 主債務를 超過할 수 있는지의 與否와 그 效果에 대해서는 進一步 補充할 필요가 있다.

(3) 保證方式

保證人이 責任지는 方式에 따라 "一般保證과 連帶保證"(擔保法 第16條)으로 나누어져 있다. 즉 當事者가 保證契約에서 債務者가 債務를 履行할 수 없을 때 保證人이 保證責任을 지기로 約定한 保證이 一般保證(擔保法 第17條 第1項)이고, 當事者가 保證契約에서 保證人과 債務者가 債務에 대하여 連帶責任을 지기로 約定한 保證이 連帶保證이다(擔保法 第18條).

兩者 구별의 實益은 保證人과 債務者가 保證期間을 約定하지 아니한 경우 保證期限은 主債務 履行 期間이 滿期日로부터 6個月(擔保法 第25條 第1項)로 期間은 같지만, 一般保證은 契約에서 約定

---

277) 獨逸民法典 第767條.
278) 日本民法 第447條 "保證債務는 主債務에 대한 利子, 違約金, 損害賠償 및 기타 모든 主債務를 포함한다. 保證人은 그 保證債務에 대해 시민 違約金 및 損害賠償額을 約定할 수 있다."
279) 黃赤東, 梁書文 主編, 앞의 책, 268쪽.

한 保證期間과 擔保法 第25條 第1項에서 정한 保證期間에 債權者가 債務者에 대하여 訴訟을 提起하거나 仲裁를 申請하지 않았을 경우 保證人은 保證責任을 免除받을 수 있으나 債權者가 訴訟을 提起하거나 仲裁를 申請하였을 경우에는 保證期間에 時效中斷의 效力이 發生된다.(擔保法 第25條 第2項). 그러나 連帶保證의 경우, 債權者가 6個月內 또는 契約約定 期限內 保證人에게 擔保責任을 지도록 要求할 수 있으며 그렇지 않을 경우 保證責任이 免除된다. (擔保法 第26條 第2項). 또한 "一般保證의 保證人은 主契約의 紛爭이 裁判이나 仲裁를 받지 않았고 債務人의 財産에 대하여 法的으로 强制執行을 하여 債務를 履行할 수 없는 경우를 제외하고는 債權者에 대하여 保證責任을 拒絶할 수 있다"(擔保法 第17條 第2項).

그러나 連帶保證의 경우 責任을 負擔하는 保證人은 이와 다르다. 連帶保證의 債務者가 主契約에 規定한 債務履行期間이 滿了되었는데도 債務를 履行하지 않았을 경우에는 債權者는 債務者에게 契約을 履行할 것을 要求할 수 있고, 保證人이 그가 保證한 範圍內에서 保證責任을 承繼할 것을 要求할 수도 있다. 여기서 알 수 있다시피 保證人의 保證責任 承繼 負擔方式이 다름에 따라 債權者의 債權 實現에 대해 미치는 영향은 다를 수 있다. 따라서 保證契約의 當事者는 반드시 契約에 責任負擔 承繼의 方式을 約定하여야 한다. 만일 "當事者가 保證方式에 대하여 約定하지 않았거나 約定이 明確하지 않는 경우에는 連帶責任 保證方式에 따라 保證責任을 진다"(擔保法 第19條)고 規定하여, 保證方式을 約定하지 않았을 경우 대다수의 立法例에 의하면 保證人으로 하여금 一般保證 責任을 지게 하는데, 擔保法은 連帶保證을 原則으로 하여 기타 立法과 다른 것이 保證人이 保證을 提供하고자 하는 意思에 영향이 있는지의 여부는 더 觀察할 필요가 있다.

中國은 보편적으로 保證難을 겪고 있어 保證人의 保證責任을 증가시키면 雪上加霜으로 資金流通에 있어서 障碍를 助長할 가능성이 있으므로 一般保證을 原則으로 하고 連帶保證을 補充하도록 規定하여야 한다.[280]

(4) 一般 保證人의 抗辯權 行使

一般保證人의 抗辯權은 保證人의 利益을 保護하기 위한 것이지만 특수한 경우에는 그 權利를 制限하여 債權者의 利益을 保護할 필요가 있다. 擔保法 第17條 第3項은 保證人이 抗辯權을 行事할 수 없는 狀況[281]을 아래와 같이 規定하였다.

첫째, 債務者의 住所가 變更되어 債權者가 債務者에게 債務履行을 요구하기가 어려운 경우와 債權者가 債務者에게 債務履行을 請求하는 데 重大한 困難이 있을 경우.[282]

둘째, 人民法院에서 債務者의 破産事件을 接受하여 履行節次를

---

280) 앞의 책, 231쪽.

281) 우리民法의 경우 保證人이 抗辯權을 行使할 수 없는 사유에 관해서 "保證人은 다음의 경우에는 催告檢索의 抗辯權을 행사할 수 없다. 첫째, 保證人이 主債務者와 連帶하여 債務를 負擔한 때 둘째, 主債務者가 破産宣告를 받은 때. 셋째, 主債務者기 行方不明이 된 때. 넷째, 保證人이 抗辯權을 抛棄한 때"(第437條 但書)라고 規定하였다. 그러나 擔保法 第17條 第3項의 경우 保證人이 抗辯權을 抛棄하는 方式에 관해 반드시 書面으로 하도록 規定하여, 保證人의 利益을 保護 위해 비교적 신중을 기했다는 모습을 볼 수 있다.

282) 民法通則 第15條 "公民은 戶口所在地의 居住地를 住所로 하며 經常的인 居住地와 住所가 一致하지 않은 것은 經常的인 居住地를 住所로 한다."

中止한 경우. 債務者의 財産에 대하여 民事節次를 中止하여야 한다. 그러나 破産宣告가 成立되기 전 擔保物이 있는 債權은 債權者가 優先辨濟를 받을 權利가 있다.

셋째, 保證人이 書面形式으로 第17條 第3項의 規定에 따라 權利를 포기한 경우. 契約自由의 原則에 根據하여 保證人은 스스로 抗辯權을 포기할 수 있다. 그러나 서면이 아니어도 債權者가 保證人이 口頭形式으로 抛棄했음을 證明할 수 있으면 抛棄의 效力은 發生한 것으로 본다.[283]

(5) 多數人 保證

同一 債務에 2人 이상의 保證人이 있는 債務로서 保證人이 保證分擔額을 約定하였는지의 여부에 따라 配當保證과 共同保證으로 나눌 수 있다.[284] 配當保證는 債權者와 각 保證人이 保證契約에서 "하나의 債務에 2名 이상의 保證人이 있는 경우, 保證人은 保證契約書에서 約定한 分擔額에 따라 保證責任을 져야 한다. 保證分擔額을 約定하지 않았을 경우 保證人은 連帶하여 責任을 져야 하며, 債務者는 保證人에게 保證責任 全部를 지게 할 수 있으며 각 保證人은 債權實現 전체를 保證할 義務를 갖는다. 이미 保證責任을 負擔한 保證人은 債務者에게 求償權을 行使하거나 連帶責任을 負擔한 其他 保證人에게 각기 責任진 分擔額을 辨濟할 것을 要求할 權限이 있다"(擔保法 第12條)고 規定하여, 保證人과 債務者가 債權者

---

283) 黃赤東, 梁書文, 위의 책, 244쪽.
284) 趙許明, 杜文聰, 앞의 책, 244쪽, 通說에 의하면 擔保法 第12條를 多數人保證으로 칭하고 分擔額에 따른 保證과 共同保證을 포함하는 것으로 본다.

에 대해 連帶責任을 지며 保證人은 抗辯權이 없으나, 共同保證은 각 保證人 사이에 債權者에 대해 連帶責任을 지며 保證人은 抗辯權을 갖는다는 內容이나 이는 너무나 抽象的인 規定으로 節次와 內容을 補充할 필요가 있다.

(6) 主契約 變更이 保證責任에 미치는 影響

主契約變更에는 契約主體의 變更 및 契約內容의 變更 두 가지 狀況을 포함한다. 前者는 負債 移轉으로 債權者의 變更과 債務者의 變更을 포함하고, 後者는 契約의 具體的 內容에 變化가 發生하는 것으로 變更의 保證責任에 대한 影響을 나누어 敍述하기로 한다.

1) 債權讓渡의 保證責任에 대한 影響

債權讓渡는 債權者가 자신의 債權으로 債務를 辨濟하거나, 자신의 債務에 대하여 擔保를 提供하는 것으로 經濟運營에서 資金의 흐름과 回轉을 促進할 수 있도록 하는 것이다.285) "保證人은 原保證擔保 範圍 내에서 계속하여 保證責任을 져야 한다"(擔保法 第22條)고 規定하여, 債權讓渡가 保證契約에 있어서 保證人과 債務者 사이의 信賴關係에 영향을 미치지는 않는다.

그리고 債權者가 債務者에게 債權讓渡 사실에 관하여 通知할 義務가 있는지에 대하여 "債權을 讓渡할 경우 契約의 다른 一方에 대하여 同意를 거쳐야 하고, 債權者는 債務者에게 債權讓渡를 通知를 하여야 債務者에 대해 效力을 發生한다"286)(民法通則 第91條).

---

285) 肖峋, 皇甫景山, 앞의 책, 90쪽.
286) 孔祥俊 主編, 앞의 책, 164쪽, 佟柔 主編, 『中國民法』(北京: 法律出

208

1999年 3月 全人大에서 通過된 中華人民共和國契約法 第80條에서
도 "債權者가 權利를 讓渡할 경우 債務者에게 通知해야 한다. 通知
하지 않을 경우 讓渡는 債務者에게 效力을 發生하지 않는다"고 明
文으로 規定하였다.

그러나 擔保法은 債權者가 保證人에게 債權이 讓渡되었음을 通
知할 義務가 있는지에 대해서 規定을 하지 않아 補完하여 改定해야
할 것이다.

2) 債務承繼의 保證責任에 대한 影響

債務承繼는 民法通則 第91條의 規定에 따라 債權者의 同意를 받
아야 하는데 "債務者가 契約의 義務 中 全部 또는 一部를 第3者에
게 移轉할 경우에 免責的 債務引受 債權者의 同意를 얻어야 하나
書面同意는 받을 필요가 없다"(契約法 第84條)고 規定하였다.

保證契約은 保證人과 債務者의 信賴에 基礎하여 成立되는 것이
고, 債務承繼는 舊債務者가 變更되므로 인하여 新債務者가 辨濟能
力이 있는지 保證人은 모르기 때문에 債務者의 信賴關係에 따라
債務承繼는 保證契約에 영향이 미칠 것이다. 만일 "保證期間 中에
債權者의 債務에 대한 債務讓渡 허락은 保證人의 書面同意를 얻어
야 하며, 保證人은 자신의 同意를 거치지 않고 讓渡한 債務에 대하
여는 더 이상 保證責任을 지지 않는다"(擔保法 第23條).

문제는 債務承繼가 免責의 債務承繼만을 가리키는지 아니면 並存
의 債務承繼를 포함하는지, 또한 保證人이 書面形式으로 同意하지 않
은 경우 여전히 保證責任을 져야만 하는지에 대해 擔保法에서는 어떠

版社, 1997), 318쪽, 鄭立, 王作堂 主編, 『民法學』(北京: 北京大學出
版社, 1997), 303쪽.

한 規定도 다루고 있지 않아 내용을 補充해야 할 것으로 생각된다.

3) 主契約 內容變更이 保證責任에 대한 影響

主契約 內容의 變更에 대하여 "債權者와 債務者가 合意하여 主契約을 變更할 경우, 保證人의 書面同意를 거쳐야 하며, 이를 履行하지 않았을 경우 保證人은 더 이상 保證責任을 지지 않는다"(擔保法 第24條). 最高人民法院의 契約紛糾案件審理保證關與若干問題規定 第13條에서도 "債權者가 保證責任 기한 내에 債權을 他人에게 移轉하고 保證人에게 通知하였을 경우 保證人은 債權의 讓受人에게 保證責任을 져야 한다"고 規定하여, 債權者가 債權讓渡 사실을 保證人에게 通知해야 保證人은 債權 讓受人에게 保證責任을 진다는 것을 알 수 있다. 그러나 擔保法은 債權者가 保證人에게 債權讓渡를 通知해야 한다는 義務 規定이 없다. 保證人이 債務者의 債務讓渡를 同意하는 形式에 있어서는 保證人이 書面의 形式으로 同意하지 않을 경우, "保證責任을 지지 않는다"(擔保法 第23條). 따라서 保證人의 書面同意를 얻어야 하기 때문에 同意를 거치지 않으면 더 이상 保證責任을 질 필요기 없다.[287] 다만 書面同意의 目的이 保證人과 債權者가 保證人의 同意를 구하였는지의 여부에 대하여 紛糾가 發生할 경우, 證據로 제시할 수는 있으나, 書面의 形式을 취하지 않았다고 하여 保證人의 同意의 存在를 占認할 수는 없을 것이다. 그러므로 書面이니 口頭, 面試, 暗示 등 形式에 불분하고 확실한 證據로 證明만 하면 效力은 發生한다.[288]

특히 中國의 많은 企業들이 滿期된 銀行貸出을 償還하지 못하고

---

287) 揉禮海, 主編, 앞의 책, 31쪽, 朴文聰 主編, 앞이 책, 68쪽.
288) 孔祥俊 主編, 위의 책, 172쪽.

있어 銀行들은 大損을 피하기 위해 借新還舊方式을 採擇하고 있다. 이 경우 貸出金은 원래 貸出契約의 金額과 동일하게 하고 새로운 貸出契約을 締結하여 企業의 通帳으로 入金한 후 즉시 回收하여 원래의 貸出金을 辨濟하는 것이다.[289]

그러나 借新還舊의 경우 保證人은 새로운 貸出契約의 主契約 變更에 대하여 保證하지 않았으므로 원래의 保證契約에 대해서만 責任지고 擔保法 第24條의 規定은 適用되지 않는다고 할 수 있다.

3. 保證期間과 事前求償權

(1) 保證期間

保證期間은 保證人의 保證責任이 發生해서 消滅까지며 이 期間이 지난 후에는 더 이상 保證責任을 지지 않는다. 만약 "保證契約에 保證責任 기한을 約定하지 않았거나 約定이 不明確한 경우, 保證人은 被保證人의 責任을 기한 내에서 保證責任을 진다"[290](經濟契約紛糾案件審理保證關與若干問題規定 第11條). 保證期間은 擔保法 第15條 第1項 第5號의 規定에 의하여 保證契約에 포함되는 내

---

289) 関江,『借新還舊及基法律問題(一)』(北京: 金融法苑 第17号, 1999), 43쪽.

290) 民法通則 第135條 "人民法院에 民事權利의 保護를 請求하는 訴訟時效期間은 2年이며, 法律에서 달리 規定한 것은 제외한다"고 規定하였다. 이와 같이 訴訟時效期間이 비교적 짧은 理由는 債權者로 하여금 迅速히 權利를 行使하여 社會의 經濟흐름을 加速化하는 데 있다; 顧偉强, 孫美蘭『對一起民間借貸糾紛案 的評析』(北京: 法學 第1號, 2000), 62쪽.

用과 함께 擔保法 第25條 第1項, 第26條 第1項에서 規定하고 있다.

保證期間을 約定하지 않을 경우 擔保法 第25條 및 第26條의 規定에 따라 一般保證 期間은 主債務履行 期限이 滿了된 날로부터 6個月이고, 連帶責任 保證은 債權者는 主債權履行 期限 滿了일부터 6個月 內에 保證人의 保證責任을 要求할 수 있게 하였다. 一般保證의 債權者도 主債務履行 期限이 滿了된 후 債務者가 債務를 辨濟하지 않으면 6個月 內에 保證人에게 保證責任을 질 것을 要求할 수 있다. 만일 契約에서 約定한 保證期間과 擔保法 第25條 第1項이 規定한 保證期間에 債權者가 債務者에 대해 訴訟을 提起하거나 仲裁申請을 하지 않으면 保證人은 保證責任을 면하게 된다. 그러나 債權者가 이미 訴訟을 提起하거나 仲裁申請을 한 경우 保證期間은 訴訟時效 中斷의 規定을 適用한다(擔保法 第25條 第2項). 이 결과 이미 지난 保證期間은 全部 無效로 하고 中斷한 때로부터 다시 計算한다(民法通則 第140條).

그리고 連帶保證에 있어서 債權者는 主債務 履行期限이 滿了된 후 債務者가 辨濟能力이 있는지의 與否와 관계없이 6個月 內에 保證人에게 保證責任을 질 것을 要求할 수 있어, 一般保證과는 달리 "保證人에게 保證責任을 질 것을 要求하는 것"이 訴訟의 제기나 仲裁의 申請을 필요로 하지 않는다는 점이다.291)

(2) 保證人의 辨濟規定에 대한 問題點

保證人은 債務者를 위해 保證을 提供하고 債務者가 債務不履行

---

291) 李蕙織, 『兩岸擔保制度之研究－以保證爲中心－』(中國文化大學法律學研究所 碩士論文, 2004), 58쪽.

할 경우 保證人은 保證責任으로 債務者를 代位하여 債權者의 損失을 賠償해야 한다. 따라서 經濟的 不利益을 당한 保證人에게 일정한 權利를 附與하여 債務者로 하여금 終局的인 責任을 지도록 하여야 한다.[292] "保證人이 債權者에게 債務者의 義務履行을 擔保하였을 경우, 債務者가 債務를 履行하지 않으면 約定에 따라 保證人이 履行하거나 連帶責任을 지며 保證人이 債務를 履行한 후 債務者에게 償還을 要求할 權利가 있다"(民法通則 第89條 第1項).

擔保法 第31條에서도 保證人의 辨濟에 관하여 "保證人이 債務를 履行한 후 債務者에게 償還을 요구할 權利가 있다" 規定하였으나, 保證人이 辨濟權을 行使하는 節次 및 辨濟權의 內容에 대해서는 缺如되고 어떤 規定도 없어 補充할 필요가 있다. 특히 保證人이 辨濟權을 行使하기 위한 條件으로 첫째, 保證人이 保證하였고 둘째, 保證한 責任에 過失이 없어야 할 것이다.[293]

(3) 事前求償權의 行使와 擴張

"人民法院에 債務者의 破産件이 접수된 후 債權者가 債權의 申請 보고를 하지 않았을 때 保證人은 破産財産의 分配에 參加하여 미리 辨濟權을 行使할 수 있다"(擔保法 第32條). 대개 破産節次의 進行 중에 債權者가 債權을 申告하지 않은 경우 破産節次가 終決된 후에도 여전히 保證人에게 保證責任을 질 것을 要求할 수 있다. 만일 保證人이 破産節次의 進行 중에 아직 保證責任을 지지 않아 破産節次에 參與할 수 없었을 경우에 장래의 辨濟權을 行使할 수

---

292) 孫禮海, 蔣樂民 主編, 앞의 책, 64쪽.
293) 孔祥俊 主編, 앞의 책, 212쪽.

없게 된다. 그러나 保證人이 事前求償權을 行使한 후에는 保證債務
의 金額과 約定 또는 法定保證責任의 範圍 내에서 債權을 신고하
고 破産財産의 分配에 參加할 수 있다.[294]

中國의 民事訴訟法 및 企業破算法의 規定[295]에 의하면 "全民所
有制 企業만이 破産能力을 갖고 기타 企業 및 自然人은 破産能力
을 갖지 않는다"고 規定하여, 被保證人이 全民所有制의 企業이 아
닐 경우 破産能力을 갖지 않기 때문에 保證人은 자연히 擔保法 第
32條에 의해 事前求償權을 行使할 수 없을 것이다.

日本民法 第460條의 規定에 의하면 "主債務者의 委託을 받아 保
證을 실행하는 保證人은 다음과 같은 狀況에서 主債務者에게 事前
求償權을 行使할 수 있다.[296] 첫째, 主債務者가 破産宣告를 받고
債權者가 그 財産의 分配에 參加하지 않는 경우(第1項) 둘째, 債務
가 이미 償還期間 晩期가 된 경우(第2項 本文) 셋째, 債務 償還期
限이 불확실할 뿐 아니라 그 最長期限 역시 確定할 수 없는 狀況
에서 保證契約이 締結된 지 10年이 經過된 경우(第3項)" 이외에도

---

294) 債務者가 全民所有制 企業일 경우 最高人民法院의 中華人民共和國
企業破産法貫徹執行若干問題關與意見 第61條를 適用하고, 全民所有
制 企業이 아닐 경우는 最高人民法院의 經濟契約紛糾案審理保證關
聯若干問題關與規定 第24條를 適用한다.
295) 民事訴訟法 第199條 "企業法人이 심각한 赤字로 引下여 債務滿期가
되도록 債務辨濟를 할 能力이 없는 경우 債權者는 人民法院에 債務
者의 不渡宣告를 통한 債務辨濟를 申請할 수 있고, 債務者 역시 人
民法院에 不渡宣告를 申請하여 辨濟를 할 수 있다." 第206條 "全人
民所有制 企業의 不渡債務에 대한 辨濟節次는 中華人民共和國企業
不渡法의 規定을 適用한다. 法人의 企業이 아니고, 個人工商業戶・
農村都給經營戶・個人同業은 本章(企業法人破産辨濟節次 第19章를
가리킴)의 規定을 適用하지 않는다." 企業破産法 第2條 "本 法은 全
民所有制 企業에 適用한다."
296) 澤井裕, 『債權總論』(東京: 有斐閣, 1990), 117쪽.

"保證人이 過失이 없으면 債務者는 辨濟를 해야 한다고 裁判에서 宣告를 받은 경우"(第459條 第1項 但書)는 第460條가 規定한 事前求償權의 條件은 아니지만 保證人은 主債務者에 대하여 事前求償權을 行使할 수 있다.[297]

그런데 擔保法에서는 事前求償權에 대해 日本民法 第460條 第1項의 規定만 있을 뿐 其他 保證人이 事前求償權을 行使할 수 있는 規定이 없어 事前求償權을 行使할 수 있는 規定을 擴張해야 할 것이다.

(4) 最高債權額 保證의 適用範圍

保證契約은 保證人이 債權者와 債務者의 특정 去來行爲에 대해서만 保證을 提供하는 契約이다. 즉 일정 期間에 連續 發生하는 借款契約 또는 일정 期間內에 連續 發生하여 締結하는 契約에 대하여 債權者와 保證人이 매번의 借款 償還 또는 매번의 거래 때마다 單獨的인 保證契約을 締結한다는 것은 불편하고 불필요한 일이다. 이와 관련하여 擔保法은 保證人과 債權者는 개개의 主契約에 대하여, "保證人과 債權者는 하나의 主契約에 대하여 保證契約을 각각 締結할 수 있으며, 最高 債權額 限度內에서 일정한 期間 連續的으로 發生할 借款契約 또는 商品去來 契約에 대하여 하나의 保證契約을 締結할 것을 協議할 수도 있다[298]"(擔保法 第14條)고 規定하

297) 白羽祐三, 『債權總論』 (東京: 中央大學出版部, 1987), 122쪽, 近江幸治, 『民法講義 第5卷 (債權法總論)』 (東京: 成文堂, 1997), 248쪽.

298) 最高額保證의 主契約 債務는 借款契約과 商品去來를 말하며, 商品去來의 경우 商品賣買와 技術讓渡 등은 影響에 미치지만 賃貸債務나 賃金債務 등과 같은 契約債務는 最高額保證의 適用範圍에 影響

였다. 이는 債權者와 債務者가 빈번한 去來行爲에 대하여 保證人은
일일이 保證을 提供하였으나, 保證人과 債權者가 約定한 一定金額
을 超過하지 않으면 保證人은 擔保를 다시 設定하지 않아도 된다.

商品交易의 경우도 갈수록 빈번해지는 오늘날 法律로 最高額保
證을 明文으로 規定한 것은 확실히 商品의 流通을 促進하는 效果
가 있으며, 또한 期間의 長·短期와 債權額의 多·少를 保證人과
債權者가 共同으로 決定하게 한 것도 契約自由의 原則에 附合하여
肯定할 만하다. 그러나 最高額 保證의 適用範圍를 일정한 期間에
連續的으로 發生하는 債權뿐만 아니라 擔保物의 價値에 따라 最高
額 保證을 設定할 수 있도록 더 擴大하여 規定할 필요가 있다.

1) 最高債權額 保證의 契約內容

最高額保證契約은 "保證人과 債權者가 반드시 書面으로 締結해
야 한다"(擔保法 第13條). 이때 保證契約의 내용은 "保證받은 主債
權의 種類와 金額, 債務者가 債務를 履行하는 期間, 保證의 方式,
保證擔保의 範圍, 保證期間 및 雙方이 約定이 必要하다고 여기는
事項"을 記載해야 한다(擔保法 第15條).

2) 最高債權額 保證의 保證期間

最高債權額 保證의 構成要件은 一定期間 내에 반드시 債權이 發
生해야 하며, 最高債權額을 확성할 수 있어야 한다. 만약 保證人과
債權者가 保證期間을 約定하지 않을 경우, "保證人은 언제든지 保
證契約의 中止를 債權者에게 書面通知할 수 있다"(擔保法 第27條).
따라서 保證期間을 約定하지 않은 最高債權額保證은 無效는 아

을 미치지 않는다. 孔祥俊 主編, 앞의 책, 99쪽.

니지만, 無效化한다면 保證人과 債權者가 最高債權額 保證契約을 採決한 원래의 意思에 違背될 가능성이 있다. 擔保法은 債權者의 利益을 保護하고 保證人의 權利도 保護할 필요가 있다는 根據를 고려하여, 保證人은 保證期間을 規定하지 않은 경우 수시로 債權者에게 保證契約의 中止를 書面으로 通知할 수 있다. 이러한 通知는 반드시 證據의 의의로써 書面形式을 취해야 하며 口頭로 해서는 안 된다.299) 債權者가 書面形式의 通知를 받았다는 것을 證明하는 明確한 證據가 있거나 債權者가 認定을 하면 保證契約은 中止의 效力을 發生한다.300)

그리고 保證責任에 대하여 保證人은 債權者에게 通知되기 전에 發生한 一定額의 債權에 대하여 保證責任을 지고, 通知한 후에 債權이 發生하였거나 一定額의 債權을 超過한 부분에 대해서는 保證責任을 지지 않는다. 保證責任을 지는 保證期間은 각각 個別的으로 發生한 特定債權의 保證契約의 約定에 따라 履行하며, 約定이 없으면 擔保法 第25條 및 第26條의 規定에 의하여 처리하되 그 期間은 主債務 履行期限이 滿了된 날로부터 6個月로 한다.

---

299) 趙許明, 杜文聰 主編, 앞의 책, 76쪽.
300) 鄒海林, 常敏, 앞의 책, 106쪽; 孔祥俊 主編, 앞의 책, 192쪽.

第5節 保證金
(定金) 制度

1. 保證金 制度의 特色

(1) 意 義

保證金 制度는 中國에서 매우 重視되어 온 制度이다.301) 1981年에 採擇된 經濟契約法 第14條 및 1986年에 採擇된 民法通則 第89條 第3項은 保證金制度에 대해 너무 간략하게 規定되어 있으나,302) 擔保法은 保證金制度의 適用範圍, 性格, 保證金額 등 比較的 完全한 規範으로 規定되어 있어 이에 대하여 考察하고자 한다.

---

301) 孔祥俊 主編, 앞의 책, 573쪽, 鄭海林, 常敏, 앞의 책, 371쪽.

302) 經濟契約法 第14條와 民法通則 第89條 第3項 "當事者 一方은 法律이 規定한 範圍 내에서 相對方에게 保證金을 支拂할 수 있다 債務者가 債務를 履行한 후 保證金은 貸金으로 算入하거나 回收한다. 保證金을 支拂한 一方이 債務를 履行하시 않을 경우 保證金 返還을 要求할 權利가 없으며, 保證金을 받은 一方이 債務를 履行하지 않을 경우 保證金의 두 배를 償還해야 한다."

218

(2) 保證金

"保證金은 書面으로 約定해야 하며 當事者는 保證金 契約에서 保證金 支給期限을 約定해야 한다. 保證金 契約은 保證金의 실제 支給日부터 效力을 發生한다"(擔保法 第90條)고 規定하여 保證金 契約은 要物契約이다.303) 保證金의 設定方式은 方式에 따라서 法定保證金과 約定保證金으로 나눌 수 있으며, 前者는 保證金의 設定이 法律規定에 의해 정해지나, 後者는 契約 當事者의 約定에 의한 것이다.304) 擔保法의 경우 第89條 規定에 의하여 "保證金은 當事者가 자유롭게 約定할 수 있다."고 規定한 保證金은 約定保證金이다.

(3) 保證金의 適用範圍

"當事者 一方이 相對方에게 保證金을 支給하고 債權을 擔保하기로 約定할 수 있다. 債務者는 債務를 履行한 후, 保證金을 相計하거나 回收해야 한다. 保證金을 支給한 一方이 約定한 債務를 履行하지 않을 경우, 保證金 返還을 要求할 權利가 없다. 保證金을 받은 一方이 約定한 債務를 履行하지 않을 경우, 保證金을 倍額 返還해야 한다"(擔保法 第89條)고 규정하였으나,305) 保證金 契約을 適

303) 郭明瑞, 앞의 책, 325쪽.
304) 毛亞敏, 앞의 책, 248쪽.
305) 民法通則 第89條 第3項 "當事者의 一方은 法律이 정한 範圍內에서 相對方에 대하여 保證金을 支給할 수 있다. 債務者가 債務를 履行한 후에는 保證金은 代金과 相計되거나 回收되어야 한다. 保證金을 支給한 當事者가 債務를 履行하지 아니한 경우에는, 保證金의 返還을 要求할 權利가 없으며, 保證金을 받은 當事者가 債務를 履行하지 아

用할 수 있는 主契約의 種類 및 範圍 등은 規定하지 않았다.306)

　우리나라 民法은 保證金에 대하여 規定이 없지만, 거래실제에 있어서는 賃貸借에 隨伴하여 保證金이 收受되는 경우가 보통이다.307) 日本民法 第557條와 第559條의 規定에 의한 保證金은 賣買 이외의 有償契約이어야 保證金을 約定할 수 있다고 規定하고 있다.

(4) 保證金의 種類

　保證金의 種類는 設定目的과 發生效果가 다름에 따라 다음의 네 가시로 나눌 수 있다.308)

　첫째, 契約의 成立要件는 保證金이다.309) 즉 保證金을 交付했는지의 與否는 契約의 成立을 要件을 表示하는 것으로 判斷한다.

　둘째, 契約의 成立을 證明하기 위해 지불하는 契約證明保證金이 있다.

　셋째, 保證金을 支給한 一方이 債務不履行할 경우 保證金을 받은 一方이 沒收할 수 있고, 保證金을 받은 一方이 債務不履行할 경우는 保證金을 배로 返還해야 하는 違約保證金이 있다.

　끝으로, 契約 解除權을 保留하기 위해 支給하는 解約保證金이

　　니한 경우에는 保證金의 두 배를 返還하여야 한다."
306) 趙許明, 杜文聰 土編, 앞의 책, 201쪽.
307) 金俊鎬, 앞의 책, 923쪽.
308) 鄭玉波, 앞의 책, 335쪽, 孔祥俊 主編, 앞의 책, 573쪽, 毛亞敏, 앞의 책, 247쪽, 趙許明, 杜文 聰 主編, 앞의 책, 201쪽, 鄔海林, 常敏, 앞의 책, 373쪽, 孫禮海, 蔣樂民 主編, 앞의 책, 156쪽, 我妻榮, 『債權各論中卷一』(東京: 岩波書店, 1990), 260쪽, 遠藤浩 等編, 『民法(六)契約各論』(東京: 有斐閣, 1989), 25쪽.
309) 이런 種類의 保證金은 獨逸 固有의 法制度로, 手金이라고 한다. 鄭玉波, 앞의 책, 355쪽.

있는 當事者가 保證金의 性格에 따라 자유롭게 約定할 수 있으나, 만일 約定하지 않을 경우 서로 다른 保證金이 서로 다른 效果를 發生할 수 있으므로 法律의 規定에 의해 保證金의 性格을 明確히 規定할 필요가 있다.

(5) 保證金의 效果

擔保法 第89條의 保證金의 支給 性格에 있어서 契約金을 區分할 필요가 있다고 본다. 保證金의 役割은 契約의 履行을 擔保하는 데 있으나, 契約金은 契約履行의 支級義務를 目的으로 하는 것이지 契約履行의 役割을 하는 것은 아니다.310) 또한 保證金은 契約履行 전에 支給해야 實益이 있으나, 契約金은 支給 自體가 契約履行의 일부이며 支拂義務가 아직 완전히 履行되지 않았을 뿐이다. 그리고 保證金을 받은 일방이 約定한 債務不履行할 경우 保證金을 倍額으로 返還해야 하나, 支給한 것이 契約金이면 契約金을 받은 일방이 債務不履行할 경우 當事者가 따로 違約金을 約定한 경우를 除外하고는 이미 받은 契約金을 返還하면 된다.

擔保法 第89條의 保證金 性格에 대하여 解約保證金 또는 契約證明保證金이라고 보는 見解도 있고,311) 契約證明保證金 또는 違約保證金으로 보는 見解도 있다.312) 그러나 通說은 保證金이 契約證明

---

154) 鄭海林, 常敏, 앞의 책, 376쪽, 趙許明, 杜文聰 主編, 앞의 책, 204쪽.
155) 趙許明, 杜文聰 主編, 앞의 책, 203쪽, 郭明瑞, 앞의 책, 319, 327쪽, 鍾立志, 『淺談我國定金的 性質及其法律效力』 (北京: 中外法學, 1992), 第3號, 42쪽, 이 글은 비록 擔保法이 制定되기 전에 民法通則에 根據하여 作成했으나 民法通則 第89條 第3項의 規定과 擔保法의 保證金 罰則이 같아서 學者들은 많이 保證金 罰則에 根據하여 保證金의 性格을 論하였다.

의 性格을 갖는다고 보지만 違約保證金인지, 解約保證金인지에 대해서는 論爭이 있다.

中國 合同法 第115條[313])의 規定에 의한 保證金은 違約保證金의 性質로 볼수 있으나, 우리民法의 保證金은 解約保證金의 性質로 본다.[314])

立法 例에서 保證金을 解約保證金으로 보는 것은 우리 民法과 日本民法을 예로 하자면, "賣買의 當事者 일방이 契約 당시에 金錢 기타 物件을 契約金, 保證金 등의 명목으로 相對方에게 交付한 때에는 當事者間에 다른 約定이 없는 한 當事者의 일방이 履行에 着手할 때까지 交付者는 이를 抛棄하고 受領者는 그 倍額을 償還하여 賣買契約을 解除할 수 있다"(民法 第565條 第1項). 日本民法 第557條 規定에서도 "買受人이 賣渡人에게 保證金을 支給할 경우, 當事者 일방이 契約履行에 着手하기 전에 買受人은 그 保證金을 抛棄하고, 賣渡人은 保證金을 倍額 返還하여 契約을 解除할 수 있다"고 規定하여, 우리民法과 日本民法은 法律에 明文規定을 두었기 때문에 保證金을 解約保證金으로 當事者 일방이 契約履行에 着手하기 전에 解除해야 하므로 當事者가 履行에 着手한 후에는 保證金을 포기하는 것을 契約 解除의 이유로 할 수 없음을 알 수 있다.[315])

---

312) 孔祥俊 主編, 앞의 책, 574쪽, 孫禮海, 蔣樂民 主編, 앞의 책, 157쪽, 毛亞敏, 앞의 책, 250쪽, 黃赤東, 梁書文主編, 앞의 책, 990쪽.
313) 契約法 第115條 "保證金을 支給한 一方이 約定의 債務를 履行하지 않는 경우, 保證金 返還을 要求할 權限이 없고, 保證金을 받은 一方이 約定의 債務를 履行하지 않을 경우, 保證金의 2배를 返還하여야 한다."
314) 馬麗麗, 『韓國의 契約法과 中國의 合同法에 관한 比較法的 考察』 (全南大學校 大學院 法學碩士學位論文, 2005), 108쪽.
315) 遠藤浩 等編, 앞의 책, 26쪽.

222

中國 擔保法도 保證金 性格이 違約保證金인 것을 다음과 같은 이유로 알 수 있다.

첫째, 우리民法과 日本民法은 法律로 保證金의 性格이 解約保證金이라고 明文規定을 하였기 때문에 賣買契約에 대해서 買受人은 保證金의 포기를 契約解止의 대가로 할 수 있고, 賣渡人은 保證金을 배로 償還하는 것을 契約解除의 대가로 할 수 있다.316) 그러나 擔保法은 當事者가 合意하여 保證金을 解約 保證金으로 보는 것을 제외하고는 保證金을 支給한 일방이 保證金을 포기하여 契約을 解除할 수 있거나 保證金을 받은 일방이 保證金을 倍額 償還하여 契約을 解除할 수 있다는 것을 明文規定을 하지 않았다.

둘째, 擔保法은 保證金 罰則의 規定으로서 保證金을 支給한 일방이 債務를 履行하지 아니할 경우 保證金 返還을 要求할 權限이 없고, 保證金을 받은 일방이 債務를 履行하지 않을 경우는 保證金을 倍額을 償還해야 한다고 規定하여 擔保法의 保證金은 違約保證金이라고 볼 수 있다.

셋째, 契約의 履行을 擔保하기 위하여 違約保證金을 約定하는 것은 當事者에게 解除權을 부여한 것과 같은 解約保證金에 비해 契約의 目的 達成에 용이할 수 있다. 그러므로 擔保法에 規定한 保證金의 성격을 解約保證金으로 解釋하기보다는 違約保證金으로 解釋하는 것이 더 合理的이다. 따라서 當事者가 특별히 約定한 것을 제외하고는 擔保法上의 保證金은 契約證明保證金과 違約保證金을 뜻하는 것이지 解約保證金을 뜻하는 것은 아니다.

---

316) 金俊鎬, 앞의 책, 869쪽, 水本浩, 遠藤浩, 『債權各論』 (東京: 靑林書院, 1988), 77쪽.

2. 保證金額과 罰則

"保證金의 額數는 當事者가 約定하나, 主契約對象액의 20%를 超過하지 못한다"[317](擔保法 第91條). 擔保法이 保證金의 額數를 制限한 立法目的은 保證金의 額數가 너무 낮으면 保證金이 契約의 履行을 擔保하는 機能을 發揮하지 못할 것이고, 반대로 保證金이 너무 높으면 約定의 義務를 지킨 일방이 保證金 罰則에 의해 賠償額으로 얻는 額數가 실제 損失額보다 過度하게 높을 경우 民法의 公平의 原則에 어긋나므로 保證金額數에 대하여 적당한 制限을 두고 있다.[318]

擔保法이 制定되기 전에는 소수의 行政法規로 保證金에 대하여 規定하였다. 그 예로 建設工程實地調查設計契約條例 第7條 第2項[319]에서 실지조사 임무의 保證金은 실지조사비의 30%, 설계임무의 保證金은 추산 설계비의 20%로 規定하였으나, 擔保法 第91條에서는 主契約對象額의 20%를 초과하지 못하도록 한 것이 相異하다.[320]

---

317) 擔保法 第91條는 强制規定으로 當事者가 約定한 保證金 額數가 主契約의 20%를 超過하면 超過하는 부분은 無效라고 하는 것이 通說이다.

318) 趙許明, 杜文聰 主編, 앞의 책, 207쪽.

319) 建設工程實地祖師設計契約條例 第7條는 "規定에 따라 費用을 收取하는 實地調查設計契約이 效力을 發生한 後 委託 측은 都給 측에 保證金을 支拂해야 한다. 實地調查設計契約이 履行된 後 保證金은 實地調查 · 設計費로 充當한다. 實地調查 任務의 保證金은 實地調查費의 30%이고, 設計 任務의 保證金은 推算 設計費의 20%이다. 委託 측이 契約을 履行하지 않으면 保證金返還을 要求할 權限이 없고, 都給 측이 契約을 履行하지 않으면 保證金을 倍로 返還해야 한다."

320) 우리나라 民法 第565條에 同一한 規定이 있으나 具體的인 比率은 정해진 것이 없고 慣習的으로 10%를 適用하고 있다.

經濟契約法 第14條 및 民法通則 第89條의 경우 保證金의 額數에 대한 規定이 없어, 相對方이 契約 不履行으로 保證金을 倍額으로 要求할 수 있다는 規定을 이용하여 高額의 保證金을 支級하고 契約을 不履行할 경우 保證金 倍額을 要求하였다.[321] 그러나 擔保法에서 保證金 額數를 法律로 明確히 規定하였기에 投機心理를 잠재울 수 있게 되었으며, 現實生活에서 保證金 罰則規定을 濫用하지 못하게 한 것으로 상당히 肯定할 만하다.

---

321) 金漢標, 『定金罰則之適用 第9號』(北京: 法學, 1994), 36쪽.

> ## 第6節 유럽復興開發銀行 模範擔保法과 韓國 및 中國의 擔保制度

1. 意 義

計劃經濟 體制下에 있던 舊 共産國家들은 改革·開放政策을 표방하고 市場經濟로의 轉換을 꾀하였지만 그 過程에서 많은 施行錯誤를 겪지 않을 수 없었다. 그것은 國有로 되어 있던 企業과 土地를 私有化하고 政府統制下에 있던 價格을 自由化하는 것이 매우 복잡하고 어려운 일이었을 뿐만 아니라 수많은 理解集團이 서로 얽혀 있었기 때문이다. 더욱이 이들 體制轉換國이 지속 가능한 經濟成長을 이룩하기 위해서는 새로운 企業 시스템이 市場에 순조롭게 適應할 수 있도록 우선 法制를 整備하는 일부터 서둘러야 했다.322) 이에 따

---

322) 東歐 國家들의 體制轉換을 支援해 온 유럽復興開發銀行의 調査에 따르면 民間部門의 育成과 外資導入을 위해서는 擔保法, 會社法, 倒産法의 整備가 가장 시급한 것으로 나타났다. Frédérique Dahan Gerard McCormack, "Secured Transactions in Countries in Transition (The Case of Poland): From Model to Assessment", [1999] European

라 體制轉換國들에 대한 金融 및 技術支援을 목적으로 1991年에 設立된 유럽復興開發銀行[323]은 중·동구의 舊 社會主義 國家들의 순조로운 經濟改革을 지원하기 위한 投融資 活動을 전개하는 한편 1994년 模範擔保法을 서둘러 마련하였다. 유럽復興開發銀行은 다른 國際金融機構와는 달리 公共部門보다도 民間部門에 대한 投融資 및 技術協力에 중점을 두고, 특히 현지 情報의 保證없이 民間企業에 대하여 投融資를 하는 것이 特色이다.[324] 그러므로 借主인 民間企業이 債務不履行에 빠지는 경우에는 유럽復興開發銀行 스스로 현지의 民·商事 關聯法에 의하여 債權을 回收해야 할 현실적인 필요성도 있었다. 이들 舊 共産國家에서는 한결같이 排他的 支配權으로서의 所有權이나 有限責任을 기초로 하는 株式會社制度나 私的 自治의

Business Law Review, p.85.

323) 유럽復興開發銀行(European Bank of Reconstruction and Development 이하 EBRD)은 중·동부 유럽 國家들의 政治民主化와 市場經濟體制로의 履行을 促進시키기 위한 方案으로 1989年 미테랑 프랑스 大統領에 의하여 최초로 提案된 후 4次에 걸친 設立 準備 實務者會議를 거쳐 1991年 4月 15日 런던에서 創立總會를 개최함으로써 公式 出帆하게 되었다. EBRD는 역내 會員國의 經濟開發을 支援한다는 점에서는 다른 地域開發 金融機構와 性格을 같이 하지만 政治的인 目標도 함께 추구한다는 점에서 다른 機構와 차이가 있다. EBRD의 設立協定文 第1條는 複數政黨制的 民主主義, 多元主義. 市場經濟 등의 基本原則을 遵守하는 중·동구 國家들이 開放的 市場經濟體制로의 轉換을 促進하고 民間 企業活動을 增進시킬 수 있도록 寄與하는 데 그 설립 目的을 두고 있다고 規定하고 있다. EBRD는 이러한 設立目標를 達成하기 위하여 市場經濟에 필요한 下部構造 開發支援, 기존 金融部門의 改革支援, 産業構造調整, 國營企業의 民營化 등을 우선 支援分野로 設定하여 資金 및 技術 支援을 提供하며, 環境 破壞를 초래하지 않는 範圍 내에서 지속 가능한 經濟開發을 獎勵하고 있다. 이러한 모든 機能을 效果的으로 수행하기 위하여 EBRD는 國際 金融機構 및 기타 國際機構와의 긴밀한 協力關係를 維持하도록 하고 있다.

324) 佐藤安信·赤羽 貴·道垣內弘人, 『歐州復興開發銀行·模範擔保法の紹介と解說 (上)』 NBL No.695, 73－75쪽.

原則이 미처 확립되어 있지 않았기 때문에 유럽復興開發銀行로서는 설립 초부터 그의 金融支援을 받는 國家들에 대하여 法制의 정비에 관한 조언과 지원을 하는 것이 당면 과제였다.325)

　유럽復興開發銀行에서는 體制轉換國들이 10여 년에 걸친 法制改革의 노력이 얼마나 成果를 거두었는지 서베이를 실시한 바 있다.326) 그 對象은 유럽復興開發銀行이 活動하고 있는 東歐의 26개 體制轉換國들이었는데 相互 比較를 통하여 擔保制度의 法的인 틀을 제대로 갖추는 것이 매우 중요하고 일부 國家에서는 보다 철저한 法制改革이 필요함을 알 수 있었다.

　設問調査는 우선 調査對象 國家의 擔保法制가 動産이나 無體財産權을 擔保로 잡을 수 있게 하는지 근대적인 擔保法에 비추어 평가한 다음 당해 國家의 占有形 擔保權과 非占有形 擔保權의 내역을 알려줌으로써 自體的으로 均衡있는 比較 評價를 할 수 있도록 했다. 여기에는 유럽復興開發銀行이 제시한 擔保法의 核心原則이 중요한 評價基準이 되었다.

　設問調査는 調査對象 國家의 擔保制度가 核心原則에 비추어 어느 부분이 未洽한가 보여주고 法制改革을 통하여 經濟的 效果를 極大化할 수 있는 方案을 提示하는 데 힘썼다. 이러한 地域的인 서베이에서는 國家間의 우열이 나타나게 마련이므로 여건이 비슷한 이웃 나라의 成功과 失敗 事例를 서로 배울 수 있는 계기가 되었다.327)

---

325) 朴烜日, 앞의 책, 42쪽.
326) Duncan Fairgrieve and Mads Andenas, "Securing progress in collateral law reform: the EBRD's Regional Survey of secured transactios laws", Law in transition, EBRD, Autumn 2000, p.28-36.
327) 朴烜日, 앞의 책, 47쪽.

유럽復興開發銀行의 設問調査에서는 債務者가 債務不履行에 빠졌을 때 債權者가 擔保로 取得한 資産에 擔保權을 實行하는 것을 주된 내용으로 하였으므로 保證과 같은 人的 擔保는 除外하였다. 또한 所有物을 擔保로 提供하는 擔保制度의 본질에 충실하여 金融리스, 所有權 留保, 信託的 讓渡, 팩토링328) 등의 類似擔保도 평가대상 외로 하였다.

經濟的 效果를 極大化하기 위해서는 非占有形 擔保權을 널리 認定하는 것이 최고로 바람직했다. 그것은 體制轉換國에서 不動産을 擔保로 하는 抵當權을 擔保制度의 영역을 벗어나 土地改革을 수반하므로 논외로 하지 않을 수 없고, 船舶과 航空機는 이것을 擔保로 이용하는 企業活動이나 이를 規律하는 法制가 특수하므로 지역 내 비교가 곤란한 까닭이었다. 일반적인 경우를 놓고 보더라도 中小企業은 土地를 所有하는 예가 드물고, 債務者들은 손쉽게 在庫資産이나 외상매출채권을 擔保를 제공할 수 있는지 관심이 많았다. 이러한 非占有形 擔保權은 債務者가 빚을 갚기 위해서는 그 目的物을 계속 사용할 수 있어야 한다는 점에서도 중요시되었다. 그러므로 占有形 擔保權보다는 非占有形 擔保權을 널리 認定하는 法制를 갖춘 나라가 經濟的 成果가 큰 것으로 나타났다.329)

---

328) 팩토링(factoring)이라 함은 物件을 販賣하는 去來商人이 전문적으로 債權回收業을 영위하는 팩토링업자에게 그의 외상매출채권을 讓渡하고, 팩토링업자는 去來商人에 갈음하여 債務者로부터 賣出債權을 推尋하는 동시에 이와 관련된 債權의 管理, 帳簿作成 등의 行爲를 引受하는 것을 말하며, 팩토링거래의 法的 性質에 대해서는 賣買契約說, 消費貸借說, 償還請求權이 없는 팩토링은 債權의 賣買이고 償還請求權이 있는 팩토링은 債權을 擔保로 한 消費貸借라는 折衷說(獨逸의 通說과 判例, 우리나라의 多數說)이 對立하고 있다.

329) 朴烜日, 앞의 책, 48쪽.

國際金融去來는 그 槪念上 國境을 넘어 이루어지는 거래인 만큼 다양한 法域과 관련되고 따라서 앞서 언급한 바와 같이 準據法 기타 國際私法的 문제가 중요한 문제로 대두된다. 한편, 그러한 國際私法的 문제 중 法體系의 차이 또는 法體系의 不明確性이 초래하는 國際金融去來의 障碍 要素를 제거 또는 減少시킴으로써 저렴한 費用에 의한 國際金融去來의 活性化를 도모하고자 하는 國際的 努力에 관하여 注目할 필요가 있다.

2. 유럽復興開發銀行 模範擔保法의 擔保制度

이는 擔保去來에 관한 規範이 없거나 未備하였던 러시아를 비롯한 東歐의 여러 나라들이 私有化를 통한 市場經濟 體制로의 轉換을 推進하는 過程에서 필요한 外國 金融機關 기타 海外 債權者로부터의 金融 支援과 관련하여 각 나라가 자기 나라의 法制를 整備함에 있어서 模範으로 삼을 수 있도록 유럽復興開發銀行이 마련한 모델법이다.[330]

이 유럽復興開發銀行 模範擔保法은 國際 投資者들과 債權者들이 그들의 去來와 관련하여 무엇을 기대하고 있는지에 대한 지침을 提供하고, 擔保去來에 관한 法制 整備의 接近 方法에 調和를 기하는 등의 目的으로 마련되었다.[331]

그리고 유럽復興開發銀行 模範法은 大陸法과 英美法의 조화를

---

330) 朴烜口, 『商事債權에 대한 새로운 擔保手段의 摸索－國際機構에서의 論議를 中心으로』("商事法研究" 第21卷 第1號 通卷 第33號 韓國商事法學會, 2002), 150쪽.

331) 위 EBRD 웹사이트 參照.

꾀하였고 東歐는 물론 西歐 各國의 法律 및 實務上의 知識과 經驗을 적극 활용한 까닭에 比較法的으로도 世界 各國에서 참고할 수 있는 충실한 模範法인 것으로 評價되고 있다.[332] 무엇보다도 東歐 여러 나라의 法制度가 基礎하고 있는 大陸法의 概念에 적합한 法條文으로 規定하고, 동시에 현대 金融技法의 發展에 부응할 수 있도록 英美法의 유용한 法技術을 활용할 수 있게 한 점이 特色이다.

유럽復興開發銀行 模範擔保法은 東歐라는 地理的 範圍를 超越하여 司法의 조화와 통일을 이룩한 하나의 모델이라 할 수 있다. 民間部門의 經濟活動이 원활히 이루어지려면 企業을 設立·經營하고 필요한 資金을 融通할 수 있어야 하며 실패한 企業에 대해서는 도산 처리가 필요한바, 이를 위한 契約法, 會社法, 擔保法, 倒産法 등이 完備되어 있어야 한다. 擔保법은 ① 기존 物權體制에 編入되어야 하고, ② 어떠한 狀況에서도 擔保權 設定이 可能하고, ③ 效果的인 公示方法이 있어야 할 뿐만 아니라, ④ 擔保資産으로부터 迅速하고 저렴하게 債權을 回收할 수 있어야 하며, ⑤ 擔保權의 設定·維持·實行費用이 合理的이어야 하는데,[333] 유럽復興開發銀行 模範擔保法은 이를 모두 充足한 것으로 評價되고 있다.[334]

---

332) 유럽復興開發銀行 模範擔保法을 기초한 사람은 獨逸의 Jan-Henarik M. Rover 辯護士와 프랑스에서 오랜 實務經驗을 쌓은 英國의 John Simpson 辯護士였다. 뿐만 아니라 EBRD는 國際的인 諮問委員會를 設置하여 15개 法域에서 온 20名의 法律專門家들로부터 여러 각도에서 檢討와 諮問을 받았고, 世界的으로 코멘트와 意見, 提案을 接受하여 法案에 반영시켰다.

333) Duncan Fairgrieve, "Reforming Secured Transactions Laws in Central and Eastern Europe", [1998] European Business Law Review, p.245.

334) 유럽復興開發銀行 模範法上의 擔保는 단순한 義務가 아니라 物權에 속한다. 債務者, 被擔保債權, 擔保資産 등 多樣한 概念을 포함하며, 登錄이라는 公示方法을 갖추고, 擔保權者가 最適의 方法으로 擔保權을 實行할 수 있으며 각종 規制가 最小化되어 있다.

유럽復興開發銀行 模範擔保法은 借主의 企業財産을 擔保로 파악하는 金融去來에 있어서도 중요한 參考 資料가 되고 있다. 오늘날 金融革新에 수반하여 전세계적으로 擔保法制에 대한 實體面과 節次面에서의 整備作業이 활발한 가운데 다양한 시도가 이루어지고 있다. 예컨대 不實債權, 不動産에서 資金을 調達하는 資産流動化(asset–backed securitization: ABS)에서는 債權讓渡의 特例를 認定하고 將來의 현금흐름에 대하여 擔保價値를 認定하고 있다. 또한 각국이 전력산업을 民營化하면서 우후죽순처럼 생겨나는 獨立發展事業者(independent power produecr: IPP)에 대한 프로젝트 금융과 民間資本을 留置하여 公共施設을 擴充하는 이른바 PFI(private finance initiative)335) 사업에 있어서도 현금흐름을 파악하고 이를 擔保로 活用하는 方案이 적극 活用되고 있다.336) 유럽復興開發銀行 模範法은 이러한 추세에 잘 부응하고 있는 것으로 보인다.

3. 韓國과 유럽復興開發銀行 및 中國의 擔保制度 比較

(1) 韓國과 유럽復興開發銀行의 擔保制度

우리法과 비교하여 特徵的인 것으로서 主要한 內容을 살펴보면 우선 모든 擔保 目的物에 대하여 단일 형태의 擔保權만을 創設하고 있으며,337) 被擔保債權 및 擔保目的物을 個別的으로나 包括的

---

335) 朴炬日, 앞의 論文, 47–63쪽.
335) 佐藤安信·赤羽 貴·道垣內弘人, 『歐州復興開發銀行·模範擔保法의 紹介와 解說(上)(下)』, NBL Nos. 695, 696, 2000), 72–73쪽.

으로 特定할 수만 있으면 현재의 것이든 장래의 것이든 불문하며, 擔保權이 存在하는 동안 擔保目的物이 變動하더라도 최초 단계에서 特定할 수 있으면 충분한[338) 것으로 하여 擔保 目的物의 特定性이 매우 완화되어 있다는 점을 들 수 있다.[339) 또한 企業이 가진 資産을 總體的으로 擔保化할 수 있는 企業擔保權을 設定할 수 있도록 하고 있는 점이 注目된다.[340) 그 외 擔保禁止特約에도 불구하고 원칙적으로 이 特約을 擔保權者에게 對抗할 수 없도록 한 것이라든지[341) 擔保管理人制度를 두고 있는 것[342) 및 不動産 이외의 擔保目的物에 관하여도 登錄擔保權[343)을 設定할 수 있도록 한 것 등이 우리法과 비교되는 주요 特徵이라고 할 수 있다.

(2) 韓國과 中國의 動産擔保制度

1) 動産擔保制度의 現況

우리나라에서는 自動車, 建設機械, 航空機, 船舶 등을 登記 登錄함으로써 抵當權을 設定하고 擔保提供者가 계속 使用·收益할 수 있게 하는 特殊擔保制度를 運用하고 있다. 그 외 企業이 保有하고 있는 機械, 器具, 在庫品, 在庫資産 등 動産은 아직까지 마땅한 公

337) EBRD 模法擔保法 第1.1條.
338) EBRD 模法擔保法 第4.3條, 第4.4條, 第5.2條, 第5.5條, 第5.8條 및 第5.9條.
339) 우리나라에서도 集合物讓渡擔保에 있어서 擔保目的物의 特定性이 일부 緩和되어 있으나 EBRD 模範擔保法에서와 같이 一般的인 것은 아니다.
340) EBRD 模法擔保法 第5.6條 및 第25條.
341) EBRD 模法擔保法 第5.4條.
342) EBRD 模法擔保法 第16條.
343) EBRD 模法擔保法 第6.1條 및 第8條.

示方法이 없어 讓渡擔保를 設定하거나 工場抵當法[344])에 의한 목록
追加方式으로 一括하여 擔保 提供이 가능하다.

鑛業財團抵當法에서는 鑛業權者의 所有에 속하는 土地, 工作物,
機械 器具, 車輛, 船舶 등으로 鑛業財團을 구성하고 그 위에 抵當
權을 設定할 수 있게 하고 있다. 機械類는 各種 機械・器具, 交通
手段은 發動機가 부착된 運送手段, 그리고 기타 財産은 무게가 상
당히 나가는 움직이기 어려운 物件을 말한다. 특별히 法的으로 限
定하는 것은 없으므로 抵當權 設定이라는 擔保形式에 적합한 動産
중에서 개별적으로 그 適格性을 판단할 수밖에 없다.

따라서 中國은 우리나라 경우와 같이 득수한 擔保制度로 運營하는
것이 아니라 擔保法 第34條와 物權法 第180條 規定에 의해 航空機
및 船舶과 機械類는 일반 抵當制度로써 抵當權을 設定할 수 있다.

2) 動産擔保制度의 問題點

物的 擔保 중에서 抵當權[345])은 "債務者 또는 第3者가 物件의 占有
를 移轉하지 않고 당해 物件을 債權의 擔保로 하여 債務者가 債務를
履行하지 않을 경우 債權者가 이를 換價하거나 競賣를 實行하여 매
각한 代金으로부터 優先辨濟를 받을 수 있는 權利"를 말한다(擔保法
33條 1項). 이른바 非占有型 擔保權으로서 대표적인 것이다.

우리나라와 사뭇 다른 점은 아래에서 설명하는 비와 같이 抵當權
을 設定할 수 있는 재산이 建設用地使用權, 建物은 물론 自動車
등의 交通手段과 기타 動産을 포함한다는 점이다. 다만 土地所有

---

344) 工場抵當法에 따라 工場의 機械 機構 등에 대하여 土地 建物의 抵
    當權의 效力이 미치는 工場抵當制度를 施行하고 있다
345) 曾我貴志, 『中國擔保法の重要問題(下)』(NBL No.591, 1996) 49～54쪽.

權, 農業用 土地, 學校·病院 등의 建物 및 所有權·使用權이 불
명하거나 紛爭이 있는 것, 法律이나 行政法規가 押留하지 못한다고
規定되어 있는 物件에 대하여는 抵當權을 設定하면 無效이다(物權
法 第184條, 擔保法 第37條).

그러나 우리나라에서는 擔保權을 設定者가 目的物을 계속 使用
할 수 있는 非占有型 擔保權은 오로지 登記가 가능한 不動産 또는
그에 준하는 物件에 設定되는 것으로 抵當權에 限定되어 있다. 動
産는 대부분의 目的物을 債權者에게 引渡하여야 하는 占有型 擔保
權으로서 質權이 認定되고 있다.

따라서 動産擔保制度의 問題點을 밝혀 보고자 한다.

첫째, 目的物이 아직 登記·登錄이 되어 있지 않은 경우, 이를 債
務者가 계속 使用·收益할 수 있으려면 信託的으로 그 所有權을 債
權者에게 移轉하는 讓渡擔保 또는 賣渡擔保가 利用되고 있는 것이
다.346) 그러므로 非占有型 動産擔保는 制限的으로 認定하여야 한다.

둘째, 擔保制度의 公示制度가 缺如되어 있다. 擔保權의 存在를
公示할 수 있는 방법으로서 留置權과 質權은 占有, 抵當權은 登記·
登錄을 하여야 效力이 發生하다.

그러나 債務者가 動産을 계속 使用·收益하면서 債務不履行時에
는 債權者가 이를 換價處分할 수 있는 方法으로는 그 所有權을 移
轉하는 讓渡擔保 외에는 效果的인 方法이 없다.

셋째, 擔保權의 維持와 實行에 많은 費用이 發生한다. 우리나라
에서는 留置權·質權의 경우 目的物을 占有하는 것으로 족하므로

---

346) 美國의 경우 거의 모든 擔保物을 有體物(物品, 設備)과 無體物(債券,
　　一般無體物, 投資財産), 그 中間形態인 反無形物(權原證書, 流通證
　　券, 動産抵當證券)로 分流하여 包括的으로 動産擔保制度를 運營하고
　　있다.

擔保權의 設定에 거의 費用이 들지 않으나, 抵當權의 경우에는 登記·登錄費用이 적잖게 든다. 擔保權의 維持, 實行에 있어서도 원칙적으로 擔保權의 私的 實行을 認定하지 않으므로 擔保物의 種類에 따라서는 상당한 費用이 소요된다.

넷째, 動産擔保制度 落後性에 따른 經濟活動에 많은 制約이 따른다. 이러한 動産擔保制度와 公示制度의 落後性으로 中小企業의 경우 高價의 動産을 保有하고 있음에도 불구하고 擔保提供이 곤란하여 金融機關 貸出 접근이 힘들다. 특히 최근 尖端技術水準의 發達로 企業이 保有하는 動産이 高性能化 高價化되어 가고 있음에도 이의 擔保價値 活用方法에 制約을 받고 있다.

다섯째, 動産擔保가 活用되지 못함에 따라 金融機關의 擔保 의존도는 대부분 不動産에 限定되어 있다.

3) 動産擔保制度의 改善方案

企業動産의 擔保活用價値 提高를 통해 企業金融과 金融革新을 誘導하기 위하여 包括的인 動産 擔保制度를 導入하고, 또한 包括的인 動産登記와 法令의 制定에 대하여 檢討할 필요가 있다.

東歐圈에서는 대부분의 나라가 유럽復興開發銀行의 도움으로 動産에 대한 非占有型 擔保制度를 導入하였고, 外換危機 이후 인도네시아, 태국, 베트남, 캄보디아 등 東南亞의 여러 나라들도 아시아開發銀行의 도움으로 非占有型 動産擔保制度를 속속 採擇하고 있음을 注視해야 한다.

第7節 小 結

中國은 市場經濟에 進入하는 過程에서 완전한 하나의 民法典을 制定하는 것이 시기적으로 成熟되지 않았으나, 시급히 필요한 法을 먼저 制定할 필요성이 있음과 아울러 비교적 成熟된 부분을 單行法으로 制定하여야 했다. 그러나 아직 經驗이 부족한 점과 民法의 範圍가 廣範圍하고 複雜하다는 점 등이 民法通則을 먼저 制定한 原因이라 할 수 있다.[347] 따라서 擔保制度와 관련된 規定은 民法通則뿐이어서 需要를 充足시키지 못하였으나, 擔保法과 擔保法 司法解釋을 통하여 擔保制度를 어느 정도 效率性을 發揮할 수 있게 되었다. 그러나 拙速으로 制定된 擔保法은 債權者의 利益保護에 偏重되어 市場에서 이루어지는 擔保去來에서 많은 문제점을 안고 있었다.

그 원인은 오랫동안 法制가 整備되지 않아 債權·債務關係의 混亂을 招來한 것으로 생각된다. 債權者를 위한 保護가 너무 과도하면 保證亂의 問題가 다시 出現할 수 있어 擔保制度의 立法目的을 크게 退色시킬 수 있다는 것을 看過해서는 안 될 것이다. 또한 中

---

347) 李鴻旭, 앞의 논문, 567쪽.

國의 抵當權이나 質權 및 留置權 등 擔保物權 制度를 포함한 擔保
去來 體制에서 擔保貸出金에 대한 지나친 制約으로 貸出者의 權利
擔保의 有效性이 부족하며, 抵當 가능한 資産 範圍가 不動産에 집
중되어 있다는 問題點을 지적할 수 있다.

　이제 우리가 注目하여야 할 것은 中國이 物權法의 整備를 서둘
러 制定하여 外國人 投資者들이 安心하고 投資를 決定하게 되었다
는 점이다. 비록 유럽復興開發銀行에서 提案한 模範擔保法과 같이
體系的이고 완비된 擔保制度의 體系는 아닐지라도 中國의 현실에
맞게 만든 物權法은 經濟의 改革과 發展에 있어서 충분히 그 기능
을 發揮할 것으로 생각된다.

　특히 抵當權의 物的面에서 土地는 가장 비중이 큰 擔保物이었으
나, 土地 公有制를 實施하고 있는 中國에서 土地所有權에 대하여
移轉이나 設定을 못하여도 擔保制度의 趣旨는 退色하지 않을 것으
로 생각된다. 왜냐면 中國이 國際秩序에 맞춰 所有權 制度가 導入
될 可能性이 있기 때문이다. 따라서 中國이 급속도로 進行된 制度
와 社會의 變化를 지켜본 立場에서 擔保制度는 더욱 活性化될 것
으로 생각한다.

第5章 結論

結　　論

中國의 擔保制度에 관한 基本法 즉, 擔保法의 주요 立法目的은 社會에서 發生하는 소위 三角債 問題를 解決하기 위하여 拙速으로 制定된 法律로 많은 問題가 惹起되었다. 이러한 問題點들을 解決하기 위하여 最高人民法院은 擔保法 司法解釋을 發表하였으나, 司法解釋은 司法的 측면에서 일정한 機能을 發揮할 수 있어도 最高人民法院은 立法機關이 아니므로 根本的인 問題의 解決은 여전히 남아 있었다. 그러나 物權法은 擔保制度에 관하여 具體的이고 明確하게 規定하여 公布한 것은 아주 중요한 意味를 가지고 있다.

따라서 본 研究에서는 中國의 物權法과 擔保法에 대한 法制와 問題點을 살펴보고, 擔保制度의 構造에 있어서 改善해야 할 主要內容을 다음과 같이 要約提示함으로써 結論에 갈음하고자 한다.

1. 擔保制度의 合理性과 明確性 缺如

擔保制度는 擔保契約 當事者에 대해서는 行爲規範을 提供할 수 있고, 市場에 대해서는 經濟秩序를 整頓하는 機能을 發揮할 수 있다. 그러나 法律은 合理性을 갖추어야 하는 것 이외에 明確化와 緻密化도 갖추어야 비로소 行爲規範을 提供할 수 있으며 紛爭을 防止할 수 있다. 이러한 理由에서 超過額抵當 및 抵當權設定者가 抵當物에 대하여 讓渡하는 것을 制限하였으며, 保證人은 반드시 辨濟能力을 갖추어야 하고 保證方式은 連帶保證을 原則으로 하고 있다. 따라서 債務者가 債務를 履行하지 않는 狀況에서 擔保物을 設定하지 않았거나, 擔保의 無效로 인해 債權者가 債權을 效果的으로 實現할 수 없어 債權者의 保護를 위해 擔保設定者의 責任을 加重시켰다. 擔保人의 責任을 加重시킨 결과 擔保提供의 意思를 低下시킬 可能性이 있어 더욱 심각한 擔保亂으로 惡循環을 形成한다면 社會的 背景을 輕率하게 對處한 것이다.[348] 또한 擔保人이 擔保費用을 收取할 수 있도록 規定하지 않은 것은 역시 擔保亂을 形成하는 原因이 되므로, 擔保人이 擔保費用을 收取할 수 있도록 規定해야 할 것이다. 생각건대 法規定으로 이러한 制限을 規定한 것은 현재 中國의 經濟秩序가 安定化되지 않은 것에 根據하여 保守的인 態度를 採擇한 것으로 보인다. 만일 提案의 要件이 까다로울 경우 擔保去來가 자유로이 成立될 수 없으며, 擔保制度가 發揮해야 할 機能에 影響을 미치는 結果를 招來할 수 있어 많은 熟考가 필요하다.

法律은 社會的 需要와 背景에 맞추어 制定되는 것이 成功的인 法律이므로 社會背景의 變遷에 따라 法律를 改定하여 社會的 需要

---

348) 1998年 6月 21日 中國人民銀行이 公布한 中小企業 金融서비스進一步改善關與意見 第7項에서는 銀行이 企業이 相互擔保, 聯合擔保, 貸山保險 등 여러 經路의 方法으로 資金募集을 통한 貸出擔保基金을 造成하여 中小企業의 貸出擔保難 問題를 解決할 것을 要求하였다.

에 適應해야 한다. 法律의 明確化와 緻密化를 比較해 보면 前者는 어떤 事項이 이미 規定된 것에 대해 그 規定이 不完全한 것만을 말해 '量'이 부족하고, 後者는 완전히 法律를 規定하지 않아 '質'의 缺陷이 있어 兩者 모두 法律의 缺陷으로 制度的인 장치가 마련되어야 할 것이다.

2. 擔保制度의 法的 補充性

法律의 規定이 없을 경우 學說이나 慣習法에 依存하여 當事者間의 紛糾를 解決해야 할 것이다. 民事法은 慣習法이지만 이미 成文法의 立法方式을 採擇하였다. 비록 法律이 크고 작은 事項에 대하여 完全할 수 없지만 法典의 立法目的을 철저히 發揮하기 위해서는 最大한 法律을 擴張하여 明確히 規定해야 한다. 따라서 擔保制度의 法的 補充性에 대하여 缺如된 중요한 法規定을 다음과 같이 살펴보고자 한다.

첫째, 抵當制度에 관하여 物權法 第181條에서 처음으로 企業의 浮動抵當을 導入하였으나, 市場經濟活動의 중심을 이룰 수 있는 企業抵當에 대한 法規定이 未備하다. 浮動抵當에서 動産은 抵當 期間內에 抵當權設定者가 不確定狀態에 있는 抵當財産을 自由로이 處分할 있어 이 경우 責任性 規定이 缺如되어 債權者가 抵當權 實行에 많은 어려움이 있을 수 있다. 浮動抵當은 좋은 社會環境과 信義에 의해 이루어져야 하는 것으로 具體的인 內容이 없으면 問題의 素地가 있을 수 있다.

둘째, 質權制度에서 當事者가 書面形式으로 質權契約을 締結하

고 質物의 占有를 引渡할 경우 質權契約이 成立되어 效力을 發生한다. 그러나 書面契約을 締結하지 않고 質物의 占有를 이미 移轉하였을 경우, 物權法[349])과 擔保法에서는 質權契約의 效力을 어떻게 決定할지를 規定하지 않아 法的인 效果를 明文으로 規定해야 할 必要性이 있다. 또한 質權의 擔保範圍[350])에 대하여 質物의 欠缺을 숨김으로 인하여 發生되는 損害賠償을 받지 못하는 것이 기타 立法例와 다르다. 質權의 要物性에 根據하여 質權者가 質物의 欠缺을 숨김으로 被害볼 可能性이 있기 때문에 擔保範圍에서 質物의 欠缺에 대한 內容을 詳細하게 規定해야 할 필요가 있다.

셋째, 留置權은 物權法이나 擔保法에서 여진히 保守的인 面을 띄고 있다. 즉, 留置物을 債務者가 所有한 動産으로 提案한 것과 留置權이 擔保하는 債權을 保管契約, 運輸契約, 加工請負契約으로 發生한 것[351])에 提案하는 등 그 適用範圍가 너무 좁아 얼마나 現實生活에서 需要를 滿足시킬 수 있을지는 疑問이 없지 않다. 市場經濟의 漸進的인 建立 및 客觀的 環境의 變化에 따라 留置權者에게 第3者의 物品을 留置할 權利를 附與해야 하고, 또한 留置權의 適用範圍를 擴大해야 할 것이다.

넷째, 保證制度에서 擔保法은 保證制度를 別途의 章으로 規定하여 保證契約 當事者의 權利와 義務를 어느 정도 規範한 것은 實務運用에 상당한 도움이 되리라고 믿는다. 그러나 保證責任의 範圍가 主債務를 超過할 경우 發生되는 問題點과 最高額保證 期間內에 個別的으로 發生하는 特定債權은 어떻게 保證期間을 計算하는지, 그

---

349) 物權法 第210條.
350) 物權法 第21條 第4項, 擔保法 第67條.
351) 擔保法 第84條.

리고 最高債權額을 約定하지 않았을 경우 處理方式 등 規定하지
않아 補充할 필요가 있다.

3. 擔保制度의 問題點 및 改善方向

物權法은 擔保手段에 있어서 큰 成果로 반드시 기존의 規定을
뛰어넘어 글로벌 비즈니스 發展趨勢에 발맞춰야 할 것으로 생각된
다. 특히 美國의 動産擔保去來法352)이 등장한 이후 전세계에 미친

---

352) 美國統一商法典第9編(美國動産擔保去來法)『Uniform Commercial Code
Article 9-Secured Transactions(UCC-9)』1962年에 制定되어 1970年
代에 部分 改正을 거친 動産擔保法 UCC-9는 1998年 대대적으로 改
正되어 2001年 7月 1日字로 發效되었다. UCC-9는 第1章 總則, 第2
章 擔保契約의 效力과 擔保權의 成立, 擔保契約當事者의 權利, 第3
章 擔保權의 完成(對抗要件) 및 優先順位, 第4章 第3者의 權利, 第5
章 擔保權의 登錄, 第6章 債務不履行, 第7章 經過規定으로 構成되어
있으며, 當事者間 合意에 의하여 動産·不動産의 定着物(fixture) 등에
設定하는 擔保權을 效果的으로 規律하기 위하여 형식에 관계없이 모
든 擔保去來에 適用되고 있다. 그 밖에도 농사유치권(agricultural
liens), 預金債權(deposit account), 證券計定·상품계정 등의 投資財産, 채
권(account), 動産抵當證券(chattel paper), 支給無體物(payment intangibles)
약속어음의 賣買에도 適用된다. 割賦販賣와 같은 所有權留保附賣買
에 있어서는 物件의 引渡 여부와 상관없이 당해 物件에 擔保權이 設
定된 것으로 看做하고 있다. UCC-9가 適用되지 않는 擔保去來로는
個別 聯邦法의 適用을 받는 擔保權과 각종 法定擔保權이 있으며, 船
舶·航空機·著作權 등은 聯邦法(船舶抵當法, 聯邦航空法, 聯邦著作
權法 등)에 의하여 擔保權이 設定되므로 UCC-9가 適用되지 않으며,
判例法 또는 制定法(不動産賃貸人은 賃貸不動産 위에 있는 賃借人
의 財産에 대하여 留置權)에 의하여 認定되는 擔保權에 대해서도
UCC-9가 適用되지 않는다. 다만, 聯邦法에 規定되어 있지 않은 當
事者 및 第3者의 權利에 관한 事項은 UCC 規定이 準用한다. 擔保
物은 첫째, 有體物로 物品(goods), 設備(equipment), 둘째, 無體物로
채권(account), 一般無體物(general intangibles), 投資財産(investment
property), 셋째, 反無形物로 權原證書(documents), 流通證券(negotiable
instruments), 動産抵當證券(chattel paper)로 분류한다.

影響에 대해서도 勘案을 해야 한다. 이번 物權法에서 經營業體는 이미 所有한 것뿐만 아니라 앞으로 所有하게 될 일부 原資材, 完製品, 機械 디자인 등을 擔保物로 삼을 수 있다. 이는 기존의 擔保制度를 크게 뛰어넘는 劃期的인 成果가 있는 것은 사실이다. 또한 浮動擔保의 槪念을 導入은 大陸法 槪念과 英國, 美國, 프랑스 등 국가 制度의 長點을 충분히 結合시킨 것으로써, 中國에 진출한 外資銀行이 要求했던 提供 가능한 擔保手段의 多樣化, 擔保手段의 商業化 등의 需要에 附合하는 것이라 할 수 있다. 이 밖에 未收金과 기타 基本的인 事項에 대해서도 言及함으로써 비즈니스 需要 및 글로벌화에 발맞추는 데 큰 成果를 이루었다고 생각된다.

그러나 物權法은 무엇보다도 所有權의 類型을 여전히 3分法으로 나누고 있다는 점에서 社會主義 法의 限界를 克服하지 못하고 있다는 批判을 면할 수 없을 것으로 보인다. 物權法 制定 이후 短期的으로는 새로운 制度의 施行 및 適應과 관련하여, 豫想될 수 있는 또는 豫想할 수 없는 適應過程과 施行錯誤가 있을 수 있다. 즉 관련 다른 法規[353]와의 衝突할 우려가 있다. 이와 관련하여 기타 관련 法律에 物權에 대한 別途의 特別規定이 있는 경우 그 規定에 따른다[354]라고 規定하고 擔保法이 이 法의 規定과 一致하지 않을 경우에는 이 法을 適用한다.[355] 그러나 실제 運用過程에서 어떻게 具體的으로 實現될지 明確하지 않다. 擔保去來와 關聯하여 不動産登記 制度의 경우 樹立過程에서 利害關係人의 登記簿謄本 閱覽分과 不動産登記 申請 시 不動産登記 機關의 실제조사 權限行使가 어떻게

---

353) 民法通則, 都市管理法, 都市不動産管理法, 農村土地都給法, 擔保法, 및 其他 關聯 地方 法規 등이다.
354) 物權法 第8條.
355) 物權法 第178條.

이루어질지 豫測하기 어려워 이 또한 어느 정도 施行錯誤는 불가피 할 것으로 豫想된다. 특히 中國에서는 不動産 登記의 중요성이 매우 커 建築 중인 建物과 未登記 建物에 投資함에 있어서 향후 擔保를 設定할 경우 登記가 可能한지에 대한 보다 신중한 調査와 判斷이 필요할 것이다.

그리고 集體所有 土地 및 區分所有 建物 등과 관련하여 決定權限이 있는 集團의 決定356)에도 불구하고 個人이 人民法院에 그 決定의 取消를 구할 수 있으므로,357) 향후 集體所有土地 確保 및 區分所有 建物의 關聯한 業務에 있어서 紛爭이 發生할 可能性이 있다.

현재 中國의 최대 현안이라고 할 수 있는 土地利用에 관한 法理로서 地上權과 유사한 여러 가지의 用益物權을 設定하고 있다. 그러나 그 規定의 내용을 一般人들이 어느 정도 理解하여 活用할 수 있을지 疑問이며, 內容도 너무나 未備하여 앞으로 學界의 解釋論과 司法解釋 등이 注目된다.

그동안 擔保法이 施行된 지도 이미 10年이 넘었다. 實務運營에서 發生한 문제의 規定을 物權法을 參酌하여 實行할 경우 擔保制度는 높은 價値를 發揮할 것이며, 나아가 中國의 擔保制度를 統合하여 擔保制度의 基本法이 될 수도 있을 것이다.

따라서 中國의 擔保制度가 活性化되기 위해서는 金融去來에서 끊임없이 나타날 수 있는 새로운 需要와 계속해서 변하는 法律制度에 順應하며, 現實社會에 필요로 하는 새로운 慣習法 制度를 創設해야 할 것으로 생각된다. 특히 擔保去來와 經濟發展 間의 관계를

---

356) 物權法 第59條, 物權法 第76條.
357) 物權法 第63條 第2項, 物權法 第76條 第2項.

고려하여 擔保制度의 영역에서 慣習法을 認定한다면 經濟社會 發展에 커다란 影響를 미치게 될 것이다.

이제 中國이 안고 있는 擔保去來 體制에 대한 問題로서 擔保 貸出金額에 대한 지나친 制約으로 貸出者 權利擔保의 有效性이 부족하다는 것이다. 또한 物權法에서 擔保할 수 있는 對象物에 대하여 擴大되어 있으나 대부분 不動産에 貸出이 集中358)되어 있는 실정이고, 抵當이 可能한 資産範圍가 制限的이기 때문에 擔保物權制度를 포함한 擔保去來法에 있어서 改善의 必要性이 提起될 수 있어 앞으로 歸趨가 注目된다.

---

358) 2004. 3. 中國人民銀行 研究局의 調査에 의하면 最近 6年 동안 中國 不動産投資額은 每年 20% 이상 增加하였고, 不動産賣出額도 每年 27% 이상 증가세를 보였으나 不動産金融에는 다음과 같은 問題가 있다고 한다. 첫째, 不動産을 開發하기 위한 資金融通이 銀行貸出에 依存하고 있는데, 이는 不動産投資市場의 危險과 融資信用 危險으로 商業銀行에 集中되어 있다. 현재 不動産市場의 資金은 商業銀行이 不動産開發의 전 과정에 參與하였다. 不動産 消費貸出, 開發貸出, 建築企業의 流動資金 貸出과 土地購入貸出 등을 통하여, 商業銀行은 실제상 直接 또는 間接的으로 不動産 市場을 運營하여 市場危險과 信用危險을 負擔하고 있다. 둘째, 土地貯蓄制度가 완벽하지 못하다. 土地貯蓄購買에 대한 融資要求는 巨大한데 土地購入과 開發에 있어서 必要한 資金은 주로 銀行貸出로 하며 銀行貸出의 辨濟는 土地出讓金으로 充當한다. 土地價格은 波動이 심해 여러 가지 要素에 의하여 決定되므로 이에 따른 土地購貸出과 開發貸出이 많을 경우 危險은 增加할 수 있다. 셋째, 個人消費貸出의 發展은 債務不履行으로 危險이 存在할 수 있다. 中國은 個人信用評價體系가 建立되지 않아 商業銀行은 貸出者의 貸出行爲와 資産狀況에 대하여 엄격한 調査와 監督統制를 할 수 없는 것이 問題이다. 넷째, 商業銀行과 기타 金融機關 自體에 存在하는 非科學的, 不規範的 問題이다. 예컨내, 商業銀行은 보통 不動産貸出을 優良資産으로 取扱하고 대대적으로 展開한 것은 業務上 短期的인 利益追求 傾向이 강하기 때문이다.

參考文獻

Ⅰ. 國內文獻

1. 單行本

姜台星, "擔保物權法", 慶北大學校出版部, 1995.

郭潤直, "物權法(民法講義 Ⅱ)", 朴英社, 1996.

郭潤直, "物權法(新訂修正版)", 朴英社, 1999.

金相容, "物權法(全訂版 增補)", 法文社, 2003.

金俊鎬, "民法講義", 法文社, 1998.

金亨培, "物權法", 新潮社, 1997.

朴煊日, "南北輕協 擴大에 對備한 北韓 擔保制度의 整備方案", 『牙山
　　　　財團 硏究叢書』, 第146輯, 集文堂, 2004.

李銀卓, "不動産登記法", 三潮社, 2001.

李銀榮, "民法Ⅱ", 朴英社, 1999.

李銀榮, "民法學講義", 朴英社, 1995.

李英俊, "物權法", 朴英社, 1997.

韓大元 外 13人, "現代中國法入門", 博英社, 1995.

2. 論文 및 其他資料

金載亨, "根抵當權研究", 博英社, 2000.

金永圭, "中國民法의 物權制度에 관한 研究", 檀國大學校 大學院 博士學位論文, 1992.

馬麗麗, "韓國의 契約法과 中國의 合同法에 관한 比較法的 考察", 全南大學校 大學院 碩士學位論文, 2005.

朴垣日, "中國金融改革과 擔保制度", 企業法研究所, 2003.

朴垣日, "南北經協 擴大에 對備한 北韓 擔保制度의 整備方案", 集文堂, 2004.

朴垣日, "民間主導에 의한 프로젝트 金融의 法的 研究", 慶熙大學校 博士學位論文, 2002.

朴垣日, "商事債權에 대한 새로운 擔保手段의 摸索－國際機構에서의 論議를 中心으로"『商事法研究』, 第21卷 第1號(通卷 第33號), 韓國商事法學會, 2002.

李鴻旭, "轉換期 中國民事立法의 變化와 特色", 『比較私法』, 第8卷, 1號,(上), (通卷14號), 2000.

趙成國, "北韓과 中國의 不動産 所有權 및 使用權에 관한 研究", 國民大學校 大學院 博士學位論文, 2001.

崔 勳, "中國 所有構造의 變化와 勞動關係에 관한 研究 —分配시스템을 中心으로一", 嶺南大學校 大學院 博士學位論文, 1999.

II. 中國 및 臺灣文獻

1. 單行本

高尙全, "論計劃與市場", 人民出版社, 1992.

高尙全, "中國市場經濟縱論", 三聯書店, 1998.

顧偉强, 孫美蘭, "對一起民間借貸糾紛案的評析", 北京: 法學 第1號, 2000.

郭明瑞, "擔保法原理爲實務", 中國方正出版社, 1995.

郭明瑞, "擔保法", 中國政法大學出版社, 1999.

郭明瑞, "擔保法 第2版", 法律出版社, 2004.

孔祥俊 主編, "擔保法例解與適用", 人民法院出版社, 1996.

孔祥俊 主編, "擔保法及其司法解釋的理解爲活用", 法律出版社, 2001.

唐德華 主編, "最新擔保法條文釋義", 人民法院出版社, 1995.

董開軍, "債權擔保", 黑龍江人民出版社, 1995.

佟　柔 主編, "中國民法", 法律出版社, 1997.

佟　柔 主編, "中華人民共和國擔保法原理與條文釋義", 中國計劃出版社, 1995.

毛亞敏, "擔保法論", 中國法制出版社, 1997.

房紹坤, "民商法問題研究活用", 北京大學出版社, 2002.

參見拙, "擔保法的原理與實務", 中國方正出版社, 1995.

申衛星 主編, "民法學", 北京大學出版社, 2004.

謝在全, "民法物權論下冊", 三民書局, 1992.

水本浩, 遠藤浩, "債權各論", 靑林書院, 1988.

孫禮海, 蔣樂民 主編, "中華人民共和國擔保法全書", 法律出版社, 1996.

孫禮海, 蔣樂民 主編, "中華人民共和國擔保法釋義", 法律出版社, 1996.

柳經緯 主編, "物權法", 廈門大學出版社, 2001.

劉俊海, "最新擔保法實用問答", 北京: 人民法院出版社, 1995.

劉保玉, 呂文江 主編, "債權擔保制度研究", 中國民法法制出版社, 2000.

李開國, "民法基本問題研究", 法律出版社, 1997.

李國光 主編, "擔保法新釋新解馬適用", 新華出版社, 2001.

王家福, 加藤雅雅信, "現代中國法入聞", 勁草書方, 1997.

王利明, "物權法論", 中國政法大學出版社, 1998.

王利明, "批當權若干問題探討", 『民商法研究第三輯』, 法律出版社, 1999.

王利明, "物權法論(修訂本)", 中國政法大學出版社, 2003.

王利明, 審定, 程嘯, "物權法·擔保物權法", 中國法制出版社, 2005.

王　閭, 梁慧星 主編, "民商法論叢 第3券", 法律出版社, 1995.

王勝明, "合同法的基本原則", 中國法學, 1999.

王澤鑒, "民法槪要", 中國政法大學出版社, 2003.

楊立新, "我國他物權制度的重新構造", 中國社會科學, 1995.

楊立新, "中華人民共和國合同法解釋與適用(上)", 吉林人民出版社, 1999.

楊立新,等著 "物權法", 中國人民大學出版社, 2004.

楊立新, 程嘯, 梅夏英, 朱呈義, "物權法", 中國人民大學出版社, 2004.

梁慧星, "中國物權法草案建議稿", 社會科學文獻出版社, 2000.

梁慧星, 陣樺彬, "物權法論", 法律出版社, 2001.

溫世揚, "物權法要論", 武漢大學出版社, 1997.

張培珍, "當代中國經濟槪論", 天津社會科學院出版社, 1994.

張連奎, "跳出三角債的怪圈", 海洋出版社, 1993.

鄭　立, 王作堂 主編, "民法學", 北京大學出版社, 1997.

趙許明, 杜文聰 主編, "擔保法通論", 中國檢察出版社, 1996.

鄭玉波, "民法債編總論", 三民書局, 1980.

陣本寒, "擔保物權法比較研究", 武漢大學出版社, 2003.

錢明星, "物權法原理", 北京大學出版社, 1995.

肖　峋, 皇甫景山, "中華人民共和國擔保法講話", 中國社會出版社, 1995.

鄒海林, 常敏, "債權擔保的方式與應用", 法律出版社, 1998.

彭万林, "民法學", 中國法政大學出版社, 2002.

許明月, "抵當權制度研究", 法律出版社, 1998.

2. 論文 및 資料

覃　捷, "最高額抵當附從性探析", 『法學雜誌 第6號』, 1996.

覃　捷, "抵押物的轉讓與抵押權的效力", 『法學研究 第4號』, 1999.

唐德華 等編, "中華人民共和國擔保法與實務叢書", 人民法院出版社, 1995.

鄧艾兵, 『1998年中國金融年鑑 "對建設銀行擔保業務情況調查"』中國金融年鑑編輯部, 1998.

閔　江, "借新還舊及基法律問題(一)", 『金融法苑 第17號』, 1999.

徐　長, "如何清理'三角債' - 清理'三角債'中的法律問題", 法律出版社, 1991.

楊志雄, "兩岸抵當權效力之比較研究", 私立東吳大學法學院法律學系碩士論文班碩士論文, 2001.

呂佳璋, "海峽兩岸擔保物權法法律制度之比較研究", 中國文化大學法律學研究所碩士論文, 2000.

李蕙織, "兩岸擔保制度之研究(以保證爲中心)", 中國文化大學法律學研究所碩士論文, 2004.

王　闖, "對最高人民法院活用擔保法若干問題解釋的若干理解", 判解研究, 2000.

李明發, "擔保法關於保證制度之若干新規定論", 『法律科學 第6號』, 1996.

程政學, "反擔保制度初探", 『法學 第6號』, 1997.

梁書文, 單長宗 主編, "中外合同法擔保法問題研究", 人民法院出版社, 1999.

劉保玉, "論我國擔保制度的完善", 『法學評論 第6號』, 1995.

劉保玉, "反擔保初探", 『法律科學 第1號』, 1997.

陳昶榮, "大陸地區擔保法研究", 中國文化大學法律學研究所碩士論文, 2000.

張　婷, "兩岸動產擔保物權比較研究", 中國文化大學法律學研究所碩士論文, 2004.

張仁啓, 雷湧泉, "論我國擔保制度立法完備論考", 『法學 第3號』, 1997.

鍾立志, "淺談我國定金的性質及其法律效力", 『中外法學 第3號』, 1992.

蔡世毓, "論兩岸抵當權制度之研究 - 以抵當權效力爲中心", 中國文化大學法律學研究所碩士論文, 2004.

黃赤東, 梁書文 主編, "擔保法及配套規定新釋新解", 中國民主法制出版社, 1999.

III. 日本文獻

1. 單行本

近江幸治, "民法講義 第5卷 債權法總論", 成文堂, 1997.

吉井直昭, 高木多喜男, "擔保・保證之基礎", 靑林書院, 昭和61.

道垣內弘人, "擔保物權法", 三省堂, 1997.

白羽祐三, "債權總論", 中央大學出版部, 1987.

森川伸吳, "逐條解說中國擔保法司法解釋①", 國際商事法務 Vol.29, No.3, 2001.

我妻榮, "債權各論中卷一", 岩波書店, 1990.

我妻榮, 有泉亨 著, 淸水誠 補訂, "擔保物權法", 日本評論社, 1997.

遠藤浩 等編, "民法(六)契約各論", 有斐閣, 1989.

柚木馨, "擔保物權法", 三省堂, 昭和38.

鈴木康二, "アジア諸國の倒産法・質權擔保法", 中央經濟社, 2000.

澤井裕, "債權總論", 有斐閣, 1990.

曾我貴志, "中國擔保法の重要問題(下)", NBL No.591, 1996.

2. 論文 및 資料

金子由芳, "ヘトナムの擔保付取引に關るす新政令", 國際商社法部 Vol.28, No.6, 2000.

佐藤安信・赤羽貴・道垣內弘人, "歐州復興開發銀行・模範擔保法の紹介と解說(上)", NBL Nos.695, 2000.

長谷川俊明, 陳天華, "中國の登記制度2(不動産登記制度)", 『登記情報 500号－民事法情報センター』, 2003.

江 濤, "中國における不動産擔保制度に關する研究" 社會文化科學硏究, 2004.

西村峯, "中國擔保法總則的規定の分析", 『産大大學 第30卷 第6號』, 1996.
可賀産, "中國の建物所有・宅地所有・擔保法制に關する實態調査, 名古屋大學大學 院, 2006.

IV. 獨逸 및 歐美文獻

Abraham Bergson, Productivity and The Social System "The USSR and the Weat", Cambridge Mass, Harvard University Press, 1978.

Baur, Fritz / Baur, Jürgen F. / Stürner, Rolf: Lehrbuch des Sachenrechts, 16. Aufl., Müchen, 1992.

Becker－Eberhard, Ekkehard: Die Forderungsgebundenheit der Sicherung－srechte, Bielefeld, 1993.

Brink, Ulrich / Petereit, Wolfgang / Reinecker, Heinrich / Scheerer, Hans－Peter: Kreditsicherheiten in europäischen Ländern, Teil I, Bundes－republik Deutschland, Berlin, 1976.

Buchholz, Stephan: Abstraktionsprinzip und Immobiliarrecht. Zur Ges－chichte der Auflassung und der Grundschuld, Frankfurt am Main, 1978.

Canaris, Claus－Wilhelm: Handelsgesetzbuch: Großkemmentar, Band / 3, Bankvertragsrecht, 3. Aufl., 2.Bearb., Berlin, New york, 1981.

Clemente, Heinrich: Die Sicherungsgrundschuld in der Bankpraxis, Köln, 1985.

Duncan Fairgrieve and Mads Andenas, "Securing progress in collateral law reform: the EBRD's Regional Survey of secured transactios laws", Law in transition, EBRD, Autumn 2000.

Duncan Fairgrieve, "Reforming Secured Transactions Laws in Central and Eastern Europe", European Business Law Review, 1998.

Edward J. Epstein, The Evolution of China's Journal Principles of Civil Law, (American Journal of Compartive Law), Vol.34, 1986.

Erman, Walter: HandKommentar zum Bürgerlichen Gesetzbuch in zwei Bänden, 8. Aufl., Münster, 1989.

Frederique Dahan Gerard McCormack, "Secured Transactions in Countries in Transition (The Case of Poland): From Model to Assessment", European Business Law Review, 1999.

Ferid, Murad / Sonnenberger, Hans Jürgen: Das Französische Zivilrecht Band 2, 2. Aufl., Heidelberg, 1986.

Heck, Philipp: Grundriß des Sachenrechts, Tübingen, 1930, Nachdruck Aalen 1960.

Henrry R. Zheng, China's New Civil Law, (The American Journal of Compartive Law), Vol.34, 1986.

Koziol, Helmut / Welser, Rudolf: Grundriß des bürgerlichen Rechts, Band II, Sachenrecht, Familienrecht, Erbrecht, Wien, 1991.

Leemann, Hans: Kommentar zum Schweizerischen Zivilgesetzbuch, Band IV Sachenrecht II. Abteilung, Bern, 1925.

Mugdan, Bernhard: Die gesammten Materiallen zum BGB, Bd. III, Sachenrecht, Berlin, 1899.

Nelson, Grant S. / Whitman, Dale: Real Estate Finance Law, 3rd, West ublishing Co., 1994.

Palandt, Otto: Bürgerliches Gesetzbuch, 52. Aufl., München, 1993. Pottschmidt, Günter / Rohr, Ulrich: Kreditsicherungsrecht, 3. Aufl., München, 1986. 3. Aufl., Berlin, 1960.

Reinecker, Heinrich / Petereit, Uwe H.: Recht der Kreditsicherheiten in europä ischen, Ländern, Teil II, Frankreich, Berlin, 1978.

Some Questions Regarding the Singficance of the General Proveions of Civil Law of the People's Republic of China, (Harvard International Law Journal), Vol.28, 1987.

Scholz, Hellmut / Lwowski, Hans－Jürgen: Das Recht der Kreditsicherung, 7. Aufl., Berlin, 1994.

Schwab, Karl Heinz / Prütting, Hanns: Sachenrecht, 26. Aufl., Mänchen, 1996.

Soergel, Hs. Th.: Bürgerliches Gesetzbuch, Bd.5, Sachenrecht, 12. Aufl., Berlin, Köln, Mainz, 1989.

The Emerging Framework of Chiness Civil Law, Law and Contemporary Problems, Vol.52, No.2～3. 1989.

Tuor, Peter / Schnyder, Bernhard: Das Schweizerische Zivilgesetzbuch, 10. Aufl., Zürich, 1986.

Ulmer, Peter / Brandner, Hans Erich / Hensen, Horst－Diether / Schmidt, Harry: AGB－Gesetz, 7. Aufl., Köln, 1993.

Wing Chenguang, Zhanchu, Introduction to Chiness Law, Sweet & Maxweel Asia, 1997.

Westermann, Harry / Westermann, Harm Peter: Grundbegriffe des BGB, 13. Aufl., Stuttgart, Berlin, Köln, 1991.

Westermann, Harry / Eickmann, Dieter / Pinger, Winfried: Sachenrecht, Ein Lehrbuch, Band Ⅱ, Immobiliarsachenrecht, Heidelberg, 6. Aufl., 1988.

Xin Ren, Tradition of the Law and Law of the Tradition. Greenwood Press, 1997.

Ⅴ. 其他 資料

1. 新 聞

"2013年 小康社會 進入", 『世界日報』, 2006. 3. 15.

"中, 住宅所有權 事實上 認定 '物權法' 通過", 『韓國日報』, 2007. 3. 16.

2. 웹사이트

인터넷 法律新聞 http://lawtimes.co.kr/LawPnnn/Pnnyn/PnnynContent.aspx?
serial＝1720&m＝pnnyn

韓・中 國際法律硏究所 http://www.kcli.co.kr

베이징저널 http://www.beijingjournal.co.kr

韓國輸出入銀行 http://www.koreaxim.go.kr

法務法人 TLBS http://www.tlbs.co.kr

中國不動産씨골드넷 http://www.c－gold.net/news/hotnews/index.jsp

駐中韓國大使館 http://www.koreaemb.org.cn/contents/main/main.aspx

(株)로앤비 http://www.lawnb.com

태평양법률센터 http://www. plclawinfo.com

中國網 http://www.lianghui.org.cn/2007lianghui/node_7013854.htm

中國共産黨新聞 http://cpc.people.com.cn

中國中央電視台版權所有 http://news.cctv.com/china

新華网 NEWS http://news3.xinhuanet.com

网易公司版權所有 http://news.163.com

新浪財經 http://finance.sina.com.cn

附錄 1: 中華人民共和國 擔保法

1995年 6月 30日 公布
1995年 10月 1日부터 施行

第1章 總 則

第1條 資金과 商品의 流通을 促進하고 債權의 實現을 保障하며 社會主義 市場經濟를 發展시키기 위하여 이 法을 制定한다.

第2條 債權者는 貸借, 賣買, 貨物運輸, 請負 加工 등 經濟活動 중에 擔保方式으로 債權을 保障해야 할 경우, 이 法의 規定에 따라 擔保를 設定할 수 있다. 이 法이 定한 擔保方式에는 保證·抵當權·質權·留置權과 保證金이다.

第3條 擔保活動은 반드시 不等·自願·公平·誠實信用의 原則을 遵守하여야 한다.

第4條 第3者가 債務者를 위하여 債權者에게 擔保를 提供할 때는

債務者에 대하여 逆擔保(求償擔保)를 要求할 수 있다. 逆擔保는 이 法의 擔保의 規定을 適用한다.

第5條 擔保契約은 主契約의 從屬契約으로서 主契約이 無效로 되면 擔保契約도 無效로 된다. 擔保契約에 다른 約定이 있을 때는 그 約定에 따른다.
擔保契約이 無效로 될 경우 債務者·擔保提供者·債權者 중 過失이 있는 사람은 각각 그 過失에 상응한 民事責任을 져야 한다.

第2章 保 證

第1節 保證科 保證人

第6條 이 法에서 말하는 保證은 債務者가 債務를 執行하지 아니할 때 保證人이 債務를 履行하거나 責任을 지기로 한 保證人과 債權者 사이의 約定을 말한다.

第7條 債務를 대신 辨濟할 수 있는 法人, 기타 組織 또는 個人은 保證人이 될 수 있다.

第8條 國家機關은 保證人이 될 수 없다. 그러나 外國政府 또는 國際機構의 貸付金을 使用하여 轉貸하는 것으로 國務院의 批准을 받은 경우는 例外로 한다.

第9條　學校·幼稚院·病院 등 公益을 위한 事業部門, 社會團體는
　　　保證人이 될 수 없다.

第10條　企業法人의 分店과 職能部門은 保證人이 될 수 없다. 企業
　　　法人이 동 分店에 대하여 書面으로 權限을 委任한 경우에
　　　는 그 委任받은 權限 範圍 내에서 保證을 提供할 수 있다.

第11條　어떤 部門이나 個人이든지 銀行 등 金融機構 또는 企業에
　　　게 保證을 提供할 것을 强迫할 수 없으며 銀行 등 金融機構
　　　또는 企業에서는 이런 行爲에 대하여 拒絶할 權限이 있다.

第12條　하나의 債務에 두 개 이상의 保證人이 있는 경우 保證人은
　　　반드시 保證契約에서 約定한 分擔額에 따라 保證責任을 져
　　　야 한다. 保證分擔額을 約定하지 않았을 경우 保證人은 連
　　　帶責任을 져야 하며 債權者는 어떤 保證人에게든지 全部의
　　　保證 責任을 지게 할 수 있으며 각 保證人은 全部의 債權
　　　實現을 保證할 義務를 갖는다. 이미 保證責任을 진 保證人
　　　은 債務者에게 求償權을 行使하거나 連帶責任을 진 기타
　　　保證人에게 각기 責任진 分擔額을 辨濟할 것을 要求할 權
　　　限이 있다.

第2節 保證契約과 保證方式

第13條　保證人과 債權者는 반드시 書面으로 保證契約을 締結해야
　　　한다.

第14條 保證人과 債權者는 하나의 主契約에 대하여 保證契約을 각
　　　각 締結할 수 있으며, 最高 債權額 限度內에서 일정한 期
　　　間 連續的으로 發生할 借款契約 또는 商品去來 契約에 대
　　　하여 하나의 保證契約을 締結할 것을 協商할 수도 있다.

第15條 保證契約은 아래의 內容을 포함해야 한다.
　　　1. 保證받은 主債權의 種類와 金額
　　　2. 債務者가 債務를 履行하는 期限
　　　3. 保證의 方式
　　　4. 保證擔保의 範圍
　　　5. 保證의 期間
　　　6. 기타 雙方이 約定해야 한다고 여기는 事項
　　　保證契約이 위에서 規定한 內容들을 完全히 具備하지 못한
　　　경우에는 補完할 수 있다.

第16條 保證의 方式에는 두 가지가 있다.
　　　1. 一般保證
　　　2. 連帶保證

第17條 一般保證이라 함은 當事者가 保證契約에서 債務者가 債務
　　　를 履行할 수 없을 때 保證人이 責任을 지기로 約定한 保
　　　證을 말한다.
　　　一般保證의 保證人은 主契約의 紛爭이 裁判 또는 仲裁를
　　　받지 않았고 債務人의 財産에 대하여 法的으로 强制執行을
　　　하여 債務를 履行할 수 없는 경우를 除外하고는 債權者에

대하여 保證責任을 拒絶할 수 있다.

다음 中 하나의 경우에는 保證人은 위에서 規定한 權利를
行使할 수 없다.

1. 債務者의 住所가 變更되어 債權者가 債務者에게 債務履
   行을 要求하는 데 重大한 困難이 있을 경우

2. 人民法院에서 債務者의 破産 案件을 接受하여 履行節次
   를 中止한 경우

3. 保證人이 書面으로 위에서 規定한 權利를 抛棄한 경우

第18條 連帶保證이라 함은 當事者가 保證契約에서 保證人과 債務
人이 債務에 대하여 連帶責任을 지기로 約定한 保證을 말
한다.

連帶保證의 債務者가 主契約에서 規定한 債務履行 期限이
滿了되었음에도 債務를 履行하지 않았을 경우 債權者는 債
務者에게 債務履行을 要求하거나 保證人에게 그 保證範圍
內에서 保證責任을 질 것을 要求할 수 있다.

第19條 當事者가 保證方式에 대하여 約定하지 않았거나 約定이 明
確하지 않는 境遇에는 連帶責任 保證方式에 따라 保證責任
을 진다.

第20條 一般 保證과 連帶責任 保證의 保證人은 債務者의 抗辯權
을 享有한다. 債務者가 債務에 대하 抗辯權을 抛棄한 경우
에도 保證人은 여전히 抗辯權이 있다.

抗辯權이라 함은 債權者가 債權을 行使할 때 債務者기 法

的節次에 따라 債權者에 對抗하여 請求權을 行使하는 權利를 말한다.

第3節 保證責任

第21條 保證擔保의 範圍는 主債權과 利子·違約金·損害賠償權 및 債權 實現費用을 포함한다. 保證契約에서 따로 정한 境遇에는 그 約定에 따른다.
當事者가 保證擔保 範圍에 대하여 約定하지 않았거나 約定이 明確하지 못한 境遇 保證人은 全部의 債務에 대하여 責任을 져야 한다.

第22條 保證期間에 債權者가 法에 따라 主債權을 第3者에게 讓渡한 경우 保證人은 여전히 原保證擔保 範圍內에서 계속하여 保證責任을 져야 한다. 保證契約에서 따로 約定한 경우에는 그 約定에 따른다.

第23條 保證期間 중에 債權者의 債務에 대한 債務讓渡 許諾은 保證人의 書面 同意를 얻어야 하며 保證人은 자기의 同意를 거치지 않고 讓渡한 債務에 대하여는 保證責任을 지지 않는다.

第24條 債權者와 債務者가 合意하여 主契約을 變更할 경우 保證人의 書面同意를 거쳐야 하며 이렇게 하지 않았을 때 保證人은 더 이상 保證責任을 지지 않는다. 保證契約에서 따로 約定한 경우에는 그 約定에 따른다.

第25條　一般保證의 保證人과 債權者가 保證期間을 約定하지 않았을 때 保證期間은 主債務 履行期限이 滿了된 날로부터 6個月로 한다.

契約에서 約定한 保證期間과 위에서 規定한 保證期間에 債權者가 債務者에 대하여 訴訟을 提起하거나 仲裁를 申請하지 않았을 境遇 保證人은 保證責任을 免除받을 수 있으나 債權者가 訴訟을 提起하거나 仲裁를 申請하였을 境遇에는 保證期間에 時效中斷의 效力을 發生한다.

第26條　連帶責任保證의 保證人과 債權者가 保證期間을 約定하지 않았을 때 債權者는 主債權 履行期限 滿了日부터 6個月 內에 保證人의 保證責任을 要求할 수 있다.

契約에서 約定한 保證期間과 위에서 規定한 保證期間 內에 債權者가 保證人의 保證責任을 要求하지 않은 경우 保證人은 保證責任을 免除받는다.

第27條　保證人이 本 法 第4條의 規定에 따라 連續的인 債權에 대하여 保證하면서 保證期間을 規定하지 않은 경우에는 언제든지 保證契約의 中止를 債權者에게 書面通知할 수 있다. 그러나 保證人은 債權者에게 通知되기 전에 發生한 債權에 대하여는 保證責任을 진다.

第28條　同一 債權에 保證도 있고 物的 擔保도 있는 境遇 物的 擔保 외의 債權에 대하여 保證責任을 진다.

債權者가 物的 擔保를 抛棄한 境遇 保證人은 債權者가 抛

棄한 權利 範圍內의 保證責任을 免除받는다.

第29條 企業法人의 分店에서 法人의 書面委任을 받지 않았거나 또
는 委任받은 範圍를 超過하여 債權者와 保證契約을 締結하
였을 때 그 契約은 無效로 되거나 越權 範圍部分이 無效로
되며 債權者와 企業法人 중 過失이 있는 者는 그 過失에
따라 각기 상응한 民事責任을 져야 하며 債權者에게 過失
이 없는 경우에는 企業法人이 民事責任을 져야 한다.

第30條 다음 중 하나의 경우에는 保證人은 民事責任을 지지 않는다.
  1. 主契約 當事者 雙方이 結託하여 保證人의 保證을 詐取
     할 경우
  2. 主契約 債權者의 詐欺 · 脅迫 등 手段에 의해 保證人이
     自身의 意思에 反하여 保證을 提供한 경우

第31條 保證人은 保證責任을 履行한 後 債務者에게 求償權을 行
使할 수 있다.

第32條 人民法院에 債務者의 破産案件이 接受된 後 債權者가 債
權의 申請 報告를 하지 않았을 때 保證人은 破産財産의 分
配에 參加하여 미리 辨濟權을 行使할 수 있다.

第3章 抵 當

第1節 抵當과 抵當物

第33條 이 法에서 말하는 抵當은 債務者 또는 第3者가 이 法 第34
條에 列擧한 財産에 대한 占有를 移轉하지 않고 그 財産을
債權에 대한 擔保로 提供하는 것을 말한다. 債務者가 債務
를 履行하지 않을 때 債權者는 이 法 規定에 따라 그 財産
을 換價하거나 競賣·賣却한 代金으로 優先辨濟를 받을 수
있다.

위에서 規定한 債務者 또는 第3者가 抵當權設定者이고 債
權者는 抵當權者가 되며 擔保로 提供한 財産은 抵當物이
된다.

第34條 다음 財産은 抵當할 수 있다.
1. 抵當權設定者가 所有하고 있는 建物과 其他 地上 定着物
2. 抵當權設定者가 所有하고 있는 機械·交通運輸 手段과
   기타 財産
3. 抵當權設定者가 法的 處分權을 갖고 있는 國有의 土地所
   有權·建物 及 其他 地上 定着物
4. 抵當權設定者가 法的 處理權을 갖고 있는 國有의 機械
   ·交通運輸 手段과 其他 財産
5. 抵當權設定者가 法的으로 都給받은 황폐한 신·골짜기·
   구릉·간석지 등 황무지이 土地使用權으로시 下請業者
   의 同意를 받은 것

6. 法에 따라 抵當할 수 있는 其他 財産

抵當權設定者는 위에서 列擧한 財産을 함께 抵當할 수 있다.

第35條 抵當權設定者가 擔保한 債權은 抵當物의 價格을 超過할 수 없다.

財産을 抵當한 후 財産의 價格 중 債權을 超過하는 部分은 다시 抵當할 수 있지만 擔保하는 債務가 그 남은 金額을 超過해서는 안 된다.

第36條 抵當權設定者가 法的으로 取得한 國有土地상의 建物을 抵當하는 境遇, 그 建物이 차지한 範圍 내의 國有土地 使用權도 同時에 抵當해야 한다.

抵當權設定者가 讓渡方式으로 取得한 國有土地 使用權을 抵當하는 경우 그 國有土地上의 建物을 同時에 抵當해야 한다. 抵當者는 鄕(鎭)·村 企業의 土地使用權을 單獨으로 抵當할 수 없다. 鄕(鎭)·村 企業의 工場建物 등 建築物을 抵當하는 경우 그 建築物이 차지한 範圍 내의 土地使用權도 同時에 抵當해야 한다.

第37條 다음 財産들은 抵當할 수 없다.

1. 土地所有權
2. 耕作地·住宅敷地·自留地·自留山 등 集體所有의 土地使用權. 그러나 이 法 第34條 第5項 第36條에서 規定한 것은 除外한다.
3. 學校·幼稚園·病院 등 公益을 위한 事業部門, 社會團

　　　體의 教育施設, 醫療衛生施設과 其他 社會 公益施設
　　4. 所有權·使用權이 不明하거나 紛爭이 있는 財産
　　5. 法的으로 封印·押留·監視하는 財産
　　6. 其他 法的으로 抵當하지 못하는 財産

第2節 抵當契約과 抵當物의 登錄

第38條　抵當權設定者와 抵當權者는 반드시 書面으로 抵當契約을
　　　締結해야 한다.

第39條　抵當契約은 다음 內容들을 포함해야 한다.
　　1. 擔保받는 主債權의 種類와 金額
　　2. 債務者가 債務를 履行하는 期限
　　3. 抵當物의 名稱·數量·狀況·場所·所有權者 또는 使用
　　　權者
　　4. 抵當擔保의 範圍
　　5. 其他 當事者가 約定해야 한디고 여기는 事項
　　抵當契約이 위에서 規定한 內容들을 完全히 具備하지 못한
　　경우에는 補完할 수 있다.

第40條　抵當權者와 抵當權設定者는 抵當契約을 締結힐 때 債務期
　　　限이 滿了되었는데도 債務者가 債務를 辨濟하지 못했을 경
　　　우 抵當物의 所有權을 債權者 所有료 移轉할 것을 約定해
　　　서는 아니 된다.

第41條 當事者가 이 法 第42條에서 規定한 財産을 抵當한 경우 抵
當物을 登錄해야 하며 抵當契約은 登錄한 날부터 效力을
發生한다.

第42條 抵當物 登錄을 接受하는 機關들은 다음과 같다.
1. 地上定着物이 없는 土地使用權의 경우 당해 土地使用權
證明書를 發給한 土地管理機關
2. 都市의 不動産 또는 鄕(鎭)·村 企業의 工場建物 등 建
築物을 抵當한 경우에는 縣級 以上의 地方人民政府에서
定한 機關
3. 林木을 抵當한 경우에는 縣級 以上의 林木主管機關
4. 航空機·船舶·車輛을 抵當한 경우에는 運輸手段의 登
錄機關
5. 企業의 設備와 其他 動産을 抵當한 경우에는 그 財産
所在地의 工商行政管理機關

第43條 當事者가 其他 財産을 抵當했을 때에는 自律的으로 抵當物을
登錄할 수 있으며 抵當契約은 締結日부터 效力을 發生한다.
當事者가 아직 抵當物을 登錄하지 않았을 때에는 第3者에게
抗辯하지 못한다. 當事者가 抵當物을 登錄했을 때에는 登錄
機關이 抵當權設定者 所在地의 公證機關으로 된다.

第44條 抵當物을 登錄할 때 登錄機關에 이하 文件 또는 寫本을 提
出해야 한다.
1. 主契約과 抵當契約

2. 抵當物의 所有權 또는 使用權 證書

第45條 登錄機關의 登錄한 資料는 閱覽·筆寫 또는 複寫를 許容해
야 한다.

第3節 抵當의 效力

第46條 抵當擔保 範圍는 主債權 및 利子·違約金·損害賠償金과
抵當權 實現費用을 포함한다. 抵當契約에 別途로 約定했을
때에는 그 約定에 따른다.

第47條 債務履行期間이 滿了되었음에도 債務者가 債務를 履行하지
않아서 抵當物이 人民法院에 의해 押留日부터 抵當權者는
抵當物에서 分離되어 나온 天然果實 및 抵當權者가 가질
수 있는 法定果實을 取得할 수 있다. 抵當權者가 抵當物의
押留 사실을 法定果實을 取得할 義務人에게 通知하지 않았
을 때는 抵當權의 效力은 그 收益에 미치지 못한다.
前項의 果實은 果實 收取費用에 優先的으로 充當해야 한다.

第48條 抵當權設定者가 이미 賃貸한 財産을 抵當힐 境遇에는 반ㄷ
시 賃借人에게 書面으로 通知해아 하며, 原賃貸契約은 계
속 效力을 發生한다.

第49條 抵當權設定者가 抵當權 存續期間 內에 이미 登記한 抵當
物을 讓渡하는 境遇에는 抵當權者에게 이를 通知하고, 讓

受人에게 讓渡物이 이미 設定되었음을 通知해야 한다. 抵當
權設定者가 抵當權者에게 通知하지 않았거나 讓受人에게
告知하지 않은 경우 讓渡行爲는 無效이다.

抵當物의 讓渡價格이 그 價値보다 현저히 낮을 때는 抵當
權者는 抵當權設定者에게 상응한 擔保의 提供을 要求할 수
있다. 抵當者가 擔保를 提供하지 않을 경우 抵當物을 讓渡
하지 못한다.

抵當權設定者가 抵當物을 讓渡하여 얻은 收入은 抵當權者
에 대한 債務의 辨濟에 充當하거나 抵當權者와 約定한 第3
者에게 供託하여야 한다. 債權額을 超過한 部分은 抵當權
設定者가 取得할 수 있으나, 未達한 경우에게 債務者가 부
족부분은 支給하여야 한다.

第50條 抵當權은 債權과 分離하여 單獨으로 讓渡하거나 其他 債權
의 擔保로 할 수 없다.

第51條 抵當權設定者의 行爲가 抵當物의 價値를 低下시킬 때 抵當
權者는 抵當權設定者의 行爲를 中止하도록 要求할 權限이
있다. 抵當物의 價値를 低下되었을 때는 抵當權者는 抵當
權設定者에게 抵當物의 價値를 回復하도록 하거나 減少된
價値와 상응한 擔保를 提供하도록 要求할 權限이 있다.

抵當物의 價値減少가 抵當權設定者의 過失이 아닐 때 抵當
權者는 抵當權設定者가 입은 損失의 範圍 내에서 擔保提供
을 要求할 수 있다. 價値가 減少되지 않은 部分의 抵當物
은 계속 債權의 擔保로 한다.

第52條 抵當權은 擔保된 債權과 同時에 存在하며 債權이 消滅되면 抵當權도 따라 消滅된다.

第4節 抵當權의 實現

第53條 債務履行期間이 滿了되었는데도 抵當權者가 債權을 辨濟받지 못했을 境遇에는 抵當權設定者와 協議하여 抵當物을 換價 또는 競賣 · 賣却하여 얻은 收入으로 辨濟받을 수 있다. 協議가 이루어지지 않을 때에는 抵當權者는 人民法院에 訴訟을 提起할 수 있다.

抵當物을 換價 또는 競賣 · 賣却한 후 그 收入이 債權額을 超過한 부분은 抵當權設定者가 所有하고 부족부분은 債務者가 辨濟한다.

第54條 同一財産을 둘 이상의 抵當權者에게 抵當했을 때 抵當物을 競賣 · 賣却하여 얻은 收入은 아래 規定에 따라 辨濟한다.

1. 이미 登錄하여 效力을 發生한 抵當契約은 抵當物 登錄의 先後順에 따라 辨濟한다. 順序가 같을 때는 債權比率에 따라 辨濟한다.

2. 締結日부터 效力을 發生한 抵當契約은 抵當物을 이미 登錄한 것은 本條 第1項의 規定에 따라 辨濟한다. 登錄하지 않은 것은 契約 效力 發生日의 先後順에 따라 辨濟하고 順序가 같은 것은 債權比率에 따라 辨濟한다. 登錄한 抵當物은 登錄하지 않은 抵當物보다 優先辨濟받을 수 있다.

274

第55條 都市不動産 抵當契約 締結 後 土地 위에 새로 增築된 家
屋은 抵當物에 속하지 아니한다. 抵當한 不動産을 競賣하
여야 할 때는 法에 따라 土地 위에 增築된 家屋을 抵當物
과 함께 競賣할 수 있다. 그러나 그 收入은 抵當權者가 優
先辨濟받을 수 없다.
이 法의 規定에 따라 都給한 황폐한 土地所有權 또는 鄕
(鎭)·村 企業의 工場建物 등 建築物 占有 範圍 내의 土地
使用權을 抵當한 경우 抵當權 實現 後 法的 節次를 거치지
않고서는 土地 集體所有와 土地用途를 變更하지 못한다.

第56條 區劃에 의한 國有土地使用權을 競賣하여 얻은 收入은 法에
따라 納付해야 할 土地使用權 讓渡金을 納付한 後 抵當權
者는 優先辨濟받을 權限이 있다.

第57條 債務者에게 抵當擔保를 提供한 第3者는 抵當權者가 抵當
權을 實現한 後 債務者에게 求償權을 行使할 수 있다.

第58條 抵當權은 抵當物이 消滅되면 따라서 消滅한다. 抵當의 消
滅로 얻은 賠償金은 抵當財産으로 해야 한다.

第5節 最高額 抵當

第59條 이 法에서 最高額 抵當이라 함은 抵當權設定者와 抵當權者
가 協議하여 最高 債權額限度 내에서 일정한 期間 내에 連
續的으로 發生하는 債權에 대해 擔保하는 것을 말한다.

第60條 借款契約은 最高額 抵當契約을 附加할 수 있다.

   債權者와 債務者가 일정한 期間 내에 連續 發生하는 어떤 商品去來에 대하여 締結한 契約은 最高額 抵當契約을 附加할 수 있다.

第61條 最高額 抵當의 主契約 債權은 讓渡하지 못한다.

第62條 最高額 抵當은 이 節의 規定 외에 이 章 기타의 規定도 適用한다.

第4章 質 權

第1節 動産의 質權

第63條 이 法에서 動産의 質權이라 함은 債務者 또는 第3者가 動産을 債權者에게 引渡하여 占有하게 함으로써 債權의 擔保로 하는 것을 말한다. 債務者가 債務를 履行하지 아니할 境遇 債權者는 本法이 定한 바에 따라 動産을 換價 또는 競賣·賣却하여 얻은 金額으로 優先辨濟받을 수 있다.

   前項에 規定한 債務者 혹은 第3者는 被質權者이고 債權者는 質權者이며, 引渡된 動産은 質物이다.

第64條 質權設定契約은 質物을 質權者에게 引渡히여 占有하게 한 때부터 效力을 發生한다.

第65條 質權契約은 아래 內容을 포함해야 한다.

 1. 被擔保債權의 種類와 金額

 2. 被擔保債務의 履行期限

 3. 質物의 名稱·數量·品質·狀態

 4. 擔保範圍

 5. 質物 引渡의 一時

 6. 기타 當事者가 必要하다고 認定하는 事項

 質權設定契約이 前項의 內容들을 完全하게 具備하지 못한
 경우에는 이를 補完할 수 있다.

第66條 被質權者와 質權者는 契約에서 債務履行期間이 滿了된 後
 에도 質權者가 辨濟받지 못했을 경우 質物의 所有權이 質
 權者의 所有로 移轉된다고 約定하지 못한다.

第67條 質權 擔保의 範圍는 主債權 및 利子·違約金·損害賠償金·
 質物保管 費用과 質權 實現 費用을 포함한다. 質權 契約에
 別途로 約定이 있는 것은 그 約定에 따른다.

第68條 質權者는 質物의 收益을 取得할 權限이 있다. 質權 契約에
 별도로 約定이 있는 것은 그 約定에 따른다.
 前項의 收益은 收益取得 費用에 優先的으로 充當하여야 한다.

第69條 質權者는 質物을 적절하게 保管할 義務가 있다. 保管이 적
 절하지 못하여 質物이 消滅되었거나 毀損되었을 境遇, 質權
 者는 民事責任을 진다.

質權者가 質物을 적절하게 保管하지 못하여 質物이 消滅되거나 毁損될 可能性이 있을 경우, 被質權者는 質權者에게 質物을 引出하여 保管하거나, 債權을 미리 辨濟하고 質物을 返還받을 것을 要求할 수 있다.

第70條 質物이 破壞되거나 價値가 현저히 減少되어 質權者의 權利를 損傷시킬 可能性이 있을 때에는 質權者는 被質權者에게 상당한 擔保를 提供하도록 要求할 수 있다. 被質權者가 이를 拒絶할 境遇 質權者는 質物을 競賣 또는 賣却함과 아울러 被質權者와 協議하여 質物을 競賣 또는 賣却하여 얻은 收入으로 擔保債權을 미리 辨濟받거나 被質權者와 約定한 第3者에게 供託할 수 있다.

第71條 債務履行期限이 滿了되어 債務者가 債務를 不履行나 被質權者가 債權을 辨濟했을 境遇 質權者는 質物을 返還하여야 한다.
債務履行期間이 滿了되었는데도 質權者가 辨濟를 받지 못하였을 때는 被質權者와 協議하여 質物을 換價하거나 法에 따라 競賣·賣却할 수 있다.
質物을 換價 또는 競賣·賣却한 후 그 收入에서 債權額을 超過한 부분은 被質權者에게 속하고 부족부분은 債務者기 辨濟해야 한다.

第72條 債務者에게 擔保를 提供한 第3者는 質權者가 質權을 實現 후 債務者에게 求償權을 行使할 수 있다.

第73條 質權은 質物이 消滅됨에 따라서 消滅한다. 質權은 質物의 消滅로 인하여 取得한 補償金·賠償金 위에 存續한다.

第74條 質權은 擔保債權과 同時에 存在하고 債權이 消滅되면 質權도 따라서 消滅된다.

第2節 權利의 質權

第75條 아래 權利에는 質權을 設定할 수 있다.
　　　　1. 환어음, 수표, 은행어음, 債權, 預金證書, 倉庫證券, 運送證券
　　　　2. 法的으로 讓渡할 수 있는 株式·證券
　　　　3. 法的으로 讓渡할 수 있는 商標權, 特許權, 著作權 중의 財産權 部分
　　　　4. 기타 法的으로 質權을 設定할 수 있는 權利

第76條 환어음, 수표, 債權, 預金證書, 倉庫證券, 運送證券에 대하여 質權을 設定하였을 때에는 契約에서 約定한 期限內에 權利證書를 質權者에게 交付해야 한다. 質權契約은 權利證明書를 交付한 날로부터 效力을 發生한다.

第77條 支給日字 또는 引渡日字를 記載한 환어음, 수표, 債權, 預金證書, 倉庫證券, 運送證券으로 質權을 設定한 경우 환어음, 수표, 債權, 預金證明書, 倉庫證券, 船荷證券의 支給日字 또는 引渡日字가 債務履行期限보다 먼저 到來할때, 質權者

는 債務履行期間 滿了前에 交換 또는 引出하고 被質權者와 協議하여 交換 또는 引出한 貨物로써 被擔保를 미리 辨濟 받거나 被質權者가 同意한 第3者에게 供託할 수 있다.

第78條 法的으로 讓渡할 수 있는 證券으로 質權을 設定한 경우, 被質權者와 質權者는 書面으로 契約을 締結함과 아울러 證券登錄機構에 質權을 登錄을 하여야 한다. 이 경우 質權設定契約은 登錄 일로부터 效力을 發生한다.
證券으로 質權을 設定한 경우에는 이를 讓渡할 수 없으나 被質權者와 質權者가 協議하여 同意하면 讓渡할 수 있다. 被質權者가 證券을 讓渡하여 取得한 收入은 質權者에게 擔保債權을 미리 辨濟하거나 質權者와 約定한 第3者에게 供託하여야 한다.
有限責任會社의 株式으로 質權을 設定한 경우, 會社法 株式讓渡 關聯規定을 따라야 한다. 株式의 質權契約은 質權을 株主名簿에 記載한 날로부터 效力을 發生한다.

第79條 法的으로 讓渡할 수 있는 商標權·特許權, 著作權 중의 財産權으로 質權을 設定한 境遇 被質權者와 質權者는 書面契約을 締結함과 아울러 管理機關에 質權을 登錄을 해야 한다. 質權契約은 登錄日로부터 效力을 發生한다.

第80條 이 法 第79條에 定한 權利를 質權으로 設定한 後, 被質權者는 이를 他人에게 讓渡하거나 使用하게 하지 못한다. 그러나 被質權者와 質權者가 合意하여 同意하면 讓渡 또는

使用을 許諾할 수 있다. 被質權者가 取得한 讓渡費·許可費는 質權者의 擔保債權을 미리 辨濟하거나 質權者와 約定한 第3者에게 맡겨 供託해야 한다.

第81條 權利의 質權은 이 節의 規定 이외에 本章 第1節의 規定도 適用한다.

第5章 留　置

第82條 이 法에서 留置라 함은 이 法 第84條 規定에 따라 契約에서 約定한 대로 債權者가 債務者의 動産을 占하고 債務者가 契約에서 約定한 期間에 債務를 履行하지 않을 경우, 債權者가 이 法 規定에 따라 그 財産을 留置할 權利가 있고, 동 財産의 換價, 競賣 또는 賣却을 통하여 優先辨濟를 받는 것을 말한다.

第83條 留置 擔保의 範圍는 主債權 및 利子·違約金·損害賠償金·留置物 保管費用과 留置權 實現費用을 포함한다.

第84條 保管契約, 運輸契約, 賃加工契約으로 發生한 債權은 債務者가 債務를 履行하지 않을 경우, 債權者는 留置權을 가진다.
法律에 留置權이 있다고 規定한 契約에 대하여도 前項의 規定을 適用한다.
當事者는 契約에 留置不可對象을 約定할 수 있다.

第85條 法律上 留置할 수 있는 契約에 대하여는 前條의 規定을 適用한다.

當事者는 契約에 留置할 수 없는 物品을 約定할 수 있다.

第86條 留置權者는 留置物을 적절하게 保管할 義務가 있다. 保管이 부적절하여 留置物이 消滅되거나 毀損되었을 경우, 留置權者는 民事責任을 진다.

第87條 債權者와 債務者는 契約에서 債權者가 財産을 留置한 後, 債務者는 2個月 이내에 債務를 履行할 것을 約定해야 한다. 債權者와 債務者가 契約에서 期限을 約定하지 않은 경우, 債權者는 債務者의 財産을 留置한 후, 반드시 2個月 以上의 期限을 確定하고 債務者에게 그 期限內에 債務를 履行하도록 通知해야 한다.

債務者가 期限이 지나도 履行하지 않을 境遇 債權者는 債務者와 協議하여 留置物을 換價할 수 있으며 또 法에 따라 留置物을 競賣·賣却할 수 있다.

留置物을 換價 또는 競賣·賣却한 후 그 收入에서 債權額을 超過한 部分은 債務者에게 속하고 부족한 部分은 債務者가 辨濟해야 한다

第88條 留置權은 아래 原因으로 消滅한다.

1 債權이 消滅될 경우

2. 債務者가 別途의 擔保를 提供하고 債權者의 同意를 얻은 경우

第6章 保證金

第89條 當事者는 一方이 他方에게 保證金을 支拂하여 債權을 擔保하기로 約定할 수 있다. 債務者는 債務를 履行한 후, 保證金을 相計하거나 回收해야 한다. 保證金을 支拂한 一方이 約定한 債務를 履行하지 않을 경우, 保證金 返還을 要求할 權利가 없다. 保證金을 받은 一方이 約定한 債務를 履行하지 않을 경우, 保證金을 倍額로 償還해야 한다.

第90條 保證金은 書面으로 約定해야 한다. 當事者는 保證金 契約에서 保證金 支拂 期限을 約定해야 한다. 保證金 契約은 保證金의 실제 支拂日부터 效力을 發生한다.

第91條 保證金의 額數는 當事者가 約定하나, 主契約對象액의 20%를 超過하지 못한다.

第7章 附　則

第92條 이 法에서 不動産이라 함은 土地 및 建物, 林野 등 地上定着物을 가리킨다.
이 法에서 動産이라 함은 不動産 이외의 物件을 가리킨다.

第93條 이 法에서 말하는 保證契約·抵當權設定契約·質權契約·保證金 契約은 各各 單獨으로 締結하는 書面契約일 수도 있고 當事者間에 傳達되는 擔保의 性格을 띠는 서한이나

팩스 등과 主契約 중의 擔保 條項도 포함한다.

第94條 抵當物・質物・留置物을 換價・競賣 또는 賣却할 境遇에는 市場價格을 參照해야 한다.

第95條 海商法 등 法律이 擔保에 대해 特別히 規定한 것은 그 規定에 따른다.

第96條 이 法은 1995年 10月 1日부터 實施한다.

≪中華人民共和國 物權法≫을 2007年 3月 16日 中華人民共和國 全國
人民代表大會 第10期 第5次 會議에서 通過하고 이에 公布하며 2007年
10月 1日부터 施行한다.

第1編 總 則

第1章 基本 原則

第1條 國家의 基本經濟制度와 社會主義 市場經濟秩序를 守護하고
物件의 歸屬을 明確히 하며 物件의 利用價値를 發揮시키고
權利者의 物權을 保護하기 위하여 憲法에 根據하여 이 法을
制定한다.

第2條 物件의 歸屬과 利用으로 인하여 發生하는 民事關係에 이 法
을 適用한다.
이 法이 指稱하는 物件에는 不動産과 動産이 包含된다. 法

律 規定上 權利를 物權의 客體로 한 경우 그 規定에 따른다. 이 法이 物權이라 함은 權利者가 法에 따라 特定의 物件에 대해 享有하는 排他的인 直接支配의 權利를 말한다. 物權에는 所有權, 用益物權, 擔保物權이 포함된다.

第3條 國家는 社會主義 初級段階에서 公有制를 主體로 하고 각종의 所有制經濟를 共同으로 發展시키는 基本經濟制度를 實施한다.

　　　國家는 公有制經濟를 鞏固히 하고 發展시켜야 하며, 非公有制 經濟의 發展을 勸獎하고 支持히며 誘導한다.

　　　國家는 社會主義市場經濟를 實施하며 모든 市場主體의 平等한 法律地位를 保障하고, 權利를 發展시켜야 한다.

第4條 國家, 集體, 個人의 物權과 其他 權利者의 物權은 法律의 保護를 받으며 그 어떠한 單位와 個人도 侵犯해서는 안 된다.

第5條 物權의 種類와 內容은 法律이 規定한다.

第6條 不動産 物權의 設定, 變更, 讓渡 및 消滅은 法律規定에 따라 登記하여야 한다. 動産 物權의 設定과 讓渡는 法律規定에 따라 交付하여야 한다.

第7條 物權의 取得과 行使는 法律을 遵守하고 社會公衆道德을 尊重하여야 하며 公共 利益과 他人의 合法的인 權益을 해쳐서는 안 된다.

第8條 其他 關聯 法律에 物權에 대한 別途의 特別規定이 있는 경우 그 規定에 따른다.

第2章 物權의 設定, 變更, 讓渡 및 消滅

第1節 不動産登記

第9條 不動産 物權의 設定, 變更, 讓渡 및 消滅은 法에 의해 登記하여야 效力을 發生하며 登記하지 않으면 效力을 發生하지 않는다. 단, 法律에 別途의 規定이 있는 경우 例外로 한다.
法律上 國家의 所有로 되어 있는 自然資源은 所有權을 登記하지 않아도 된다.

第10條 不動産 登記는 不動産 所在地의 登記機關에서 取扱한다.
國家는 不動産에 대하여 統一登記制度를 實施한다. 統一登記의 範圍, 登記機關과 登記方法은 法律, 行政法規로 定한다.

第11條 當事者가 登記를 申請할 때에는 서로 다른 登記事項에 根據하여 所有權證明 및 不動産의 境界와 面積 등 필요한 資料를 提供하여야 한다.

第12條 登記機關은 다음 각 호의 職責을 履行하여야 한다.
(1) 申請人이 提供하는 所有權 證明과 其他 필요한 資料를 檢査하여야 한다.
(2) 登記事項과 關聯하여 申請人에게 質問을 하여야 한다.

(3) 關聯 事項을 사실대로 적시에 登記하여야 한다.

(4) 法律, 行政法規에 規定한 其他 職責을 履行하여야 한다.
登記機關은 登記申請을 한 不動産의 關聯 狀況에 대하여
더 깊이 알아볼 필요가 있다고 認定하는 境遇 申請人에게
補充資料를 要求할 수 있으며 필요시에는 現場調査를 할
수 있다.

第13條 登記機關은 다음 각 호의 行爲가 있어서는 안 된다.

(1) 不動産에 대한 評價를 要求하는 行爲

(2) 年例檢査 등의 名目으로 重複登記를 하는 行爲

(3) 登記職責範圍를 超越하는 其他 行爲.

第14條 不動産 物權의 設定, 變更, 讓渡 및 消滅은 法律規定에 따
라 登記해야 하는 경우 不動産 登記簿에 登錄한 때로부터
效力을 發生한다.

第15條 不動産 物權의 設定, 變更, 讓渡 및 消滅과 관련하여 當事
者 사이에 締結하는 契約은 法律에 別途의 規定이 있거나
契約에 別途의 約定이 있는 경우를 除外하고는 契約이 成
立되는 때로부터 效力이 發生하며, 物權을 登記를 까지 않
은 境遇에도 契約의 效力에는 影響이 미치지 않는다.

第16條 不動産 登記簿는 物權의 歸屬과 內容의 根據가 된다.
不動産 登記簿는 登記機關이 管理한다.

第17條 不動産 所有權證書는 權利者가 당해 不動産 物權을 享有함을 證明하는 證書이다. 不動産 所有權證書에 登載한 事項은 不動産 登記簿의 記載事項과 一致하여야 한다. 登載事項이 一致하지 않은 경우 不動産 登記簿의 誤謬가 있음을 證明하는 證據가 없는 한 不動産 登記簿를 基準으로 한다.

第18條 權利者와 利害關係者는 登記資料의 照會, 複寫를 申請할 수 있으며 登記機關은 이를 提供하여야 한다.

第19條 權利者와 利害關係者가 不動産登記簿의 登載事項에 誤謬가 있다고 認定하는 경우 登記更新申請을 할 수 있다. 不動産登記簿에 登載된 權利者가 登記更新을 書面으로 同意하거나 또는 登記에 확실히 誤謬가 있음을 證明하는 證據가 있는 경우 登記機關은 登記를 更新해주어야 한다.
不動産登記簿에 登載된 權利者가 登記更新에 同意하지 않는 境遇 利害關係者는 異議登記를 申請할 수 있다. 申請者가 異議登記를 한 날로부터 15日內에 訴를 提起하지 않을 境遇 異議登記는 效力을 喪失한다. 異議登記가 不當하여 權利者에게 損失을 造成시킨 경우 權利者는 申請者에게 損害賠償을 請求할 수 있다.

第20條 當事者는 住宅賣買協議 또는 其他 不動産 物權의 賣買協議를 締結한 後 將來 物權의 取得을 保障하기 위하여 約定에 따라 登記機關에 豫告登記를 申請할 수 있다. 豫告登記를 한 後 豫告登記를 한 權利者의 同意 없이 당해 不動

産을 處分한 경우에는 物權의 效力이 發生하지 않는다.

豫告登記 後 債權이 消滅되었거나 不動産登記를 할 수 있
는 날로부터 3個月 以內에 登記를 申請하지 않은 경우 豫
告登記는 效力을 喪失한다.

第21條 當事者가 虛僞資料를 提供하여 登記를 申請함으로써 他人
에게 損害를 發生시킨 때에는 賠償責任을 져야 한다.

登記機關은 損害를 賠償한 後 登記의 錯誤를 發生시킨 者
에게 求償할 수 있다.

第22條 不動産登記 費用은 건당으로 徵收하며 不動産의 面積, 부
피 또는 去來價額의 比率에 따라 徵收하여서는 안 된다.

具體的인 費用徵收의 基準은 國務院 關聯部門이 物價主管
部門과 協議하여 決定한다.

第2節 動産의 引渡

第23條 動産物權의 設定, 讓渡는 動産을 引渡한 때로부터 效力을 發
生한다. 단, 法律에 別途의 規定이 있는 境遇는 例外로 한다.

第24條 船舶, 航空機, 自動車 등의 物權의 設定, 變更, 讓渡 및 消
滅은 登記하지 않으면 善意의 第3者에게 對抗하지 못한다.

第25條 動産物權의 設定과 讓渡하기 前에 權利者가 合法的으로 당
해 動産을 이미 占有하고 있을 境遇 物權은 法律行爲가 效

290

力을 發生하는 때로부터 效力을 發生한다.

第26條 動産物權의 設定과 讓渡하기 前에 第3者가 法에 의하여 그 動産을 占有하고 있을 경우에는 交付 義務가 있는 者는 第3者에 대한 原物返還請求權을 讓渡함으로써 交付를 代替할 수 있다.

第27條 動産物權의 讓渡할 때 雙方이 당해 動産을 讓渡人이 계속 占有하기로 約定한 境遇 物權은 당해 約定이 效力을 發生하는 때로부터 效力을 發生한다.

第3節 其他 規定

第28條 人民法院과 仲裁委員會의 法律文書 또는 人民政府의 徵收 決定 등으로 인하여 物權이 設定, 變更, 讓渡 또는 消滅되는 境遇 物權은 法律文書 또는 人民政府의 徵收決定 등이 效力을 發生하는 때로부터 效力을 發生한다.

第29條 相續 또는 遺贈을 받아 物權을 取得하는 경우 物權은 相續 또는 遺贈을 받는 때로부터 效力을 發生한다.

第30條 合法的으로 住宅을 建築, 撤去하는 등의 事實行爲로 物權을 設定 또는 消滅시키는 경우 物權은 事實行爲가 成就된 때로부터 效力을 發生한다.

第31條 이 法 第28條에서 第30條까지의 規定에 의하여 不動産 物
　　　權을 享有하고 있고 당해 物權을 處分할 때 法律規定에 따
　　　라 登記를 해야 함에도 登記를 하지 않은 경우 당해 物權
　　　은 效力을 發生하지 않는다.

第3章 物權의 保護

第32條 物權이 侵害를 받은 境遇 權利者는 和解, 調停, 仲裁, 訴訟
　　　등을 통해 保護받는다.

第33條 物權의 歸屬 또는 內容으로 인하여 紛爭이 發生한 경우 利
　　　害關係者는 權利의 確認을 請求할 수 있다.

第34條 無權利者가 不動産 또는 動産을 占有한 境遇 權利者는 原
　　　物의 返還을 請求할 수 있다.

第35條 物權을 妨害하였거나 또는 妨害할 수지가 있는 경우 權利
　　　者는 妨害의 排除 또는 危險의 除去를 請求할 수 있다.

第36條 不動産 또는 動産을 毀損한 경우 權利者는 修理, 重作(再
　　　製作), 更換(交替) 또는 原狀復舊를 請求할 수 있다.

第37條 物權을 侵害하여 權利者에게 損害를 造成한 境遇 權利者는
　　　損害賠償을 請求할 수 있으며 其他 民事責任을 請求할 수
　　　도 있다.

第38條 이 章에 規定한 物權의 保護方式은 單獨으로 適用할 수도 있고, 權利가 侵害된 狀況에 根據하여 같이 適用할 수도 있다. 物權을 侵害하여 民事上 責任을 負擔해야 하는 외에 行政管理規程을 違反한 경우에는 法에 의하여 行政責任을 負擔한다. 犯罪를 構成한 경우에는 法에 의하여 刑事責任을 追窮한다.

第2編 所有權

第4章 一般規定

第39條 所有者는 自己의 不動産 또는 動産에 대하여 法에 따라 占有, 使用, 收益 및 處分할 權利를 가진다.

第40條 所有者는 自己의 不動産 또는 動産에 用益物權과 擔保物權을 設定할 權利가 있다. 用益物權者, 擔保物權者가 權利를 行使할 때에 所有者의 權益을 侵害해서는 안 된다.

第41條 法律規定上 國家의 專屬物로 되어 있는 不動産과 動産에 대해서는 어떠한 單位나 個人이든지 所有權을 取得하지 못한다.

第42條 公共利益의 필요를 위하여 法律이 定한 權限과 節次에 따라 集團所有의 土地와 單位, 個人의 住宅 및 其他 不動産

을 收用할 수 있다.

集團所有의 土地를 收用할 때에는 土地補償費, 安置補助費, 地上附着物인 靑苗의 補償費 등의 費用을 法에 따라 全額 支拂해야 하며 아울러 被收用土地의 農民들에게 社會保障 費用을 충분히 配定함으로써 被收用土地의 農民들의 生活을 保障해주고 그들의 合法的인 權益을 守護해야 한다.

單位, 個人의 家屋 및 기타 不動産을 收用할 때에는 撤去 補償을 하여 被收用者들의 合法的인 權益을 守護하여야 한다. 個人의 住宅을 收用할 때에는 被收用者의 居住條件도 保障해주어야 한다.

그 어떠한 單位나 個人이든지 收用補償費 등의 費用을 橫領, 有用, 隱密分配, 抑留, 滯拂해서는 안 된다.

第43條 國家는 耕作地에 대해 특수 保護政策을 實施하며 農業用 土地의 建設用地 轉換을 엄격히 制限하며 建設用地의 總量을 統制한다. 法律이 定한 權限과 節次를 위반하는 集體 所有의 土地를 收用해서는 안 된다.

第44條 緊急救助, 災害除去 등 緊急需要로 인하여 法律이 定한 權限과 節次에 따라 單位, 個人의 不動産 또는 動産을 收用할 수 있다. 收用한 不動産 또는 動産을 使用한 후에는 被收用者에게 返還하여야 한다. 單位, 個人의 不動産 또는 動産이 收用되었거나 收用된 後에 毁損, 滅失된 경우에는 補償을 해주어야 한다.

第5章 國家所有權 · 集團所有權 · 個人所有權

第45條 法律 規定上 國家가 所有하는 財産은 國家所有 즉 全人民的所有에 속한다.
國有財産은 國務院이 國家를 代表하여 所有權을 行使하며 法律에 別途의 規定이 있는 경우 그 規定에 따른다.

第46條 地下資源, 河川, 海域은 國家所有에 속한다.

第47條 都市의 土地는 國家所有에 속한다. 法律 規定上 國家所有로 되어 있는 農村 및 都市郊外의 土地는 國家所有에 속한다.

第48條 森林, 山, 草原, 荒蕪地, 干潟地 등 自然資源은 國家所有에 속한다. 단, 法律이 集體所有에 속한다고 規定한 것은 除外한다.

第49條 法律의 規定上 國家所有로 되어 있는 野生動植物資源은 國家所有에 속한다.

第50條 무선전주파수 스펙트럼자원은 國家所有에 속한다.

第51條 法律의 規定上 國家所有로 되어 있는 文化財는 國家所有에 속한다.

第52條 國防資産은 國家所有에 속한다.

鐵道, 道路, 電力施設, 電信施設 및 석유가스수송관 등 인프라시설이 法律의 規定上 國家所有로 되어 있는 경우 國家所有에 속한다.

第53條　國家機關은 그가 直接支配하는 不動産 또는 動産에 대하여 占有, 使用 및 法律과 國務院의 관련 規定에 따라 處分할 權利를 가진다.

第54條　國家가 運營하는 事業單位는 그가 직접 支配하는 不動産과 動産에 대하여 占有, 使用 및 法律과 國務院의 관련 規定에 따라 收益, 處分할 權利를 가진나.

第55條　國家가 出資한 企業은 國務院과 地方人民政府가 法律, 行政法規의 規定에 따라 각각 國家를 代表하여 出資人의 責任을 履行하고 出資人의 權益을 享有한다.

第56條　國家所有의 財産은 法律의 保護를 받으며 그 어떠한 單位나 個人이든지 이를 侵占, 强奪, 着服, 抑留, 破壞하는 것을 禁止한다.

第57條　國有資産 管理, 監督 職責을 履行하는 機關 및 그 任職員은 法에 의하여 國有資産에 대한 管理, 監督을 强化하여 國有資産의 價値 保存과 增加를 促進하고 國有資産의 損失을 防止하여야 한다. 職權을 濫用하거나 怠慢하여 國有財産의 損失을 造成한 境遇에는 法에 의하여 法律責任을

져야 한다.

國有財産管理規程을 違反하고 企業의 所有制改革, 企業의
合併 또는 分離, 관련 去來 등 過程에 低價讓渡, 密謀着服,
恣意的인 擔保 또는 其他의 方式으로 國有財産에 損失을
造成시킨 境遇 法에 의하여 法律責任을 져야 한다.

第58條 集體所有의 不動産과 動産에는 다음 각 호의 內容이 포함
된다.
  (1) 法律 規定上 集體所有로 되어 있는 土地, 森林, 山, 草
    原, 荒蕪地, 干潟地
  (2) 集體所有의 建物, 生産施設, 農地水利施設
  (3) 集體所有의 敎育, 科學, 文化, 衛生, 體育 등 施設
  (4) 集體所有의 其他 不動産과 動産.

第59條 農民 集體所有의 不動産과 動産은 해당 集體構成員의 集
體所有에 속한다.
다음 각 호의 事項은 法定節次에 따라 당해 集體構成員이
決定하여야 한다.
  (1) 土地都給方案 및 土地를 당해 集體 이외의 單位 또는
    個人에게 都給을 주는 경우
  (2) 個別 都給經營者 사이에 都給土地 調整事項
  (3) 土地補償費 등 費用의 使用, 分配 方法
  (4) 集體出資企業의 所有權變動 등 事項
  (5) 法律이 定한 其他 事項.

第60條　集體所有의 土地와 森林, 山, 草原, 荒蕪地, 干潟地 등에
　　　　대해서는 다음 각 호의 規定에 따라 所有權을 行使한다.

　　　　(1) 村 農民 集體所有에 속하는 것은 村 集體經濟組織 또
　　　　　　는 村民委員會가 集體를 代表하여 所有權을 行使한다.

　　　　(2) 村內 둘 이상의 農民集體의 所有에 속하는 것은 村內
　　　　　　각 당해 集體經濟組織 또는 村民小組가 集體를 代表하
　　　　　　여 所有權을 行使한다.

　　　　(3) 鄕鎭 農民集體의 所有에 속하는 것은 鄕·鎭 集體經濟
　　　　　　組織이 集體를 代表하여 所有權을 行使한다.

第61條　都市와 鎭, 集體所有의 不動産과 動産은 法律, 行政法規의
　　　　規定에 따라 당해 集體가 占有, 使用, 收益 및 處分할 權利
　　　　를 가진다.

第62條　集體經濟組織 또는 村民委員會, 村民小組는 法律, 行政法
　　　　規 및 定款, 村民規約에 의하여 당해 集體構成員들에게 集
　　　　體의 財産狀況을 公布하여야 한다.

第63條　集體所有의 財産은 法律의 保護를 받으며 그 어떠한 單位
　　　　나 個人이든지 이를 侵占, 群集截取, 着服, 破壞하는 것을
　　　　禁止한다.
　　　　集體經濟組織, 村民委員會 또는 그 責任者가 내린 決定이
　　　　集體構成員의 合法的 權益을 侵害한 경우 侵害당한 集體
　　　　構成員은 人民法院에 取消를 請求할 수 있다.

第64條 個人은 自己의 合法的인 收入, 住宅, 生活用品, 生産道具, 原資材 등 不動産과 動産에 대하여 所有權을 享有한다.

第65條 個人의 合法的인 預金, 投資 및 그 收益은 法律의 保護를 받는다.
國家는 法律規定에 의하여 個人의 相續權 및 其他 合法的인 權益을 保護한다.

第66條 個人의 合法的인 財産은 法律의 保護를 받으며 그 어떠한 單位나 個人이든지 이를 侵占, 群集截取, 破壞하는 것을 禁止한다.

第67條 國家, 集體 및 個人은 合法的으로 出資하여 有限責任會社, 株式有限公司 또는 其他 企業을 設立할 수 있다. 國家, 集體 및 個人 所有의 不動産 또는 動産을 企業에 投資한 경우 出資人은 約定 또는 出資比率에 따라 財産收益, 중대사항 議決 및 經營管理者 선택 등의 權利를 享有하며 아울러 義務를 履行한다.

第68條 企業의 法人은 그의 不動産과 動産을 法律, 行政法規 및 定款에 따라 占有, 使用, 收益 및 處分할 權利를 가진다.
不動産과 動産에 대한 企業法人 이외의 法人의 權利는 관련 法律, 行政法規 및 定款의 規定을 適用한다.

第69條 社會團體가 法的으로 所有하고 있는 不動産과 動産은 法律

의 保護를 받는다.

第6章 建物所有者의 建物區分所有權

第70條 建物所有者는 建物內의 住宅 또는 商家 등 專有部分에 대하여 所有權을 가지며 專有部分 이외의 共有部分에 대하여는 共有權利와 共同管理의 權利를 가진다.

第71條 建物所有者는 그의 建物專有部分에 대하여 占有, 使用, 收益 및 處分할 權利를 가진다. 建物所有者의 權利行使는 建物의 安全을 威脅하거나 기타 建物所有者의 合法的인 權益을 侵害해서는 안 된다.

第72條 建物所有者는 建物專有部分 이외의 共有部分에 대하여 權利를 가지고 義務를 負擔한다. 權利拋棄를 이유로 義務를 履行하지 않아서는 안 된다.
建物所有者가 建物內의 住宅, 商家를 讓渡한 경우 建物外 共有部分에 대한 그의 公有權理와 共同管理權利는 동시에 讓渡하게 된다.

第73條 建築區劃內의 道路는 建物所有者의 共同所有에 속한다. 단, 都市와 鎭의 公共道路에 속하는 것은 除外한다. 建築區劃內의 綠地는 建物所有者의 共同所有에 속한다. 단, 都市와 鎭의 公共綠地에 속하는 것과 個人에게 속하는 것으로 明示되어 있는 경우 除外한다. 建築區劃內의 其他 公共場所

와 公共施設 및 建物管理 利用家屋은 建物所有者의 共同
所有에 속한다.

第74條 建築區劃內에 自動車의 駐車用地로 規劃되어 있는 駐車面
積 및 車庫는 우선 建物所有者의 需要를 充足시켜야 한다.
建築區劃內에 自動車의 駐車用地로 規劃되어 있는 駐車面
積 및 車庫의 歸屬은 當事者가 賣却, 贈與 또는 賃貸 등의
方式으로 約定한다.
建物所有者가 共有하는 道路 또는 기타 場所를 점한 駐車
用地는 建物所有者의 共同所有에 속한다.

第75條 建物所有者는 建物所有者大會를 設立하고 建物所有者委員
會를 選擧할 수 있다.
地方人民政府 關聯部門은 建物所有者大會의 設立과 建物
所有者委員會의 選擧를 指導하고 協助해야 한다.

제76조 다음 각 호의 사항은 建物所有者가 共同으로 決定한다.
(1) 建物所有者會의 意思規則의 制定 및 改定
(2) 建物 및 그 附帶施設 管理規約의 制定 및 改定
(3) 建物所有者委員會의 選擧 또는 同 委員會 構成員의 更迭
(4) 建物管理서비스機構 또는 其他 管理人 選任과 解任
(5) 建物 및 그 附帶施設 維持補修 資金의 調達과 使用
(6) 建物 및 그 附帶施設의 改築과 再建築
(7) 共有權利 및 共同管理權利 關聯 其他 重大事項.
前項 第5項과 第6項의 事項을 決定할 경우에는 專有部分

建物 總面積의 3분의 2 이상을 차지하는 建物所有者의 同意와 專有部分 總人員數의 3분의 2 이상을 차지하는 建物所有者의 同意를 받아야 한다. 前項의 기타 事項을 決定할 경우, 專有部分 建物總面積의 過半數 이상을 차지하는 建物所有者의 同意와 專有部分 總人員數의 過半數 이상을 차지하는 建物所有者의 同意를 받아야 한다.

第77條 建物所有者가 法律, 法規 및 管理規約을 違反하고 住宅을 商家로 變更해서는 안 된다. 建物所有者가 住宅을 商家로 變更할 경우에는 法律, 行政法規 및 管理規約을 遵守해야 하는 외에 利害關係가 있는 建物所有者의 同意를 받아야 한다.

第78條 建物所有者大會 또는 建物所有者委員會의 決定은 建物所有者에 대해 拘束力을 가진다.
建物所有者大會 또는 建物所有者委員會의 決定이 建物所有者의 合法的인 權益을 侵害하는 境遇 해당 建物所有者는 人民法院에 그 決定의 取消를 請求할 수 있다.

第79條 建物 및 그 附帶施設의 維持補修 資金은 建物所有者이 共同所有에 속한다. 維持補修 資金은 建物所有者의 共同決定을 거쳐 엘리베이터, 물탱크 등 共有部分의 施設을 維持, 補修하는 데 使用할 수 있다. 維持補修 資金의 調達, 使用 狀況은 公布하여야 한다.

第80條 建物 및 그 附帶施設의 費用分擔, 收益分配 등 事項은 約
定이 있는 경우 그 約定에 따르고 約定이 없거나 約定이
明確하지 않은 경우 建物所有者의 專有部分이 建物 總面
積에서 차지하는 比率에 따라 確定한다.

第81條 建物所有者는 建物 및 그 附帶施設을 自體로 管理할 수도
있고 建物管理서비스企業 또는 其他 管理人에게 委託하여
管理하게 할 수도 있다.
建設單位가 초빙한 建物管理서비스企業 또는 其他 管理人
에 대해 建物所有者는 法에 의하여 경질할 權利가 있다.

第82條 建物管理서비스企業 또는 其他 管理人은 建物所有者의 委
託에 의하여 建築區劃內의 建物 및 그 附帶施設을 管理하
며 아울러 建物所有者의 監督을 받는다.

第83條 建物所有者는 法律, 法規 및 管理規約을 遵守하여야 한다.
建物所有者會議와 建物所有者委員會는 任意의 쓰레기 放
置, 汚染物質 放出 또는 消音 發射, 規定違反의 動物飼育,
不法 假建物 築造, 通路 占據, 建物管理費의 支拂拒否 등
他人의 合法的인 權益을 侵害하는 行爲에 대하여 法律, 法
規 및 管理規約에 따라 行爲者에게 侵害의 停止, 危險의
解消, 妨害의 排除, 損失의 賠償을 要求할 權利가 있다. 建
物所有者는 自己의 合法的인 權益을 侵害하는 行爲에 대하
여 法에 의하여 人民法院에 訴를 提起할 수 있다.

第7章　相隣關係

第84條　不動産相隣權利者는 生産의 有利, 生活上의 便利, 團結과
　　　　互助, 公平合理의 原則에 따라 相隣關係를 正確히 處理하
　　　　여야 한다.

第85條　法律, 法規에 相隣關係의 處理에 대하여 規定이 있는 境遇
　　　　그 規定을 따르고 法律, 法規에 規定이 없는 경우에는 現地
　　　　慣習을 따를 수 있다.

第86條　不動産權利者는 相隣權利者의 用水, 排水에 必要한 便利를
　　　　提供해주어야 한다.
　　　　自然流水의 利用에 있어서 不動産 相隣權利者들 間에 合
　　　　理的으로 分配하여야 한다. 自然流水의 흐름은 自然的인
　　　　흐름方向을 尊重하여야 한다.

第87條　不動産權利者는 相隣權利者가 通行 등을 위해 반드시 不動
　　　　産權利者의 土地를 利用해야 할 境遇 不動産權利者는 必
　　　　要한 便宜를 提供하여야 한다.

第88條　不動産權利者가 建物을 築造, 修繕하거나 電線, 케이블, 水
　　　　道管, 스팀 또는 가스관 등을 假設하기 위하여 반드시 相隣
　　　　의 土地나 建物을 利用해야 할 境遇 相隣土地, 建物의 權
　　　　利者는 必要한 便宜를 提供하여야 한다.

第89條 建物을 築造할 때에는 國家의 建設工事 關聯 標準을 違反하거나 相隣建物의 通風과 採光, 日照에 支障을 주어서는 안 된다.

第90條 不動産權利者가 國家의 規定을 違反하고 固體廢棄物質을 放置하거나 大氣汚染物質과 水質汚染物質을 排出하거나 消音, 빛, 電磁波複寫 등 有害物質을 發射해서는 안 된다.

第91條 不動産權利者가 掘鑿, 建物 築造, 導管 附設 또는 配線, 設備 設置時 相隣不動産의 安全에 危險이 미치게 해서는 안 된다.

第92條 不動産權利者가 用水, 排水, 通行, 導管 附設 또는 配線 등을 위하여 相隣不動産을 利用할 경우 可及的으로 相隣不動産權利者에게 損害가 造成되지 않도록 해야 한다. 損害가 造成된 境遇에는 補償해야 한다.

第8章 共　有

第93條 不動産 또는 動産은 둘 이상의 單位 또는 個人이 共同으로 所有할 수 있다. 共有는 比例的 共有와 共同所有로 區分된다.

第94條 比例的 共有者는 共有의 不動産 또는 動産에 대하여 그의 持分에 따라 所有權을 享有한다.

第95條 共同所有者는 共同으로 共有의 不動産 또는 動産에 대하여 所有權을 享有한다.

第96條 共有者는 約定에 따라 共有의 不動産 또는 動産을 管理한다. 約定이 없거나 約定이 不明確한 境遇 各共有者에게 모두 管理의 權利와 義務가 있다.

第97條 共有의 不動産 또는 動産을 處分하거나 共有의 不動産 또는 動産에 대해 重大 修繕을 할 경우 持分의 3分의 2 以上을 차지하는 比例的 共有者 또는 全體 共同所有者의 同意를 거쳐야 한다. 단, 共有者間에 別途의 約定이 있는 경우는 例外로 한다.

第98條 公有物에 대한 管理費用과 其他 負擔은 約定이 있는 境遇 그 約定에 따르고 約定이 없거나 約定이 不明確한 境遇 比例的 共有者는 各自의 持分에 따라 負擔하고 共同所有者는 共同으로 負擔한다.

第99條 共有者가 共有의 不動産 또는 動産을 分割하지 않고 共有 關係를 維持하기로 約定한 경우 그 約定에 따라야 하다, 단, 共有者가 分割해야 할 重大 事由가 있을 경우 分割을 請求할 수 있다. 約定이 없거나 約定이 不明確한 경우 比例的 共有者는 隨時로 分割을 請求할 수 있으며 共同所有者는 共有의 基礎를 喪失했거나 分割을 해야 할 重大 事由가 있을 경우 分割을 請求할 수 있다. 分割로 인하여 其他

共有者에게 損害를 준 경우에는 補償을 해야 한다.

第100條 共有者는 分割方式을 協商하여 決定할 수 있다. 合意가 이루어지지 않더라도 共有의 不動産 또는 動産이 分割이 可能하고 또 分割로 인한 價値減少가 發生하지 않을 경우 에는 現物을 分割해야 한다. 分割하기 어렵거나 分割로 인하여 價値減少가 發生할 境遇에는 換價 또는 競賣, 賣却 등으로 取得한 價額을 分割해야 한다.

共有者가 分割받은 不動産 또는 動産에 瑕疵가 있을 경우 其他 共有者가 損失을 分擔해야 한다.

第101條 比例的 共有者는 그가 保有하고 있는 共有의 不動産 또는 動産의 持分을 讓渡할 수 있다. 其他 共有者는 同等한 條件下에서 優先的으로 買入할 權利를 가진다.

第102條 共有의 不動産 또는 動産으로 인해 發生한 債權과 債務에 대하여 外部關係에 있어서는 共有者가 連帶債權을 享有하고 連帶債務를 負擔한다. 단, 法律에 別途의 規定이 있거나 第3者가 共有者에게 連帶債權債務關係가 없음을 알고 있는 경우는 例外로 한다. 共有者 內部關係에 있어서는 共有者가 別途의 約定이 있는 경우를 除外하고 比例的 共有者는 持分에 따라 債權을 享有하고 債務를 負擔하며 共同所有者는 共同으로 債權을 享有하고 債務를 負擔한다. 保有持分 以上의 債務를 償還한 比例的 共有者는 其他 共有者에게 求償할 權利가 있다.

第103條 共有者가 共有의 不動産 또는 動産에 대하여 比例的 共有
　　　　또는 共同所有의 約定을 하지 않았거나 約定이 不明確한
　　　　境遇 共有者關係가 家庭關係 등인 것을 除外하고는 比例
　　　　的 共有로 본다.

第104條 比例的 共有者가 共有의 不動産 또는 動産에 대해 保有持
　　　　分을 約定하지 않았거나 約定이 不明確한 境遇 出資額에
　　　　따라 持分을 確定하며 出資額을 確定할 수 없는 경우에는
　　　　持分을 均等하게 保有하고 있는 것으로 본다.

第105條 둘 이상의 單位와 個人이 共同으로 用益物權, 擔保物權을
　　　　가질 경우에는 이 章의 規定을 參照한다.

第9章 所有權 取得의 特別規定

第106條 無權利者가 不動産 또는 動産을 讓受人에게 讓渡한 경우
　　　　所有者는 이를 返還받을 權利가 있다. 法律에 別途의 規
　　　　定이 있는 것을 除外하고 다음 각 호의 事由에 附合되는 경
　　　　우 讓受人은 당해 不動産 또는 動産의 所有權을 取得한다.
　　　　(1) 讓受人이 당해 不動産 또는 財産을 善意取得한 경우
　　　　(2) 合理的인 價格으로 讓渡받은 경우
　　　　(3) 讓渡하는 不動産 또는 財産을 法律規定上 登記가 必要
　　　　　　한 것은 登記 後 讓受人에게 引渡하였고 登記의 必要
　　　　　　가 없는 것은 그대로 引渡한 경우
　　　　讓受人이 前項의 規定에 따라 不動産 또는 動産의 所有權을

308

取得한 경우 原所有者는 無權利者에게 損失의 賠償을 請求할
權利가 있다.
當事者가 其他 物權을 善意取得한 경우에는 위 2個 項의
規定을 參照한다.

第107條 所有權者 또는 其他 權利者는 遺失物을 返還받을 權利가
있다. 당해 遺失物이 讓渡에 의해 他人이 占有하고 있는
境遇 所有者 등 權利者는 無權利者에게 損害賠償을 請求
하거나 또는 讓受人을 알았거나 알 수 있는 날로부터 2年
內에 讓受人에게 遺失物의 返還을 請求할 權利가 있다.
단, 讓受人이 競賣를 통해 또는 經營資格을 가진 經營者
로부터 당해 遺失物을 購入한 경우 權利者는 遺失物의 返
還을 請求할 때 讓受人에게 讓受人이 支給한 費用을 辨償
해야 한다. 權利者는 讓受人에게 讓受人이 支給한 費用을
辨償한 後 無權利者에게 補償을 請求할 權利가 있다.

第108條 善意의 讓受人이 動産을 取得한 後 당해 動産의 原權利는
消滅된다. 단, 善意의 讓受人이 당해 動産의 權利를 알고 있
었거나 알 수 있는 狀況에서 讓受한 境遇는 例外로 한다.

第109條 拾得한 遺失物은 權利者에게 返還해야 한다. 拾得者는 적
시에 權利者에게 通知하여 受領하도록 하거나 公安 등 關
係部門에 引渡해야 한다.

第110條 關係部門은 遺失物을 接受한 後 權利者를 알고 있는 경우

에는 적시에 通知하여 受領하도록 해야 한다. 權利者를 알
지 못하는 경우에는 적시에 遺失物 受領公示를 내야 한다.

第111條　拾得者는 遺失物을 關係部門에 引渡하기 前에, 關係部門
　　　　은 遺失物을 主人이 受領하기 前에 잘 保管하여야 한다.
　　　　故意 또는 重大한 過失로 인하여 遺失物이 毁損, 滅失된
　　　　境遇에는 民事上 責任을 負擔해야 한다.

第112條　權利者는 遺失物 受領時 拾得者 또는 關係部門에 遺失物
　　　　保管 등에 支給한 費用을 辨償해야 한다.
　　　　權利者가 遺失物 縣賞廣告를 냈을 경우 遺失物 受領時
　　　　約束대로 義務를 履行하여야 한다.
　　　　拾得者가 遺失物乙 侵占한 경우 遺失物保管 등에 支給한
　　　　費用과 補修를 請求할 權利가 없으며, 權利者에게 約束에
　　　　따라 義務를 履行할 것을 請求할 權利도 없다.

第113條　遺失物 受領公示를 낸 날로부터 6個月 以內에 受領者가
　　　　없을 경우 遺失物은 國家에 歸屬된다.

第114條　漂流物을 拾得하였거나 埋藏物 또는 隱匿物을 發見한 경
　　　　우에는 遺失物拾得 關聯 規定을 參照하여 處理한다. 文化
　　　　財保護法 등 法律에 別途의 規定이 있는 경우 그 規定에
　　　　따른다.

第115條　主物을 讓渡할 경우에는 從物도 따라서 讓渡된다. 단, 當

事者가 別途의 約定을 한 경우는 例外로 한다.

第116條 天然果實은 所有者가 取得하며 所有者도 있고 用益物權者
　　　도 있는 경우 用益物權者가 天然果實을 取得한다. 當事者
　　　가 別途의 約定을 한 경우는 그 約定에 따른다.
　　　法定果實은 當事者가 約定이 있는 경우 그 約定에 따라
　　　取得하며 約定이 없거나 約定이 不明確한 境遇 去來慣習에
　　　따라 取得한다.

第3編 用益物權

第10章 一般規定

第117條 用益物權者는 他人이 所有하고 있는 不動産 또는 動産에
　　　대하여 法에 따라 占有, 使用 및 收益의 權利가 있다.

第118條 國家所有의 自然資源 또는 國家所有이면서 集團이 使用하
　　　고 있는 自然資源 및 法律規定上 集團所有로 되어 있는
　　　自然資源은 單位 또는 個人이 法에 의하여 占有, 使用 및
　　　收益할 수 있다.

第119條 國家는 自然資源 有償使用制度를 實施한다. 단, 法律에
　　　別途의 規定이 있는 경우는 例外로 한다.

第120條 用益物權者는 權利行使時 資源의 保護와 合理的인 開發, 利用에 관한 法律規定을 遵守하여야 한다. 所有者는 用益物權者의 權利行使를 干涉하지 못한다.

第121條 不動産 또는 動産의 徵收, 收用으로 인하여 用益物權이 消滅되었거나 用益物權의 行使에 影響을 준 境遇 用益物權者는 이 法 第42條, 第44條의 規定에 따라 補償을 받을 權利가 있다.

第122條 合法的으로 取得한 海域使用權은 法律의 保護를 받는다.

第123條 合法的으로 取得한 探鑛權, 採鑛權, 取水權과 水域 또는 개펄을 利用하여 養殖 또는 漁撈에 從事하는 權利는 法律의 保護를 받는다.

第11章 土地의 承包(都給)經營權

第124條 農村의 集團經濟組織은 家口別 都給經營을 基礎로 하고 統一經營과 分散經營이 結合된 二重經營體制를 實施한다. 農民이 集團的으로 使用하고 있는 農民集團所有와 國家所有의 農耕地, 林地, 草地 및 其他 農業用 土地는 法에 의하여 土地都給經營制度를 實施한다.

第125條 土地都給經營者는 法에 의하여 그가 都給經營하는 農耕地, 林地, 草地 등에 대해 占有, 使用 및 收益이 權利를

享有하며 栽培業, 林山業, 牧畜業 등 農業生産에 從事할 權利를 가진다.

第126條 農耕地의 都給期間은 30年이다. 草地의 都給期間은 30年 내지 50年이다. 林地의 都給期間은 30年 내지 70年이며 特殊林木의 林地都給期間은 國務院 林業行政主管部門의 批准을 받고 延長할 수 있다.

前項에서 規定한 都給期間이 滿了되면 土地의 都給經營 者는 國家의 關聯 規定에 따라 계속 都給할 수 있다.

第127條 土地의 都給經營權은 土地都給經營權契約이 效力을 發生 하는 때로부터 設定된다.

縣級 以上 地方人民政府는 土地都給經營者에게 土地都給 經營權證書, 林木所有權證書, 草原使用權證書를 發給하고 書類에 登錄하여 土地의 都給經營權을 確認하여야 한다.

第128條 土地都給經營者는 農村土地都給法의 規定에 따라 土地都 給經營權을 下請都給, 交換, 讓渡 등의 方式으로 流通시 킬 權利가 있다. 流通期間은 都給期間의 殘餘期間을 超過 해서는 안 된다. 法的인 許可 없이 都給 土地를 非農業建 設에 使用해서는 안 된다.

第129條 土地都給經營者가 土地都給經營權을 交換, 讓渡할 때 當 事者가 登記를 원할 경우에는 縣級 以上 地方人民政府에 土地都給經營權 變更登記를 申請하여야 한다. 登記하지

않을 경우에는 善意의 第3者에게 對抗하지 못한다.

第130條 都給期間 內에 都給 發注人은 都給 土地를 調整하지 못한다.
自然災害로 인해 都給 土地가 심하게 破壞되는 등 特殊狀
況이 發生하여 都給을 준 農耕地 또는 草地를 적당히 調
整할 必要가 있는 境遇에는 農村土地都給法 등 法律規定
에 따라 調整하여야 한다.

第131條 都給期間 內에 都給 發注人은 都給 土地를 回收하지 못
한다. 農村土地都給法 등 法律에 別途의 規定이 있는 경
우 그 規定에 따른다.

第132條 都給 土地가 收用되었을 境遇 土地都給經營者는 이 法
第42條 第2項의 規定에 따라 상응한 補償을 取得할 權利
가 있다.

第133條 入札, 競賣, 公開協商 등 方式으로 都給한 荒蕪地 등 農
村 土地의 都給經營權은 農村土地都給法 등 法律과 國務
院의 關聯 規定에 따라 讓渡, 出資, 抵當 또는 其他의 方
式으로 移轉할 수 있다.

第134條 國家所有의 農業用地에 대하여 都給經營을 實施할 경우에
는 이 法의 關聯 規定을 參照한다.

第12章 建設用地 使用權

第135條 建設用地 使用者는 法에 의하여 國家所有의 土地를 占有, 使用 및 收益할 權利가 있으며 당해 土地를 利用하여 建物, 構築物 및 그 附帶施設을 築造할 權利가 있다.

第136條 建設用地 使用權은 土地의 地表, 地上 또는 地下에 대하여 각각 設定할 수 있다. 새로 設定하는 建設用地 使用權은 기존의 用益物權을 侵害하지 못한다.

第137條 建設用地 使用權 設定은 使用權 賣却 또는 無償提供 등의 方式을 취할 수 있다.
工業, 商業, 觀光, 娛樂 및 商品住宅 등 經營性用地 또는 同一한 土地의 使用希望者가 둘 이상인 土地는 入札, 競賣 등 公開入札競爭의 方式으로 使用權을 賣却해야 한다.
無償提供의 方式으로 建設用地 使用權을 設定하는 것을 嚴格히 制限한다. 無償提供의 方式을 취할 境遇에는 土地用途에 관한 法律, 行政法規의 規定을 遵守하여야 한다.

第138條 入札, 競賣, 協商 등 使用權 賣却의 方式으로 建設用地 使用權을 設定할 境遇 當事者는 書面形式으로 建設用地 使用權 賣却契約을 締結하여야 한다.
建設用地 使用權 賣却契約은 一般的으로 다음의 條項들을 포함한다.
(1) 當事者의 名稱과 住所

(2) 土地 境界, 面積 등

(3) 建物, 構築物 및 그 附帶施設이 차지하는 空間

(4) 土地用途

(5) 使用期間

(6) 使用權 賣却金 등의 費用 및 그 支拂方式

(7) 紛爭解決方法.

第139條 建設用地 使用權을 設定할 때에는 登記機關에 建設用地
使用權登記申請을 하여야 한다. 建設用地 使用權은 登記
와 동시에 設定된다. 登記機關은 建設用地 使用者에게 建
設用地 使用權證書를 發給하여야 한다.

第140條 建設用地 使用者는 土地를 合理的으로 利用해야 하며 土地
用途를 變更해서는 안 된다. 土地用途를 變更해야 할 경우에
는 法에 의하여 關聯 行政主管部門의 批准을 받아야 한다.

第141條 建設用地 使用者는 法律規定 및 契約에 約定한 바에 따라
使用權 賣却金 등의 費用을 支給하여야 한다.

第142條 建設用地 使用者가 築造한 建物, 構築物 및 그 附帶施設
의 所有權은 建設用地 使用者에게 속한다. 단, 그렇지 않
음을 證明하는 證據가 있는 경우는 例外로 한다.

第143條 建設用地 使用者는 建設用地 使用權을 讓渡, 交換, 出資,
贈與 또는 抵當할 權利가 있다. 단, 法律에 別途의 規定이

있는 경우는 例外로 한다.

第144條 建設用地 使用權을 讓渡, 交換, 出資, 贈與 또는 抵當할
境遇 當事者는 書面形式으로 상응한 契約을 締結하여야
한다. 使用期間은 當事者가 約定하되 그 期間은 建設用地
使用權의 殘餘期間을 超過해서는 안 된다.

第145條 建設用地 使用權을 讓渡, 交換, 出資 또는 贈與할 境遇에
는 登記機關에 變更登記申請을 하여야 한다.

第146條 建設用地 使用權을 讓渡, 交換, 出資 또는 贈與할 경우에
는 당해 土地에 附着되어 있는 建物, 構築物 및 그 附帶
施設이 함께 處分된다.

第147條 建物, 構築物 및 그 附帶施設을 讓渡, 交換, 出資 또는 贈
與할 경우에는 당해 建物, 構築物 및 그 附帶施設이 占有
한 範圍內의 建設用地 使用權이 함께 處分된다.

第148條 建設用地 使用權期間이 滿了되기 前에 公共 利益의 需要
에 의해 당해 土地를 早期 回收할 境遇에는 이 法 第42條
의 規定에 따라 당해 土地에 있는 家屋과 其他 不動産에
대하여 補償해주어야 하며 아울러 상응한 使用權 賣却代
金을 返還하여야 한다.

第149條 住宅建設用地 使用權은 期間이 滿了되면 期間이 自動延

期 된다.

非住宅建設用地 使用權期間 滿了 後의 期間延長은 法律
規定에 따라 處理한다. 당해 土地上의 家屋과 其他 不動
産의 所有權은 約定이 있는 경우 그 約定에 따르고 約定
이 없거나 約定이 不明確한 境遇에는 法律, 行政法規의
規定에 따라 處理한다.

第150條　建設用地 使用權이 消滅된 境遇 賣却人은 적시에 抹消登
記를 하여야 하며 登記機關은 建設用地 使用權證書를 回
收하여야 한다.

第151條　集團所有의 土地를 建設用地로 使用할 경우에는 土地管理
法 등의 法律規定에 따라 處理하여야 한다.

第13章 宅地使用權

第152條　宅地使用者는 法에 의하여 集團所有의 土地에 대한 占有
및 使用의 權利가 있으며 法에 의하여 당해 土地上에 住
宅 및 그 附帶施設을 築造할 權利가 있다.

第153條　宅地使用權의 取得, 行使 및 讓渡는 十地管理法 등의 法
律과 國家의 關聯 規定을 適用한다.

第154條　宅地가 自然災害 등의 原因으로 인하여 滅失된 경우 宅地
使用權은 消滅된다. 宅地를 喪失한 農民에게는 宅地를 다시 分配하여야 한다.

第155條 이미 登記한 宅地使用權이 讓渡되었거나 消滅된 경우 적시에 變更登記 또는 抹消登記를 하여야 한다.

第14章 地役權

第156條 地役權者는 契約의 約定에 따라 他人의 不動産을 利用하여 自己 不動産의 利用價値를 높일 權利가 있다.
前項 指稱하는 他人의 不動産을 承役地라 하고 自己 不動産을 要役地라 한다.

第157條 地役權을 設定하는 境遇 當事者는 書面形式으로 地役權契約을 締結하여야 한다.
地役權契約은 一般的으로 다음의 條項들을 포함한다.
(1) 當事者의 姓名 또는 名稱과 住所
(2) 承役地와 要役地의 位置
(3) 利用 目的과 方法
(4) 利用期限
(5) 費用 및 그 支拂方式
(6) 紛爭解決方法.

第158條 地役權은 地役權契約이 發效하는 날로부터 設定된다. 當事者가 登記를 원할 境遇 登記機關에 地役權 登記申請을 할 수 있으며 登記를 하지 않으면 善意의 第3者에게 對抗

하지 못한다.

第159條 承役地 權利者는 契約이 約定한 바에 따라 地役權者에게
　　　　해당 土地의 利用을 許容하여야 하며 地役權者의 權利行
　　　　使를 妨害하여서는 안 된다.

第160條 地役權者는 契約에 約定한 利用目的과 方法에 따라 承役
　　　　地를 利用해야 하며 가급적으로 承役地 權利者의 物權에
　　　　대해 制限을 적게 해야 한다.

第161條 地役權의 期間은 當事者가 約定한다. 딘, 土地都給經營權,
　　　　建設用地 使用權 等 用益物權의 殘餘期間을 超過해서는
　　　　안 된다.

第162條 土地所有權者가 地役權을 享有 또는 負擔하고 있는 土地
　　　　에 土地都給經營權 또는 宅地使用權을 設定하였을 때 土
　　　　地都給經營者와 宅地使用者는 그 土地에 設定된 地役權
　　　　을 계속 享有 또는 負擔한다.

第163條 土地에 土地都給經營權, 建設用地 使用權, 宅地使用權 등
　　　　權利가 이미 設定되어 있는 境遇에 土地所有權者는 用益
　　　　物權者의 同意없이 地役權을 設定하지 못한다.

第164條 地役權은 單獨으로 讓渡하지 못한다. 土地都給經營權, 建
　　　　設用地 使用權 등을 讓渡할 경우 地役權도 동시에 讓渡된

320

다. 단, 契約에 別途의 約定이 있는 경우는 例外로 한다.

第165條 地役權은 單獨으로 抵當하지 못한다. 土地都給經營權, 建設用地 使用權 등을 抵當하는 경우 抵當權이 實行될 때 地役權도 함께 讓渡된다.

第166條 要役地 및 要役地에 設定한 土地都給經營權, 建設用地 使用權의 一部를 讓渡할 때 讓渡하는 部分에 地役權이 設定되어 있을 경우 讓受人은 동시에 그 地役權을 享有한다.

第167條 承役地 및 承役地에 設定한 土地都給經營權, 建設用地 使用權의 一部를 讓渡할 때 讓渡하는 部分에 地役權이 設定되어 있을 경우 그 地役權은 讓受人에 대하여 拘束力을 가진다.

第168條 地役權者에게 다음 각 호의 하나에 해당하는 狀況이 있는 경우 承役地 權利者는 地役權契約을 解除할 權利가 있으며 地役權은 消滅된다.
(1) 法律規定 또는 契約의 約定을 違反하고 地役權을 濫用한 경우
(2) 承役地를 有償 利用함에 있어 約定 支拂期間이 滿期된 後 合理的인 期限 內에 2次 催告하였음에도 費用을 支拂하지 않은 경우

第169條 이미 登記한 地役權이 變更, 讓渡 또는 消滅된 境遇 적시

에 變更登記 또는 抹消登記를 하여야 한다.

第4編 擔保物權

第15章 一般規定

第170條 擔保物權者는 債務者가 滿期債務를 履行하지 않거나 當事
　　　　者가 擔保物權을 實行하기로 約定한 事由가 發生한 경우에
　　　　는 法에 의하여 擔保財産에 대하여 優先辨濟를 받을 權利가
　　　　있다. 단, 法律에 別途의 規定이 있는 경우는 例外로 한다.

第171條 債權者는 貸借, 賣買 등 民事活動에서 그 債權의 實行을
　　　　保障하기 위하여 擔保를 必要로 하는 경우 이 法과 其他
　　　　法律規定에 따라 擔保物權을 設定할 수 있다.
　　　　第3者가 債務者를 위하여 債權者에게 擔保를 提供하는 境
　　　　遇 債務者에 대하여 反擔保를 要求할 수 있다. 反擔保는
　　　　이 法과 其他 法律規定을 適用한다.

第172條 擔保物權을 設定할 때에는 이 法과 其他 法律規定에 따라
　　　　擔保契約을 締結하여야 한다. 擔保契約은 主債權 債務擔
　　　　保契約의 附隨的契約이다. 主債權 債務契約이 無效時에는
　　　　擔保契約도 無效가 된다. 단, 法律에 別途의 規定이 있는
　　　　경우는 例外로 한다.
　　　　擔保契約이 無效임이 確認된 後 債務者, 擔保人, 債權者

322

에게 過失이 있는 경우 그 過失에 根據하여 各自가 상응한 民事上 責任을 負擔하여야 한다.

第173條 擔保物權의 擔保範圍는 主債權 및 그 金利, 違約金, 損害賠償金, 擔保財産保管費用과 擔保物權 實現費用을 포함한다. 當事者가 別途의 約定이 있는 경우는 그 約定에 따른다.

第174條 擔保期間에 擔保에 提供된 財産이 毁損, 滅失 또는 收用된 경우 擔保物權者는 그 擔保財産의 保險金, 賠償金 또는 補償金 등에 대하여 優先辨濟받을 수 있다. 被擔保債權의 履行期間이 滿了되지 않은 경우에도 당해 保險金, 賠償金 또는 補償金 등을 引出할 수 있다.

第175條 第3者가 擔保를 提供한 後 第3者의 書面同意 없이 債權者가 債務者에게 債務의 全部 또는 一部를 移轉하도록 許容한 경우 擔保人은 더 이상 상응한 擔保責任을 負擔하지 않는다.

第176條 擔保對象 債權에 物的 擔保가 있고 人的 擔保도 있는 狀況에서 債務者가 滿期債務를 履行하지 않거나 當事者가 擔保物權을 實行하기로 約定한 事由가 發生한 境遇 債權者는 約定에 따라 債權을 實行해야 한다. 約定하지 않았거나 約定이 不明確하고 債務者가 스스로 物的 擔保를 提供한 경우 債權者는 優先 당해 物的 擔保에 대하여 債權을 實行해야 한다. 第3者가 物的 擔保를 提供한 경우 債權者는 物的 擔保에 대하여 債權을 實行할 수도 있고 保證人

에게 保證責任을 負擔하도록 要求할 수도 있다. 擔保를 提供한 第3者는 擔保責任을 履行한 後 債務者에게 訴求할 權利가 있다.

第177條 다음 각 호의 하나에 해당하는 경우 擔保物權은 消滅된다.
　　(1) 主債權이 消滅된 경우
　　(2) 擔保物權이 實行된 경우
　　(3) 債權者가 擔保物權을 抛棄한 경우
　　(4) 法律規定上 擔保物權이 消滅되는 其他의 情形

第178條 擔保法이 이 法의 規定과 一致하지 않을 경우에는 이 法을 適用한다.

第16章 抵當權

第1節 一般 抵當權

第179條 債務의 履行을 擔保하기 위하여 債務者 또는 第3者가 財産의 占有를 移轉시키지 않고 당해 財産을 債權者에게 抵當한 경우 債務者가 滿期債務를 履行하지 않거나 또는 當事者가 抵當權을 實行하기로 約定한 事由가 發生하면 債權者는 당해 財産에 대하여 優先辨濟를 받을 權利가 있다. 前項 規定에서 債務者 또는 第3者는 抵當權設定者이고 債權者는 抵當權者이며 擔保로 提供된 財産은 抵當財産이다.

第180條 債務者 또는 第3者가 處分權을 갖고 있는 다음 각 호의
　　　 財産은 抵當할 수 있다.
　　　 (1) 建物과 其他 地上定着物
　　　 (2) 建設用地 使用權
　　　 (3) 入札, 競賣, 公開協商 등 方式으로 取得한 荒蕪地 등
　　　　　 土地의 都給經營權
　　　 (4) 生産設備, 原資材, 半製品, 製品
　　　 (5) 建造 중에 있는 建物, 船舶, 航空機
　　　 (6) 交通運輸手段
　　　 (7) 法律, 行政法規에 抵當을 禁止하지 않는다고 한 其他
　　　　　 財産
　　　 抵當權設定者는 前項에서 지적한 財産을 동시에 抵當할
　　　 수 있다.

第181條 當事者가 書面合意를 締結하면 企業, 個人工商業者, 農業
　　　 生産經營者는 이미 保有하고 있거나 장차 保有하게 될 生
　　　 産設備, 原資材, 半製品, 製品을 抵當할 수 있다. 債務者
　　　 가 滿期債務를 履行하지 않거나 當事者가 抵當權을 實行
　　　 하기로 約定한 事由가 發生한 境遇 債權者는 抵當權實行
　　　 을 約定한 때의 動産에 대하여 優先辨濟를 받을 權利가
　　　 있다.

第182條 建物을 抵當하는 境遇 당해 建物이 占하고 있는 範圍內의
　　　 建設用地 使用權도 同時에 抵當된다. 建設用地 使用權을
　　　 抵當物로 하는 경우 그 土地上의 建物도 동시에 抵當된다.

抵當權設定者가 前項의 規定에 따라 同時에 抵當하지 않을 경우 抵當하지 않은 財産은 同時에 抵當한 財産으로 看做한다.

第183條 鄕鎭企業, 村企業의 建設用地 使用權은 單獨으로 抵當하지 못한다. 鄕鎭企業, 村企業의 工場建物 등 建物을 抵當物로 하는 境遇 그 建物이 占하고 있는 範圍內의 建設用地 使用權도 同時에 抵當된다.

第184條 다음 각 호의 財産은 抵當하지 못한다.

    (1) 土地所有權

    (2) 農耕地(耕作地), 宅基地, 自留地, 自留山 등 集團所有의 土地使用權. 단, 法律規定上 抵當이 可能한 것은 除外함

    (3) 學校, 幼稚園, 病院 등 公益을 目的으로 하는 事業單位, 社會團體의 敎育施設, 醫療保健衛生施設과 其他 社會公益施設

    (4) 所有權, 使用權이 不明하거나 爭議가 있는 財産

    (5) 法的으로 封印, 押留, 監督 管理하는 財産

    (6) 法律, 行政法規의 規定上 抵當하여서는 아 되는 其他 財産

第185條 抵當權을 設定하는 경우 當事者는 書面形式으로 抵當契約을 締結하여야 한다.

抵當契約은 一般的으로 다음의 條項들을 포함한다.

    (1) 被擔保債權의 種類와 金額

    (2) 債務者의 債務履行期間

    (3) 抵當財産의 名稱, 數量, 品質, 狀態, 所在地, 所有權者
        또는 使用權者

    (4) 擔保의 範圍

第186條 抵當權者는 債務履行期間 滿了 前에 抵當權設定者와 債務者가 滿期債務를 履行하지 않을 경우 抵當財産을 債權者의 所有로 한다는 約定을 해서는 안 된다.

第187條 이 法 第180條 第1項 第1号로부터 第3号에 規定한 財産 또는 第5号에 規定한 建設 중에 있는 建物을 抵當할 境遇 抵當登記를 하여야 한다. 抵當權은 登記한 때로부터 設定된다.

第188條 이 法 第180條 第1項 第4号, 第6号에 規定한 財産 또는 第5号에 規定한 建造 중에 있는 船舶, 航空機를 抵當할 境遇 抵當權은 抵當契約이 效力을 發生하는 때로부터 設定된다. 登記하지 않은 경우 善意의 第3者에게 對抗하지 못한다.

第189條 企業, 個人工商業者, 農業生産經營者가 이 法 第181條가 規定한 動産을 抵當할 境遇에는 動産所在地의 工商行政管理部門에 登記하여야 한다. 抵當權은 抵當契約이 效力을 發生하는 때로부터 效力을 發生하며 登記하지 않은 境遇 善意의 第3者에게 對抗하지 못한다.

이 法 第181條 規定에 따라 抵當한 경우 正常的인 經營 活動 중에 合理的인 代金을 支拂하고 抵當財産을 取得한 買受人에게 對抗하지 못한다.

第190條 抵當契約을 締結하기 前에 抵當財産을 이미 賃貸한 境遇 原賃貸關係는 당해 抵當權의 影響을 받지 않는다. 抵當權 을 設定한 後 抵當財産을 賃貸한 경우 당해 賃貸關係는 이미 登記한 抵當權에 對抗하지 못한다.

第191條 抵當期間에 抵當權設定者가 抵當權者의 同意를 받고 抵 當財産을 讓渡한 境遇 讓渡收益으로 抵當權者의 債權을 滿期前에 辨濟하든가 또는 引出, 供託해야 한다. 讓渡收益 이 債權額을 超過하는 部分은 抵當權設定者가 所有하고 부족부분은 債務者가 辨濟한다.
抵當期間에 抵當權設定者는 抵當權者의 同意없이는 抵當 財産을 讓渡하지 못한다. 단, 讓受人이 債務를 代理辨濟하 여 抵當權이 消滅되는 경우는 例外로 한다.

第192條 抵當權은 債權과 分離하여 單獨으로 讓渡하거나 其他 債 權의 擔保로 하지 못한다. 債權을 讓渡할 경우 당해 債權 을 擔保한 抵當權도 同時에 讓渡된다. 단, 法律에 別途의 規定이 있거나 當事者가 別途의 約定이 있는 경우는 例外 로 한다.

第193條 抵當權設定者의 行爲가 抵當財産의 價値를 充分히 減少

시킬 수 있을 境遇 抵當權者는 抵當權設定者에게 그 行爲
의 中止를 要求할 權利가 있다. 抵當財産의 價値가 減少
된 境遇 抵當權者는 抵當財産의 價値를 回復시키거나 減
少된 價値에 상당한 擔保提供을 請求할 權利가 있다. 抵
當權設定者가 抵當財産의 價値를 回復하지 않고 擔保提供
도 하지 않을 境遇 抵當權者는 債務者에게 債務의 滿期前
辨濟를 請求할 權利가 있다.

第194條 抵當權者는 抵當權 또는 抵當權의 順位를 抛棄할 수 있
다. 抵當權者와 抵當權設定者는 協議를 통해 抵當權의 順
位와 被擔保債權의 額數 등의 內容을 變更할 수 있다. 단,
其他 抵當權者의 書面同意가 없이 抵當權을 變更할 경우
其他 抵當權者에게 不利한 影響을 끼쳐서는 안 된다.
債務者가 自己의 財産으로 抵當을 設定하고 抵當權者가
당해 抵當權, 抵當權의 順位를 抛棄하거나 抵當權을 變更
할 경우 其他 擔保人은 抵當權者가 優先辨濟의 權能을
喪失한 範圍 內에서 擔保責任이 免除된다. 단, 其他 擔保
人이 계속 擔保提供을 約束한 경우는 例外로 한다.

第195條 債務者가 滿期債務를 履行하지 않거나 또는 當事者가 抵
當權 實行을 約定한 事由가 發生한 경우 抵當權者는 抵
當權設定者와 協議하여 抵當財産을 換價하거나 또는 당해
抵當財産을 競賣, 賣却한 價額으로 優先辨濟를 받을 수
있다. 協議가 其他 債權者의 利益에 損害를 造成한 경우
其他 債權者는 取消事由를 알거나 알았어야 하는 날로부터

1年內에 人民法院에 당해 協議의 取消를 請求할 수 있다. 抵當權者가 抵當權設定者와 抵當權의 實行方式에 대하여 合意를 達成하지 못한 경우 抵當權者는 人民法院에 抵當財産의 競賣, 賣却을 請求할 수 있다.

抵當財産을 換價 또는 賣却할 경우에는 市場價格을 參照해야 한다.

第196條　이 法 第181條 規定에 따라 抵當을 設定할 경우 抵當財産은 다음 각 호의 하나에 해당한 事由가 發生된 때 確定한다.
(1) 債務履行期間이 滿了되고 債權이 設定되지 못한 事由
(2) 抵當權設定者기 破産을 宣告하였거나 取消된 事由
(3) 當事者가 約定한 抵當權 實行의 事由
(4) 債權의 實行에 重大 影響이 미치는 其他 事由.

第197條　債務者가 滿期債務를 履行하지 않았거나 또는 當事者가 抵當權 實行을 約定한 事由가 發生하여 抵當財産이 人民法院에 의해 合法的으로 押留된 경우 押留日로부터 抵當權者는 당해 抵當財産의 天然果實 또는 法定果實을 取得할 權利가 있다. 단, 抵當權者가 法定果實을 辨濟해야 하는 義務者에게 通知하지 않은 경우는 例外로 한다.

前項 規定이 果實은 優先 果實收取 費用에 充當하여야 한다.

第198條　抵當財産을 換價 또는 競賣, 賣却한 後 그 價額이 債權額을 超過하는 部分은 抵當權設定者가 所有하고 부족한 部分은 債務者가 辨濟한다.

第199條 同一財産을 2人 以上의 債權者에게 抵當權을 設定하였을
때 抵當財産을 競賣, 賣却하여 取得한 價額은 다음 각 호
의 規定에 따라 辨濟한다.
(1) 抵當權을 登記한 境遇 登記의 先後順位에 따라 辨濟하
고 順位가 같은 境遇에는 債權比率에 따라 辨濟한다.
(2) 抵當權을 登記한 者는 未登記者에 優先하여 辨濟를
받는다.
(3) 抵當權을 登記하지 않은 境遇에는 債權比率에 따라 辨
濟한다.

第200條 建設用地 使用權을 抵當한 後 당해 土地上에 새로 增築한
建物은 抵當財産에 속하지 않는다. 당해 建設用地 使用權
의 抵當權을 實行할 때에는 당해 土地上에 增築한 建物을
建設用地 使用權과 함께 處分하여야 한다. 단, 增築建物의
價額은 抵當權者가 優先辨濟받을 權利가 없다.

第201條 이 法 第180條 第1項 第3号의 規定에 따라 土地都給經營
權을 抵當하는 경우 또는 이 法 第183條 規定에 따라 鄕
鎭, 村企業의 工場建物 등 建物 占用範圍內의 建設用地
使用權을 함께 抵當하는 경우 抵當權實現 後 法定節次를
거치지 않고서는 土地所有權의 性格과 土地用途를 變更하
지 못한다.

第202條 抵當權者는 主債權 訴訟時效期間에 抵當權을 行使해야
한다. 行使하지 않을 경우 人民法院이 保護하지 않는다.

第2節 最高額 抵當權

第203條 債務의 履行을 擔保하기 위하여 債務者 또는 第3者가 일정한 期間內에 연속 發生하는 債權에 대하여 擔保財産을 提供하고 債務者가 滿期債務를 履行하지 않거나 當事者가 抵當權實行을 約定한 事由가 發生한 경우 抵當權者는 最高債權額 限度內에서 당해 擔保財産에 대하여 優先辨濟를 받을 權利가 있다.

최高額抵當權을 設定하기 前에 이미 存在한 債權은 當事者가 同意하면 最高額 抵當擔保債權 範圍에 算入할 수 있다.

第204條 最高額 抵當擔保債權을 確定하기 前에 部分的 債權을 讓渡하는 경우 最高額抵當權은 讓渡하지 못한다. 단, 當事者가 別途의 約定을 한 경우는 例外로 한다.

第205條 最高額 抵當擔保債權을 確定하기 前에 抵當權者와 抵當權設定者는 債權의 確定期間, 債權의 範圍 및 最高債權額을 變更할 수 있다. 단, 變更內容이 其他 抵當權者에게 不利한 影響을 미쳐서는 안 된다.

第206條 다음 각 호의 하나에 해당하는 경우 抵當權者의 債權은 確定된다.
(1) 約定한 債權 確定期間이 滿了된 경우

    (2) 債權 確定期間을 約定하지 않았거나 約定이 不明確하
　　　고 抵當權者 또는 抵當權設定者가 最高額抵當權을 設
　　　定한 날로부터 만 2年이 경과한 後에 債權의 確定을
　　　請求한 경우

    (3) 新規債權의 發生 可能性이 없는 경우

    (4) 抵當財産이 封印, 押留된 경우

    (5) 債務者, 抵當權設定者가 破産을 宣告하였거나 取消된
　　　경우

    (6) 法律에 債權의 確定을 規定한 其他 情形

第207條 最高額 抵當權은 이 節의 規定 外에 이 章 第1節 一般
　　　抵當權에 관한 規定도 適用한다.

第17章 質 權

第1節 動産質權

第208條 債務의 履行을 擔保하기 위하여 債務者 또는 第3者가 自
　　　己 動産을 債權者에게 質物로 提供하여 占有하도록 하고
　　　債務者가 滿期債務를 履行하지 않거나 또는 當事者가 質
　　　權을 實行하기로 約定한 事由가 發生한 경우 債權者는 당
　　　해 動産에 대하여 優先辨濟를 받을 權利가 있다.
　　　前項 規定의 債務者 또는 第3者는 質權設定者이고 債權
　　　者는 質權者이며 引渡된 動産은 質物이다.

第209條　法律, 行政法規上 讓渡가 禁止된 動産은 質權의 目的物로
　　　　하지 못한다.

第210條　質權 設定時에 當事者는 書面形式으로 質權契約을 締結
　　　　하여야 한다.
　　　　質權契約은 一般的으로 다음의 條項들을 포함한다.
　　　　(1) 被擔保債權의 種類와 金額
　　　　(2) 債務者의 債務履行期間
　　　　(3) 質權 目的物의 名稱, 數量, 品質, 狀態
　　　　(4) 擔保範圍
　　　　(5) 質權 日的物의 引渡口時

第211條　債務履行期間 滿了前에 質權者는 質權設定者와 債務者가
　　　　滿期債務를 履行하지 않을 境遇 質物을 債權者의 所有로
　　　　한다는 約定을 하지 못한다.

第212條　質權은 質權設定者가 質物을 引渡한 때로부터 設定된다.

第213條　質權者는 質物의 果實을 取得할 權利가 있다. 단, 契約에
　　　　別途의 約定이 있는 경우는 例外로 한다.
　　　　前項 規定의 果實은 優先 果實收取費用에 充當하여야 한다

第214條　質權 存續期間에 質權者가 質權設定者의 同意 없이 自意
　　　　로 質物을 使用, 處分하여 質權設定者에게 損失을 造成한
　　　　경우 賠償責任을 負擔하여야 한다.

第215條 質權者는 質物을 잘 保管할 義務가 있다. 保管上의 問題로 質物이 毁損, 滅失된 경우 賠償責任을 負擔하여야 한다. 質權者의 行爲로 質物이 毁損 또는 滅失될 素地가 있을 경우 質權設定者는 質權者에게 質物의 引出供託을 要求하거나 債權의 滿期前 辨濟와 함께 質物을 返還을 提起할 수 있다.

第216條 質權者의 責任이 아닌 事由로 質物이 毁損되거나 價値가 크게 減少되고 質權者가 損傷을 받을 可能性이 있는 경우 質權者는 質權設定者에게 그에 상당한 擔保의 提供을 要求할 權利가 있다. 質權設定者가 擔保를 提供하지 않을 경우 質權者는 質物을 競賣, 賣却한 後 質權設定者와 協議하여 競賣, 賣却 代金을 債權의 滿期 前 辨濟에 使用하거나 引出供託할 수 있다.

第217條 質權者가 質權 存續期間에 質權設定者의 同意 없이 轉質하여 質物의 毁損, 滅失을 造成한 경우 質權設定者에 대한 賠償責任을 負擔하여야 한다.

第218條 質權者는 質權을 抛棄할 수 있다. 債務者가 自己의 財産에 質權을 設定하여 提供하였고 質權者가 그 質權을 抛棄한 경우 其他 擔保人은 質權者가 喪失한 優先辨濟의 權能 範圍內에서 擔保責任이 免除된다. 단, 其他 擔保人이 계속 擔保提供을 約束하는 경우는 例外로 한다.

第219條 債務者가 債務를 履行하였거나 質權設定者가 擔保債權을
   滿期前에 辨濟한 경우 質權者는 質物을 返還하여야 한다.
   債務者가 滿期債務를 履行하지 않거나 當事者가 質權을
   實行하기로 約定한 事由가 發生한 境遇 質權者는 質權設定
   者와의 協議下에 質物을 換價하여 優先辨濟를 받을 수 있
   고 質物을 競賣 또는 賣却하여 優先辨濟를 받을 수도 있다.
   質物을 換價 또는 賣却할 경우 市場價格을 參照하여야 한다.

第220條 質權設定者는 質權者에게 債務履行期間이 滿了된 後에
   즉시 質權을 行使할 것을 請求할 수 있다. 質權者가 質權
   을 行使하지 않을 경우 質權設定者는 人民法院에 質物의
   競賣, 賣却을 請求할 수 있다.
   質權設定者가 質權者에게 質權의 즉시 行使를 請求하였음
   에도 質權者가 權利行使를 게을리 하여 損害가 造成된 경
   우 質權者가 賠償責任을 負擔하여야 한다.

第221條 質物을 換價 또는 競賣, 賣却한 後 그 價額이 債權金額을
   超過한 部分은 質權設定者가 所有하고 부족한 部分은 債
   務者가 辨濟한다.

第222條 質權設定者는 質權者와 合意하여 最高額 質權을 設定할
   수 있다.
   最高額 質權은 이 節의 關聯 規定을 適用하는 外에 이
   法 第16章 第2節 最高額 抵當權에 관한 規定을 參照한다.

第2節 權利質權

第223條 債務者 또는 第3者는 處分權이 있는 다음의 權利에 質權
을 設定할 수 있다.
(1) 어음, 手票, 약속어음
(2) 債權, 預金證書
(3) 倉庫證券, 船荷證券
(4) 讓渡 可能한 保有基金, 證券
(5) 讓渡 可能한 登錄商標 專用權, 特許權, 著作權 등 知
的 財産權 중의 財産權
(6) 未收金
(7) 法律, 行政法規上 質權 設定이 可能한 其他 財産權利

第224條 어음, 수표, 약속어음, 債權, 預金證書, 倉庫證券, 船荷證券
에 質權을 設定할 境遇 當事者는 書面契約을 締結하여야
한다. 質權은 權利證書를 質權者에게 交付하는 때로부터
設定된다. 權利證書가 없을 경우 質權은 關係部門에 質權
登記를 한 때로부터 設定된다.

第225條 어음, 수표, 약속어음, 債權, 預金證書, 倉庫證券, 船荷證券
의 支給日字 또는 引出日字가 主債權에 優先하여 滿期한
境遇 質權者는 支給 또는 引出할 수 있으며 아울러 質權
設定者와 協議하여 支給받은 價額 또는 引出한 貨物로 債
權을 滿期前에 辨濟받거나 引出供託할 수 있다.

第226條 保有基金, 證券에 質權을 設定하는 境遇 當事者는 書面契
約을 締結하여야 한다. 保有基金 또는 證券登記決濟機構
에 登記된 證券에 質權을 設定할 경우 質權은 證券登記決
濟機構에 質權登記를 한 때로부터 設定된다. 其他 證券에
質權을 設定할 경우 質權은 工商行政官理部門에 質權登
記를 한 때로부터 設定된다.
保有基金, 證券에 質權을 設定한 경우 이를 讓渡하지 못
한다. 단, 質權設定者와 質權者가 協議하여 同意한 경우는
例外로 한다. 質權設定者가 保有基金, 證券을 讓渡하여
取得한 價額은 質權者의 債權을 滿期前에 辨濟하거나 引
出供託해야 한다.

第227條 登錄商標 專用權, 特許權, 著作權 등 知的 財産權 중의
財産權에 質權을 設定할 경우 當事者는 書面契約을 締結
하여야 한다. 質權은 해당 主管部門에 質權登記를 한 때
로부터 設定된다.
知的 財産權 중의 財産權에 質權을 設定한 경우 質權設
定者는 이를 讓渡하거나 他人의 使用을 許容하지 못한다.
단, 質權設定者와 質權者가 協議하여 同意한 경우는 例外
로 한다. 質權設定者가 知的 財産權 중의 財産權을 讓渡
또는 他人의 使用을 許容하여 取得한 價額은 質權者의 債
權을 滿期前에 辨濟하거나 引出供託해야 한다.

第228條 未收金에 質權을 設定할 境遇 當事者는 書面契約을 締結
하여야 한다. 質權은 信用貸出 調査機關에 質權登記를 한

때로부터 設定된다.

未收金에 質權을 設定한 境遇 이를 讓渡하지 못한다. 단, 質權設定者와 質權者가 協議하여 同意하는 경우는 例外로 한다. 質權設定者가 未收金을 讓渡하여 얻은 價額은 質權者의 債權을 滿期前에 辨濟하거나 引出供託해야 한다.

第229條 權利質權에는 이 節의 規定을 適用하는 外에 이 章 第1節 動産質權에 관한 規定을 適用한다.

第18章 留置權

第230條 債務者가 滿期債務를 履行하지 않을 境遇 債權者는 合法的으로 占有한 債務者의 動産을 留置할 수 있으며 당해 動産으로 優先辨濟를 받을 權利가 있다.

前項 規定의 債權者는 留置權者이고 占有한 動産은 留置物이다.

第231條 債權者가 留置한 動産은 債權과 同一한 法律關係에 속해야 한다. 단, 企業間의 留置人 境遇는 例外로 한다.

第232條 留置해서는 안 된다고 法律로 規定하였거나 當事者가 約定한 動産은 留置하지 못한다.

第233條 留置物이 可分物일 境遇 留置物의 價値는 債務額에 相當해야 한다.

第234條 留置權者는 留置物을 善意로 保管할 義務가 있다. 保管上 問題로 留置物이 毁損, 滅失된 境遇 賠償責任을 負擔하여야 한다.

第235條 留置權者는 留置物의 果實을 收取할 權利가 있다.
　　　前項 規定의 果實은 優先 果實收取費用에 充當하여야 한다.

第236條 留置權者는 債務者와 財産 留置 後의 債務履行期間을 約定하여야 한다. 約定이 없거나 約定이 不明確한 경우 留置權者는 債務者에게 2個月 以上의 債務履行期間을 주어야 한다. 그러나 變質하기 쉬운 등 保管이 어려운 動産은 例外로 한다. 債務者가 期限을 經過하였음에도 債務를 履行하지 않을 경우 留置權者는 債務者와 協議하여 留置物을 換價하거나 競賣, 賣却하여 優先辨濟를 받을 수 있다.
　　　留置物을 換價 또는 賣却할 경우에는 市場價格을 參照하여야 한다.

第237條 債務者는 留置權者에게 債務履行期間 滿了 後에 留置權을 行使할 것을 請求할 수 있다. 留置權者가 留置權을 行使하지 않을 경우 債務者는 人民法院에 留置物을 競賣, 賣却할 것을 請求할 수 있다.

第238條 留置物을 換價 또는 競賣, 賣却한 後 그 價額의 債權額 超過部分은 債務者가 所有하고 부족한 部分은 債務者가 辨濟한다.

第239條 이미 抵當權 또는 質權이 設定되어 있는 同一 動産에 다시 留置權이 設定될 境遇 留置權者가 優先辨濟를 받을 權利가 있다.

第240條 留置權者가 留置財産에 대한 占有를 喪失하였거나 또는 債務者가 따로 提供하는 擔保를 接受한 경우 留置權은 消滅된다.

第5編 占 有

第19章 占 有

第241條 契約關係 등으로 發生한 占有에서 不動産 또는 動産의 使用, 收益, 違約責任 등 關聯事項은 契約의 約定에 따른다. 契約에 約定하지 않았거나 約定이 不明確한 경우 關聯 法律規定에 따른다.

第242條 占有者가 占有하고 있는 不動産 또는 動産을 使用하여 당해 不動産 또는 動産이 損失된 경우 惡意의 占有者는 賠償責任을 負擔하여야 한다.

第243條 不動産 또는 動産이 占有者에게 占有된 경우 權利者는 原物과 그 果實의 返還을 請求할 수 있다. 단, 善意의 占有者가 당해 不動産 또는 動産을 維持補修하기 위해 支出한

必要의 費用을 支給하여야 한다.

第244條　占有한 不動産 또는 動産이 毀損, 滅失되어 당해 不動産
　　　또는 動産의 權利者가 賠償을 請求하는 경우 占有者는 毀
　　　損, 滅失로 인하여 取得한 保險金, 賠償金 또는 補償金
　　　등을 權利者에게 返還하여야 한다. 權利者의 損失이 充分
　　　히 補償되지 못한 경우 惡意의 占有者는 損失도 賠償하여
　　　야 한다.

第245條　占有한 不動産 또는 動産이 侵奪된 경우 占有者는 原物의
　　　返還을 請求힐 權利가 있다. 占有를 妨害하는 行爲에 내
　　　하여 占有者는 妨害의 排除 또는 危險의 提擧를 請求할
　　　權利가 있다. 侵奪 또는 妨害로 인하여 損害가 造成된 경
　　　우 占有者는 損害賠償을 請求할 權利가 있다.
　　　占有者가 原物返還請求權을 侵奪 發生日로부터 1年 以內
　　　에 行使하지 않을 경우 당해 請求權은 消滅한다.

附　則

第246條　法律, 行政法規가 不動産의 統一的인 登記範圍, 登記機關
　　　및 登記方法을 規定하기 前에 地方性法規가 이 法의 關聯
　　　規定에 根據하여 規定할 수 있다.

第247條　이 法은 2007年 10月 1日부터 施行한다.

유병조(柳炳兆)

•국민대학교 법과대학(법학박사)

主要論文

•중국의 담보제도에 관한 연구

 (A Study on the Guaranty System of the People's Republic of China)

•중국 물권법의 최근 동향과 전망 -저당권을 중심으로-

 (Recent Trend and Prospect of the Property Law of the People's Republic of
 China - Centered on Mortgage -)

 외 다수

중국 담보물권 법적 이해

•초판 인쇄   2008년 3월 31일
•초판 발행   2008년 3월 31일

•지 은 이   유병조
•펴 낸 이   채종준
•펴 낸 곳   한국학술정보㈜
            경기도 파주시 교하읍 문발리 513-5
            파주출판문화정보산업단지
            전화 031) 908-3181(대표)·팩스 031) 908-3189
            홈페이지 http://www.kstudy.com
            e-mail(출판사업팀사업부) publish@kstudy.com
•등   록   제일산-115호(2000. 6. 19)
•가   격
            32,000원

ISBN   60 (Paper Book)
        978-89-534-8441-2 98360 (e-Book)